U0512135

北京城市发展报告

（2023~2024）

新时代首都城市发展成就与展望

BEIJING URBAN DEVELOPMENT REPORT
(2023-2024)

主　编 / 穆松林
副主编 / 杨　波　赵继敏　曲嘉瑶

社会科学文献出版社
SOCIAL SCIENCES ACADEMIC PRESS (CHINA)

北京市社会科学院系列皮书、集刊、论丛编辑工作委员会

《北京城市发展报告（2023~2024）》
编　委　会

主要编撰者简介

穆松林 北京市社会科学院城市问题研究所副所长，北京城市管理研究基地副主任兼秘书长，全国土地估价师，中国长寿之乡绿色发展区域合作联盟专家委员会委员，海南省质量协会乡村振兴工作委员会专家。主要从事经济地理学与空间治理、城市与乡村地理学的理论、应用和对策研究，研究方向包括城镇化与乡村发展、生态文明建设、区域空间治理与土地利用等。先后主持国家级及省部级课题 20 余项，在《光明日报》《经济日报》等刊发理论文章 5 篇；在国内外学术期刊发表论文 80 余篇；主笔或参与的咨政建言报告得到中央及相关领导批示 8 份；获得省部级和全国一级学会奖项 5 项；出版专著 2 部、副主编 6 部。

杨　波 人文地理学博士，北京市社会科学院城市问题研究所副研究员，主要研究方向为资源环境开发利用、区域可持续发展等。主持北京市社科基金项目 1 项，参与国家级、省部级和各类地方政府委托课题多项，出版专著 1 部、合著多部，在国内外期刊发表论文多篇。

赵继敏 北京市社会科学院城市问题研究所研究员。主要研究方向为城市空间格局、产业布局、文化经济等。主持完成国家自然科学基金课题、北京市社会科学基金课题和首都高端智库重大课题多项。出版专著5部，在国内外期刊和论丛发表文章40余篇，独立或者参与完成的研究成果获得省部级领导批示10余项。

曲嘉瑶　老年学专业博士，北京市社会科学院城市问题研究所副研究员，长期从事老龄人口、老龄友好环境、老龄公共政策研究。主持省部级课题3项；出版专著1部，主编著作1部；在《人口研究》《人口学刊》等国内主流期刊发表论文多篇。

序　言
新时代首都城市发展成就与展望

本书课题组*

党中央对北京高质量发展高度重视，习近平总书记多次视察北京，亲自为关系首都长远发展的重大问题、重要规划、关键事项把关定向。2014 年 2 月 26 日习近平总书记视察北京并发表重要讲话，站在党和国家事业全局的高度，以透视历史、洞悉未来的战略眼光，提出"建设一个什么样的首都，怎样建设首都"的重大时代课题。新时代十年，北京市沿着习近平总书记指引的方向，完整、准确、全面贯彻新发展理念，坚持规划战略引领、坚定不移疏解非首都功能、认真贯彻新发展理念、大力推进生态文明建设、以绣花功夫推进城市治理，首都功能不断优化提升，首都城市发展方式实现深刻转型。

本书以习近平新时代中国特色社会主义思想为指导，立足党的二十大精神，围绕新时代首都城市发展，聚焦首都城市空间格局与区域协同、首都经济文化与高质量发展、首都养老服务与社会发展、首都宜居城市与生态文明等方面，聚焦京津冀协同发展、空间格局优化、科技创新能力提升、经济发展与产业升级、文化传承与创新、社会治理现代化、适老化城市建设、生态文明建设等问题开展研究和探讨，注重学术

* 课题组组长：穆松林。主要执笔人：穆松林、杨波、赵继敏、倪维秋、包路林、曲嘉瑶。

性与应用对策研究相结合，基于专业视角从不同维度总结北京城市发展成就，并就新时代首都城市发展从研究领域进行展望。核心观点及其主要内容包括以下几个方面。

（一）在首都城市空间格局与区域协同方面

非首都功能疏解稳步推进，雄安新区拔节生长、城市副中心框架全面拉开，城市副中心与北三县一体化发展持续深入推进，“一体两翼”的北京城市空间新格局日益成形，京津冀区域合作进入国家统一部署、多元主体全方位参与的新阶段。京津冀已然形成一定规模的人才流动，在提高京津冀地区的产业结构调整、优化劳动力配置、促进科技创新等方面发挥了积极的作用。京津冀协同发展战略实施以来，三地主管部门已构建起“市—区—园区”三级科技成果转化对接网络，从不同层次推动成果供需对接、科研资源互联互通。但是，在北京城市内部，科技创新机构仍然主要集中在北京市中心城区的中关村科学城，外围科技创新中心发展相对滞后。相比较，首都城市文化空间布局日益精细，随着城市副中心的建设发展，以副中心为载体的大运河文化等重要文化节点正在引起各方的广泛关注。

第一，城市副中心与北三县一体化发展持续深入推进。京津冀协同发展战略实施以来，城市副中心与北三县按照“统一规划、统一政策、统一标准、统一管控”要求，不断由浅入深，经历了从重点突破到协同发展再到一体化高质量发展三个阶段，区域协同的维度、广度、深度得到了全面提升。立足省际交界地区空间协同治理，顺应区域协同发展规律，通州区与北三县聚焦一体化机制、平台和重点领域，最终稳定形成体制机制、生态协同、基础设施、产业协同、公共服务、改革创新6个方面一体化发展重点。体制机制方面，做实做强示范区管理机构，持续完善工作规则、干部管理办法和协调机制，争取一批突破性政策。生态协同方面，加强区域生态环境协同治理，优化交界地区空间布局，共建潮白河生态绿带，有序推进潮白河国家森林公园规划建设。基础设施方面，推进基础设施互联互通，全力推进平谷线建设，持续推进通州区与北三县断头路建设，加快进京检查站外迁，构建通州区与北三县一体化的快速路网体系。产业协同方面，加强区域产业协作对接，建立区域产业协同机制，制定产业创新协作专项政策。公共服务方面，推动公共服务设施共建共享，支持鼓励有能力有意愿的北京医疗机构与北三县养老机构建立医养联合体，加快推进北京教育资源向北三县延伸布局。改革创新方面，支持北京市属国有企业以市场化方式参与北三县城市综合开发，推动相关试点政策区域共享，推进区域内政务服务事项标准统一、区域通办、结果互认，打造一流区域营商环境。对比长三角生态绿色一体化示范区，通州与北三县一体化示范区正处于加速建设阶段，未来仍须在国土空间规划、制度政策创新、实施模式改进等方面深化探索。

第二，雄安新区产业承接加速推进。自 2017 年 4 月 1 日雄安新区成立以来，雄安新区吸引了全国各地企业在此布局，全国 29 个省区市的共 1410 家总公司在雄安新区设立了分公司，并且雄安新区承接产业转移的速度逐年加快，2023 年新增企业 6279 家，是 2022 年的近 2.5 倍。雄安新区新增企业的总公司有接近一半位于北京，充分体现了雄安新区作为北京非首都功能集中承载地的功能定位。河北和天津也有大量企业在此设立分公司，京津冀三地总公司占据全部总公司数量的 77.7%。值得关注的是，雄安新区成立以后，新增的产业与雄安地区已有产业几乎没有关联。未来建议雄安新区要把握传统制造业基础，发展先进制造产业集群，与北京迁入的企业形成“共生”效应，打造产业生态体系，推动雄安新区实现经济社会发展不断迈上新台阶。

第三，城市副中心发展活力逐渐释放。高质量推进北京城市副中心建设，要求在要素集聚、产业发展、生活环境建设等方面实现关键性的转变，有效激发区域发展活力。在产业发展、创新创业、教育资源、生活环境、医疗服务和人文环境构成的城市发展活力指标体系中，对比 2016 年和 2021 年数据，副中心在创新创业、产业发展和生活环境三方面的活力提升明显，教育资源和人文环境基本保持不变；对比深圳、上海浦东和北京城市副中心数据，城市副中心产业发展、创新创业和生活环境活力严重不足，医疗服务、教育资源和人文环境活力略低。可见，在创新创业、产业发展和生活环境三方面，副中心近年来活力提升较为明显，但是和深圳、浦东相比，城市副中心这三个活力要素仍然相对落后。未来需要进一步紧抓承接非首都功能的历史机遇，加快推进产业发展，导入创新资源，改善生活环境，全面激发发展活力。

第四，京津冀区域合作进入国家统一部署、多元主体全方位参与的新阶段。改革开放以来，京津冀区域合作经历了政府主导的横向经济联合阶段（1980~1992 年），政府主导、市场参与的自发合作阶段（1993~2003 年），政府和市场主体双重推动的紧密合作阶段（2004~2012 年），国家统一部署、多元主体全方位参与的协同发展阶段（2013 年以来）。2013 年以来，在国家统一部署下，京津冀的政府、企业、高校、科研院所、行业中介组织等多元主体全面参与到协同发展中来，京津、京冀的产业合作分工程度逐步提升，创新能力差距不断缩小。北京输出津冀技术合同由 2013 年的 3176 项增长至 2022 年的 5881 项，年均增长率 7.1%，成交额由 2013 年的 71.2 亿元增长至 2022 年的 356.9 亿元，年均增长率 19.6%。在共同富裕这一美好愿景下，当前京津冀区域经济合作要着力破除面临的体制机制障碍，加快建立京津冀统一的要素和资源市场，加强机制创新和政策对接，充分发挥多元主体作用，着力提升三地人民的生活质量，通过先富带动后富，实现共同富裕。

第五，北京向津冀科技成果转化水平稳步提升。京津冀协同发展战略实施以来，三地主管部门已构建起“市—区—园区”三级科技成果转化对接网络，从不同层次推动成果供需对接、科研资源互联互通。三地跨区域的知识创新合作日益密切，共建多领域技术创新联盟、科技园区与创新基地，各类创新主体积极探索多元化合作模式。截至 2023 年底，北京流向津冀技术合同成交额累计超 2800 亿元，中关村企业在津冀两地累计设立分支机构超过 1 万家。未来要抓紧建立“省（市）—区—园区”三级对接网络，推动“创新链、产业链、人才链、金融链”四链融合，从战略上全面部署、从链条上逐步推进、从场景上增加机会、从服务上提高效率，实现“技术平台+中试+成果转化+产业化”顺利转变。

第六，首都城市科技创新中心功能集聚发展。“首都城市科技创新中心体系现状与空间对策研究”通过对北京市科研机构 POI 数据的分析，结合核密度估计和局部等值线树算法，发现科技创新机构主要集中在北京市中心城区，形成了“一城多园”的发展格局，但外围科技创新中心发展相对滞后。“三城一区”中，中关村科学城地区已经形成了科技创新机构的聚集中心，但是怀柔科学城、未来科学城、创新型产业集群示范区地区尚未形成科技创新机构的大量聚集。多园优化发展中，海淀园、西城园、东城园发展情况较好，形成了科技创新机构的集聚发展。针对这一现状，借鉴东伦敦科技城的成功经验，提出北京应以轨道交通带动外围科技创新中心发展、发挥产业集聚效应、加强政府支持和政策倾斜等空间对策建议。

第七，首都城市文化空间规划布局日益精细。随着城市副中心的建设发展，以副中心为载体的大运河文化引起了各方的关注。关于“北京通州区张家湾古镇村民运河文化空间意象的差异研究”显示，村民对大运河文化空间意象四元素（通道、边界、节点和标志物）感知的强弱程度不同，相比较而言，节点和标志物对于塑造居民的文化空间意象发挥了更大的作用。村民对意象元素感知差异的原因主要有宣传不到位、与实际生活关联程度低以及运河文化遗产的保护状况差等。这些调查成果对于未来进一步深化居民对运河文化的感知、活化利用运河文化遗产具有重要价值。

第八，京津冀一体化背景下人才流动的机制初步形成。京津冀一体化使京津冀地区的经济发展更加协同，为人才提供了更多的发展机会，也推动了京津冀地区的社会保障政策的整合，使人才在不同城市之间享受到更为统一和完善的福利待遇，使人才可以更加安心地在不同城市之间流动，不用担心福利待遇的差异，提高了他们的流动意愿。京津冀已然形成一定规模的人才流动，在完善京津冀地区的产业结构调整、优化劳动力配置、促进科技创新等方面发挥了积极的作用。但是，仍然存在一些行政限制和制度壁垒限制人才流动。例如，城市之间的户籍制度差异导致了人才流动困难。同时，城市之间的社保和住房福利待遇的不平等也成为制约人才流动的原因，阻碍了京津冀一体化的进一步发展。未来京津冀地区的人才流动需要在配套支持政策、正向环境建设等方面进一步加强。

（二）在首都经济文化与高质量发展方面

近十年来首都“五子”联动成效显著，以高精尖产业为代表的实体经济持续壮大，具有首都特点的现代化经济体系基本形成，人均地区生产总值、全员劳动生产率保持全国领先。新时代首都高质量发展的关键是发挥北京科技和人才优势，主动服务和融入新发展格局，进一步把“四个中心”“四个服务”所赋予的巨大经济社会发展潜能激发出来，推动新质生产力加速发展，抓紧谋划布局高精尖产业和未来产业。数字经济是在国际经济形势中破局的关键，作为重组资源、重塑结构、改变竞争格局的关键力量，数字经济是首都经济发展的新引擎。以全球数字经济标杆城市为目标，北京市在完善治理体系、拓展数字基础设施、攻关核心技术、加强平台保障、推进数据资产化、优化数字人才布局等方面抓紧布局。锚定全球中心城市的宏伟目标，北京市国际交往功能持续提升，在国际力量对比深刻调整、局部战争冲突不断、全球经济再平衡加速的形势下，全面保障了推动大国外交和形成全球治理新范式。广泛践行社会主义核心价值观，北京市全国文化中心建设取得显著成效，城市文明程度明显提高，文化事业和文化产业繁荣发展。北京市加强历史文化保护传承、充分彰显古都魅力以外，深入挖掘城市历史文化资源，展现拥有3000年建城史古城的历史厚重感。首都发展注重绿色发展、可持续发展，以碳中和为目标，充分利用当前国土空间规划国家、省、市、县、乡镇的“五级”目标传导机制，围绕低碳发展动力机制“政策”“赛事”“需求”“技术”四大内驱因素，解决“双碳”中的空间性问题。发展中的安全问题不容忽视，北京市层层筑牢首都安全防线，全力推动韧性城市建设，在灾后恢复重建基础上，加强气象地质监测能力建设，提升暴雨、暴雪、高低温等极端情况应对水平。

第一，以科技创新带动首都经济高质量发展内生动力显著增强。北京市充分发挥教育、科技、人才优势，推动形成高端引领、创新驱动、绿色低碳的产业发展模式，逐步形成具有首都特点的现代化经济体系。“北京智造”品牌更加响亮，集成电路、医药健康、氢能等产业的带动作用更加显著，新能源汽车、智能装备制造等优势产业发展劲头正盛。金融街、商务中心区、丽泽金融商务区等重点功能区带动促进先进制造业和现代服务业融合发展，具有全球竞争力的万亿级产业集群正在形成。面对人工智能技术的加速迭代，北京市需要加快发展新质生产力，重点发展集成电路、生物医药等战略性新兴产业，培育量子信息、机器人等未来产业。

第二，以全球数字经济标杆城市建设助力首都高质量发展。随着新一轮科技革命席卷全球，数字经济正成为重组全球资源、重塑全球经济结构、改变全球竞争格局的关键力量。北京作为国家首都、国际科技创新中心，承担着数字经济创新引领者、产业先行者的重要角色。自2021年8月提出建设全球数字经济标杆城市并发布实施方案以来，北京始终致力打造中国数字经济发展“北京样板”、全球数字经济发展“北京标杆”，超前谋划、先行先试，高标准建设，发展水平居全国首位。面对数字经济的快速发展需求，当前还存在顶层设计、基础设施建设、多专业协调、数据要素市场建设、数字人才队伍建设等多方面的发展难点需要攻破。应从细化完善治理体系、拓展数字基础设施、攻关核心技术创新、加强平台政策综合保障、推进数据资产化工作、优化数字人才布局等方面重点着力，全力推进全球数字经济标杆城市建设。

第三，以更强有力的市场化手段推进经济社会高质量发展。进一步推进市场化水平是提升北京经济社会发展水平的重要方式。随着经济发展阶段的变化，政府与市场关系经历了从相互角力到形成合力的过程，政府的“有形之手”与市场的“无形之手”，力量此消彼长，深刻影响了城镇化的形态与特征。政府与市场关系的动态调整是中国城镇化取得成功的一条宝贵经验，政府与市场关系的调整应坚持从实际出发，积极补上市场短板。在下一步新型城镇化进程中，通过政府与市场双轨制的制度安排逐步实现体制外市场化的突破，进一步完善城市发展的动力机制、资源平衡机制、运营管理机制，运用市场化手段对城市资产进行集聚、重组和营运，逐步拓宽以城建城、以城兴城的市场化之路，实现城市资源配置容量和效益的最大化、最优化。

第四，以国际交往中心建设夯实全球中心城市发展基础。《北京城市总体规划（2016年—2035年）》提出，到2050年北京市将建成全球中心城市，全球中心城市对于城市的国际交往水平要求很高。在国际力量对比深刻调整、全球经济再平衡加速的形势下，首都国际交往中心建设除了更好地满足大国外交的服务保障功能之外，需要从大国担当的视角积极应对世界体系变化的大局大势，树立“致广大而尽精微”的系统思维，加快国际资源集聚的步伐，加速国际交往中心建设在空间、维度、领域方面的创新，在集聚国际组织、集聚世界高端人才和创建全球治理新范式等方面持续发力，重点解决国际组织规模不足、国际人才资源吸引力不够以及全球治理体系和能力有待加强的问题，以第四使馆区等为重点打造国际交往中心新亮点，开拓首都国际交往中心发展新局面。

第五，以全国文化中心建设带动首都文化持续繁荣发展。建设全国文化中心是党中央赋予北京的重要职责。新时代十年，全国文化中心建设取得显著成效，古都魅力充分彰显，城市文明程度明显提高，文化事业和文化产业繁荣发展，现代化国际大都市影响力不断提升，在全国的示范引领作用明显增强。以中国式现代化推进中华民族伟大复兴的新时代新征程，北京全国文化中心建设仍面临辐射带动能力有待增强、文化产品和服务国际竞争力有待提高、文化市场主体创新发展能力有待强化、文化发展平台和载体支撑能力有待提升等问题。在历史文化挖掘中存在注重 800 年建都史、忽略 3000 年城市史的问题，需要进一步加强城市早期历史的“能见度”和“感知度”，进一步增强历史文化名城的厚重感。建议发挥文化和旅游融合发展新优势，通过打造全国文明典范城市和具有国际影响力的文化产业发展引领区，建设国家现代公共文化服务体系示范区，拓展新时代中华文化走出去新路径。在历史文化挖掘方面，增建北京燕国、唐辽金历史主题的博物馆，系统展示北京上古、中古时期城市发展历史，加强古城址、重大历史事件及名人遗迹保护，丰富古城历史文化内涵加强宣传阐释。

第六，以空间规划推动实施碳中和目标战略。“双碳”目标是我国作为负责任的大国向全世界做出的庄严承诺。目前，我国国土空间规划体系形成了国家、省、市、县、乡镇的“五级”目标传导机制，将国土空间规划、国土空间治理和“双碳”目标统筹考虑，形成基于空间思维的国土空间规划支撑“双碳”目标路径研究，用于解决“双碳”中的空间性问题，围绕不同尺度为“双碳”目标的实现提供空间支撑。

从北京市碳达峰和碳中和的历程来看，低碳可持续发展的动力机制可以概括为“政策”“赛事”“需求”“技术”四大内驱因素。建议进一步完善绿色指标，将城市系统碳汇能力也纳入考核指标体系，同时对排放责任进行分级分类管理，促进多元主体参与低碳治理。

（三）在首都养老服务与社会发展方面

京津冀地区老年教育不断发展，为满足日益增长的老年教育服务发展诉求，未来将持续推进京津冀地区养老服务一体化发展。随着北京市老龄化与高龄化程度的普遍加深，按照高龄老人群体对各类居家养老服务的需求状况，提出培育和发展养老服务产业的建议。在全球化和城市化的背景下，建议重视物理维度和社会维度在形成“地方依恋”过程中所发挥的心理作用。基于对北京市生育水平的判断，提出统筹考虑流动人口与户籍人口生育服务均衡化发展、构建生育友好政策环境的建议。近年来，北京市出台各项政策，大力发展银发经济相关产业，很好地满足了首都人民日益增长的晚年生活需求，随着党中央和国务院对银发经济发展的重视，北京市银发经济的发展也将迎来新的战略机遇期。

第一，京津冀老年教育的供需问题是推进京津冀地区养老服务一体化发展的重要议题。京津冀特别是北京地区老年人对于高质量老年教育服务有较强的需求。但是，与长三角相比，京津冀老年教育服务发展相对不足，而且老年教育服务的体系性、规范化和专业化比较欠缺。目前京津冀地区老年教育服务需求与资源供给不匹配。为此，应利用京津冀地区丰富的教育资源以及老年人受教育程度较高等因素来联合打造老年教育服务高质量发展的先行区。此外，要多渠道、多层次增加老年教育的机会与途径。

第二，北京市银发经济发展迎来新的战略机遇期。北京市正在进入快速发展的人口老龄化社会，老年人对老龄用品、医疗健康、养老服务、文化娱乐、宜居环境等产业的需求愈加凸显，银发经济的发展迎来新的战略机遇期。在分析北京市目前银发经济相关产业发展现状的基础上，针对存在的主要问题，提出出台银发经济发展专项规划、引导繁荣银发经济消费市场、丰富扩大银发经济产业供给、扶持形成“首都品牌”、科技助力银发经济等相关建议。

第三，把握人口婚育状况助力实现首都人口高质量发展。北京作为超大城市的典范，科学精准研究人口发展及走向具有重要意义。使用第六次和第七次全国人口普查以及历年北京统计年鉴数据，对比分析了北京市常住人口、户籍人口的规模结构、婚姻状况与生育特征。从经济支持、时间支持、服务支持、文化支持等方面提出政策建议，助力实现首都人口高质量发展。

第四，分析高龄老人居家养老服务需求是完善居家养老服务体系的基础支撑。北京日益面临较为严峻的人口老化问题，80 岁及以上高龄老年人口的数量及比重也出现迅速攀升。实证研究发现北京市高龄老人的居家养老服务需求主要受其健康与身体机能因素的影响，其中基本日常活动功能的影响效应最大；家庭因素中照料者是否感受到身体、心理与经济方面的压力显著影响高龄老人对居家养老服务的需求；社会经济因素中高龄老人的受教育水平对其居家养老服务需求的影响也较大。为此，应建立和完善“以需求为导向”的养老服务供给体系，将失能老人作为居家养老服务的重点服务人群，建立老年人照顾者的社会支持网络，完善老年健康服务体系。

第五，“地方依恋”是城市领域的重要研究议题。地方依恋的研究中既包括了宏大的哲学理论命题，又包含了日常生活过程中的常识性发现。将在五种空间类型（住宅、邻里、城市、地区、国家）和两个维度（物理和社会）内的地方依恋进行比较研究。发现在不同的空间类型和维度内，地方依恋的发展程度不同：邻里关系最弱，社会依恋大于身体依恋，依恋程度因年龄和性别而有所差异。

（四）在首都宜居城市与生态文明方面

2013 年以来，首都的绿色低碳循环发展水平稳步上升，总体发展态势良好，“绿色”成为新时代首都发展的鲜明标识。居民对人居环境满意度显著提升，环境宜居性评价大幅提升，首善之都优势继续保持。减污降碳和生态保护统筹推进，着力完善减污降碳协同治理平台，形成交通运行监测数据、能耗碳排放数据、环境数据和货运数据等多源大数据体系。按照城市更新的“规划—改造—治理—保障”逻辑，构建了包含社区低碳生态更新规划体系、社区空间适应性再利用改造体系、社区多元协同生态治理体系和社区生态更新多维保障制度体系等四个子系统的北京社区生态更新体系。基于特色主导产业培育、生态产品价值转化，提出适宜产业发展和文旅融合的策略及建议。医疗资源总量和人均水平显著提升，城市宜居性持续改善。

第一，绿色低碳循环发展水平稳步上升。推进绿色低碳循环发展是实现“双碳”目标和建设“美丽首都”的重要支撑。近十年来首都的绿色低碳循环发展水平稳步上升，总体发展态势良好。“绿色”成为新时代首都发展的鲜明标识，北京成为全国能源清洁低碳转型示范城市，并将实现原生生活垃圾“零填埋”。然而首都的绿色低碳循环发展也面临一些挑战，发展体系较为脆弱，能源和水资源消费需求呈现刚性，垃圾分类工作依然面临诸多困境。新时代首都进一步推进绿色低碳循环发展，需要建立完善的政策体系，加快推动生产和生活方式转型，并要加大对重点行业的监测、监管和执法力度。

第二，环境宜居性评价大幅提升。以人居环境理论为基础，基于“小样本问题发现、大样本规律总结及文本验证”的分析思路，结合 12345 市民热线数据及社会满意度问卷调查数据，从居民视角出发分析北京人居环境建设的主要成效，剖析居民急难愁盼的关键问题，查找北京不同区域人居环境建设的主要短板。居民对人居环境满意度显著提升，环境宜居性评价大幅提升，老幼设施不断完善，安全韧性得到认可，总规实施态势向好，首善之都优势继续保持。但同时物业和住房修缮问题、停车出行难问题依旧存在，基础教育入学问题以及养老服务设施单一问题困扰居民。因此首都城市管理工作应坚持以习近平总书记对北京一系列重要讲话精神为根本遵循，坚持以人民为中心的发展思想，以促进新时代新征程首都城市治理现代化为建设方向，不断实现人民对美好生活的向往，保障和改善民生，构建宜居、韧性、智慧城市。

第三，医疗保健类机构是影响城市宜居性的重要指标。城市公共设施和基础服务的医疗资源供给情况是评价城市宜居性的重要指标。分析了2013~2022年北京卫生医疗资源的空间分异特征，发现近年来北京医疗卫生工作快速发展，医疗机构、卫生技术人员数量均有所增长。北京市下辖16个区的医疗资源总量数据、密度水平、人均水平均有不同程度的空间差异，中心城区医疗资源更为集聚。从医疗资源空间公平性结果来看，近十年来，医疗机构数量和卫生健康类一般公共预算支出额所反映的公平性总体向好，医疗机构床位数量、执业（助理）医师数量和注册护士数量所反映的公平性较差，医疗资源空间配置有待进一步调整。建议通过促进医疗设施和医疗服务总量的提升、基于宜居维度与空间公平促进医疗资源均衡发展，推进优质医疗卫生资源均衡布局。

第四，社区生态更新是城市生态更新的重要基础场域。生态文明时代的到来和城镇空间内涵式集约化绿色发展的趋势使城市生态更新成为城市发展的新前沿。社区是城市的基础生活空间，社区生态更新是城市生态更新的重要基础场域。总结了城市生态更新、社区生态更新的概念，从城市更新动态维度出发，按照城市更新的“规划—改造—治理—保障”逻辑，构建了城市社区生态更新体系的概念框架，结合国家和北京社区生态更新相关政策与研究，提出了包含社区低碳生态更新规划体系、社区空间适应性再利用改造体系、社区多元协同生态治理体系和社区生态更新多维保障制度体系等四个子系统的北京社区生态更新体系，为北京社区生态更新提供了系统性、持续性的行动指南。

第五，减污降碳协同创新试点建设助力美丽中国目标实现。北京市作为首都，在环境质量改善取得历史性突破的同时，碳排放峰值也已基本实现并呈现出稳定下降趋势。近年来，北京市积极推动减污降碳协同创新，朝阳区、大兴区和北京经济技术开发区、朝阳区循环经济产业园更是入选国家第一批城市和产业园区减污降碳协同创新试点名单。在解析减污降碳协同创新内涵特征的基础上，总结了北京市推动减污降碳协同创新的主要做法和面临的主要挑战，并提出推动减污降碳协同创新的建议。

第六，生态涵养区适宜产业发展是推动生态优势向发展优势转化的关键。生态涵养区是首都的重要生态屏障和水源保护地，近年来，其总体发展水平仍明显滞后于城区与平原新城。特别是在产业发展方面面临特色主导产业亟须培育、生态产品价值转化路径稀少等问题。因此，从近年来北京市生态涵养区产业政策、产业自身发展等方面，深入研究存在的根本问题及影响因素，找到具体的解决路径与实施建议。从而推动生态优势向发展优势转化，促进生态涵养区适宜产业多元化发展，激发产业发展内生动力，完善生态涵养区产业政策体系，从而推动生态涵养区经济高质量发展。

第七，生态涵养区旅游消费的重点是文旅融合。生态旅游、精品民宿、森林康养等适宜生态涵养区的新兴业态，在为首都市民提供亲近自然、放松身心、休闲娱乐等美好生活服务的同时，在实现生态产品价值、促进农民增收、推动农村一二三产融合发展方面发挥了积极作用，但在发展过程中仍存在亟须解决的难点、痛点。从北京市生态涵养区旅游发展现状、资源本底、面临问题等方面切入，提出促进北京生态涵养区旅游消费相关措施建议，推动北京市生态涵养区文旅融合消费高质量发展。

第八，老城区树木空间格局及其演变体现了城市发展理念的变化和历史文脉的传承。利用遥感影像、大比例尺地形图及相关专题数据，结合外业试点调查，开展北京老城区树木摸底调查，围绕老城内树木覆盖、现状平房院落分布、院落树木分布情况进行分析研究，从规划引领、老城保护更新和历史文化挖掘等角度提出意见和建议，为老城整体保护和核心区控规实施提供数据基础和决策依据。

目 录

首都城市空间格局与区域协同

首都经济文化与高质量发展

首都养老服务与社会发展

首都宜居城市与生态文明

首都城市空间格局与区域协同

区域跨界协同的空间规划考量

——通州北三县当前的工作重点

石晓冬 李秀伟 朱 东*

摘 要： 2014 年 2 月 26 日，习近平总书记主持召开座谈会，提出“京津冀协同发展意义重大，对这个问题的认识要上升到国家战略层面”，由此拉开京津冀协同发展的序幕。通州区与北三县地区一体化高质量发展示范区是京津冀区域协同发展的桥头堡，承担示范探索跨界协同、承接非首都功能疏解、优化首都发展格局的重任。2024 年是京津冀协同发展战略实施十周年，本文立足跨界地区协同视角，系统梳理近年来示范区发展的主要成效和关注重点，以期为同类地区一体化高质量发展提供有益借鉴。

关键词： 跨界协同 空间规划 京津冀协同发展

一 京津冀协同发展战略不断向纵深推进

从区域发展理论来看，区域协同发展不断演变的核心动力是中心城

* 石晓冬，中共北京市规划和自然资源委员会党组成员、总规划师，北京市城市规划设计研究院党委书记、院长；李秀伟，北京市城市规划设计研究院副中心规划所副所长、教授级高级工程师；朱东，北京市城市规划设计研究院副中心规划所工程师。

市与外围城镇之间的功能联系和要素流动，并在相互作用的过程中伴随着集聚与扩散的空间效应，大致可分为“向心集聚”“圈层扩散”“多圈层嵌套”3个阶段。因此，在实施区域协同发展战略的实践中，以多圈层嵌套的方式实现城市与城市群的衔接，是当前我国各个大都市对外辐射、向城市群发展的有力抓手（见图1）。

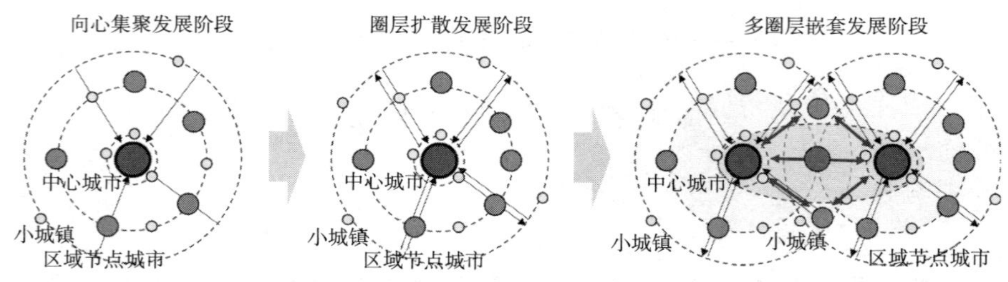

图1　区域协同发展空间演进阶段规律示意

党的十八大以来，党中央先后制定了京津冀协同发展、长江经济带发展、粤港澳大湾区建设、长江三角洲区域一体化发展、黄河流域生态保护和高质量发展等区域重大战略，在避免“负和博弈”“公地悲剧”、打破行政壁垒、释放经济潜力等方面进行了有益探索和总结。其中，京津冀协同发展以带动环渤海地区和北方腹地发展为主要任务，探索构建以首都为核心的世界级城市群。2014年以来，京津冀协同发展牢牢牵住疏解北京非首都功能这个“牛鼻子”，在交通、生态、产业、公共服务等方面取得了明显的进展和成效，实现了从“夯基垒台、落子布局”到“全方位、高质量深入推进”的转变（见图2）。

当前，现代化首都都市圈正成为京津冀协同发展新阶段的新焦点，以更大的视角谋划和发挥首都的辐射引领作用。坚持战略引领，科学确定“通勤圈”“功能圈”“产业圈”的功能定位，发挥圈层空间嵌套效能，打造京津冀世界级城市群的重要支撑。其中，通勤圈为解决北京“大城市病”的方法和实现首都发展的重要腹地，功能圈为都市圈、城

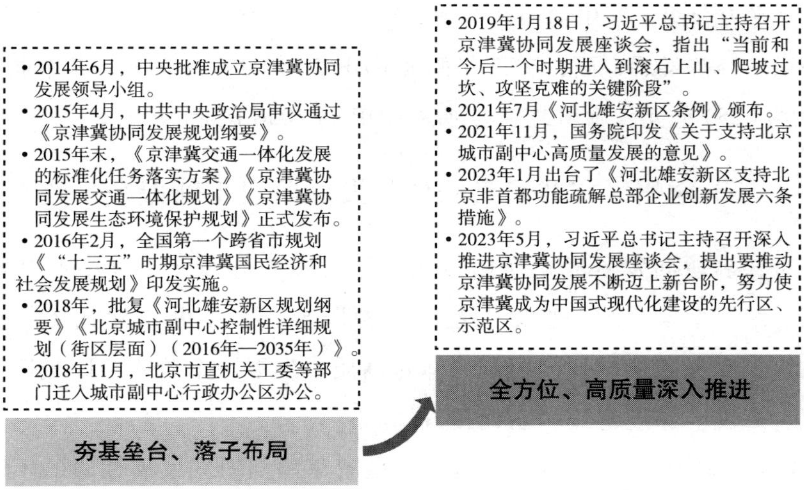

- 2014年6月，中央批准成立京津冀协同发展领导小组。
- 2015年4月，中共中央政治局审议通过《京津冀协同发展规划纲要》。
- 2015年末，《京津冀交通一体化发展的标准化任务落实方案》《京津冀协同发展交通一体化规划》《京津冀协同发展生态环境保护规划》正式发布。
- 2016年2月，全国第一个跨省市规划《“十三五”时期京津冀国民经济和社会发展规划》印发实施。
- 2018年，批复《河北雄安新区规划纲要》《北京城市副中心控制性详细规划（街区层面）（2016年—2035年）》。
- 2018年11月，北京市直机关工委等部门迁入城市副中心行政办公区办公。

夯基垒台、落子布局

- 2019年1月18日，习近平总书记主持召开京津冀协同发展座谈会，指出“当前和今后一个时期进入到滚石上山、爬坡过坎、攻坚克难的关键阶段”。
- 2021年7月《河北雄安新区条例》颁布。
- 2021年11月，国务院印发《关于支持北京城市副中心高质量发展的意见》。
- 2023年1月出台了《河北雄安新区支持北京非首都功能疏解总部企业创新发展六条措施》。
- 2023年5月，习近平总书记主持召开深入推进京津冀协同发展座谈会，提出要推动京津冀协同发展不断迈上新台阶，努力使京津冀成为中国式现代化建设的先行区、示范区。

全方位、高质量深入推进

图 2　京津冀协同重大事件梳理和发展阶段示意

市群发展的核心引擎和增长极，产业圈为承载首都发展与安全、促进共同富裕的广阔区域。

二　京津冀视角下通州与北三县地区一体化发展重点

通州区与北三县地区地缘相邻、人缘相亲、生态相融、文化相近，在协同发展方面具有天然优势。两地实现一体化高质量发展是北京城市副中心一翼建设的重要支撑，对实现京津雄“创新三角”、优化北京城市空间布局和经济结构具有重要意义。

（一）通州区与北三县地区基本情况

通州区与北三县地区包括北京市通州区和河北省廊坊市所辖三河市、大厂回族自治县、香河县行政辖区范围，总面积约 2164 平方公里。人口规模方面，截至 2022 年底，两地常住人口约 344 万人，其中通州区约 184 万人、廊坊北三县地区约 160 万人。建设用地方面，两地城乡建设用地共约 650 平方公里，其中通州区约 260 平方公里、廊坊北三县地区约 390 平方公里。经济发展方面，2022 年两地 GDP 总计 2309.4 亿元，其中通州区 GDP 约 1253 亿元、廊坊北三县地区 GDP 约 1056 亿元。①

（二）通州区与北三县一体化发展阶段不断提升

京津冀协同发展战略实施以来，城市副中心与北三县按照“统一规划、统一政策、统一标准、统一管控”要求，不断由浅入深，经历了从重点突破到协同发展再到一体化高质量发展三个阶段，区域协同的维度、广度、深度得到了全面提升。

2014~2018 年为重点突破阶段，随着京津冀协同发展战略的不断推进，通州区与北三县建立了沟通对接机制，签署了一系列框架合作协议，并在水系治理、产业疏解、干部交流等重点领域开展了一些探索性的合作。

2019~2020 年为协同发展阶段，国家发展改革委、北京市和河北省人民政府联合印发了《北京市通州区与河北省三河、大厂、香河三县市协同发展规划》，从空间格局、城乡面貌、生态环境等八个方面对三地具体工作进行了明确规定，统一规划、统一政策、统一标准、统一管控的“四统一”要求得到深入落实。同时，在教育、医疗、养老、交通、产业、生态等方面的合作实现了多点开花。

2021 年以后为一体化发展阶段，《国务院关于支持北京城市副中心高质量发展的意见》明确提出要“加快建设通州区与北三县一体化高质量发展示范区”。2021 年 3 月，城市副中心党工委管委会、通州区委区政府和廊坊市委市政府共同制定《关于完善一体化发展工作协调机制方案》，完善了主要领导定期会晤、牵头部门对接调度、地区常态化沟通、信息报送和联合宣传制度四个层面的工作机制。2022 年 7 月，

① 资料来源：行政面积、GDP、人口数据来自《北京统计年鉴 2023》和《2022 廊坊经济统计年鉴》，城乡建设用地数据根据规划部门现状用地图计算。

国家发展改革委印发《推动北京市通州区与河北省三河、大厂、香河三县市一体化高质量发展总体方案》。2022 年 12 月，北京、河北两省市人民政府联合印发了《关于推动北京市通州区与河北省三河、大厂、香河三县市一体化高质量发展的实施方案》并形成了任务、政策、项目三个清单。2024 年 2 月，国务院批复《关于北京城市副中心建设国家绿色发展示范区实施方案》。由此可以看出，两地的一体化发展，逐步由“顶层设计”到“规划蓝图”再到“行动手册”，抽象、多样的发展目标、规划蓝图逐步转化为路线图、施工图，一体化发展的实施路径不断清晰化、具象化，实现层层递进、逐渐深化（见图 3）。

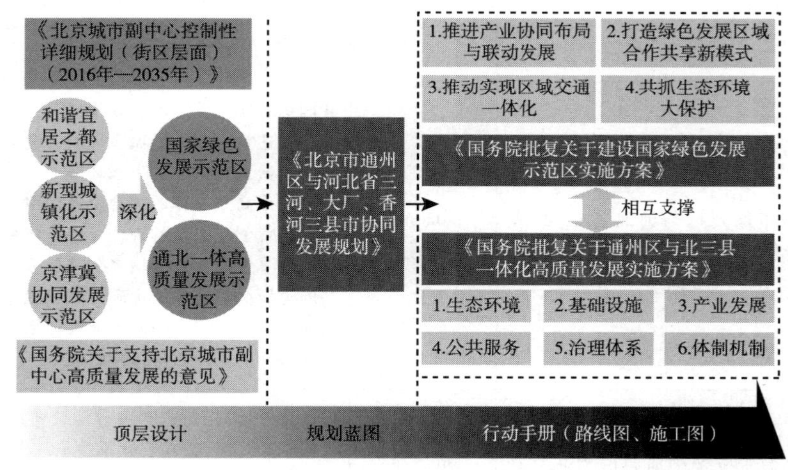

图 3　通州区与北三县一体化高质量发展规划实施阶段示意

（三）通州区与北三县一体化发展重点不断深化

立足省际交界地区空间协同治理，顺应区域协同发展规律，通州区与北三县聚焦一体化机制、平台和重点领域，最终稳定形成体制机制、生态协同、基础设施、产业协同、公共服务、改革创新 6 个方面一体化发展重点（见表 1）。

表 1　通北一体化高质量发展相关重要规划及政策主要内容

文件名称	发布时间	一体化发展要点
《北京城市副中心控制性详细规划（街区层面）（2016 年—2035 年）》	2018 年 12 月	建立统一的规划实施机制 建立功能协同的整体格局 共建协同发展的设施体系
《国务院关于支持北京城市副中心高质量发展的意见》	2021 年 8 月	在规划管理、投资审批、财税分享、要素自由流动、公共服务、营商环境等方面探索协同创新路径 通过政府引导、市场运作以及合作共建等方式，推动北京部分产业和功能向北三县等周边地区延伸布局 加强城市副中心与北京经济技术开发区、北三县、天津市武清区等周边地区的产业合作，鼓励北京市企业和产业园区与北三县重点产业园区对接，优化区域产业链布局
《北京市通州区与河北省三河、大厂、香河三县市协同发展规划》	2020 年 3 月	共同构筑协同发展的空间格局 共同塑造魅力人文的城乡风貌特色 共同打造自然优美的生态环境 共同建设高效一体的综合交通网络 共同培育创新引领的现代化经济体系 共同分享优质便利的城乡公共服务 共同建设绿色智慧的市政基础设施 共同建立韧性安全的防灾减灾体系 建立共同治理的政策保障机制
《国务院批复关于通州区与北三县一体化高质量发展实施方案》	2022 年 8 月	建立规划协同，对方案进行细致梳理，加快方案清单化管理、项目化推进 建立完善共享、共建、共管、共治对接机制，实现通州区与北三县统一规划、统一政策、统一标准、统一管控
《国务院批复关于建设国家绿色发展示范区实施方案》	2024 年 2 月	推进产业协同布局与联动发展 打造绿色发展区域合作共享新模式 推动实现区域交通一体化 共抓生态环境大保护

体制机制方面，做实做强示范区管理机构，持续完善工作规则、干部管理办法和协调机制，争取一批突破性政策。生态协同方面，加强区

域生态环境协同治理，优化交界地区空间布局，共建潮白河生态绿带，有序推进潮白河国家森林公园规划建设。基础设施方面，推进基础设施互联互通，全力推进平谷线建设，持续推进通州区与北三县断头路建设，加快进京检查站外迁，构建通州区与北三县一体化的快速路网体系。产业协同方面，加强区域产业协作对接，建立区域产业协同机制，制定产业创新协作专项政策。公共服务方面，推动公共服务设施共建共享，支持鼓励有能力有意愿的北京医疗机构与北三县养老机构建立医养联合体，加快推进北京教育资源向北三县延伸布局。改革创新方面，支持北京市属国有企业以市场化方式参与北三县城市综合开发，推动相关试点政策区域共享，推进区域内政务服务事项标准统一、区域通办、结果互认，打造一流区域营商环境。

三　通州区与北三县一体化高质量发展示范区阶段进展

（一）体制机制持续创新

1. 构建与一体化高质量发展相适应的管理架构

从“跨界边缘”成为“区域协同前沿”，通北一体化示范区积极探索在不改变行政管辖前提下的跨界一体化新路径。面对府际博弈层级多、政策体系差异大、协调对接任务重等现实挑战，在京津冀协同发展领导小组基础上持续深化探索体制机制创新，示范建立理事会、执委会机制，实现协调对接平台化、项目推进制度化，有力保障了“示范区的事示范区办”。同时，组建北三县与通州区一体化高质量发展工作推进指挥部和工作专班，确保重大工程、重点项目和重要事项做到一名分管市领导、一个牵头部门、一个工作专班推进落实。

通北一体化示范区理事会作为决策层，负责研究议定区域内重大问题，协调两省市有关部门、北京城市副中心、通州区、廊坊市及北三县统筹推进重要改革举措、重大工程项目、重点工作事项，督促推动任务落实。理事会下设执委会，负责研究拟订制度规则、重点规划、工作要点、支持政策、改革事项、重大项目等，报请理事会同意后协调各方面推进落实（见图 4）。

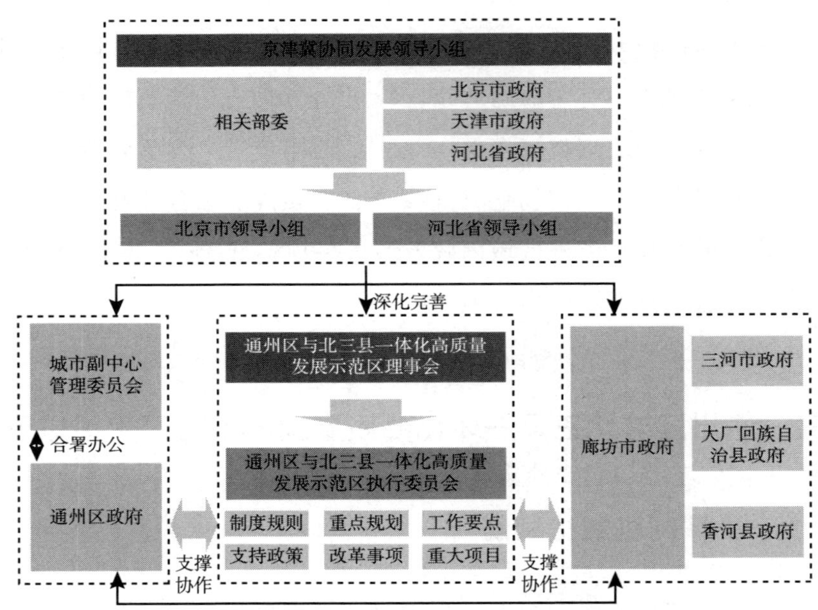

图 4　通州区与北三县一体化高质量发展管理架构示意

2. 示范探索区域国土空间规划一张图建设

按照“求同存异”原则，整合两地国土空间规划体系，初步建立通州区与北三县国土空间规划一张图，形成“构建一张图—统一一套标准—形成一套机制”规划实施路径，将协同规划的战略愿景融入法定规划体系，为一体化高质量发展提供了空间规划支撑。其中围绕“一套标准”，形成“1+N”的通北一体化规划管控一张图体系。“1”即用地一张图，颗粒度到规划分区层级；“N”为交通、公服、生态等领域专题一张图，保障国土空间规划、重要协同领域的一张图管理，并逐步推动进一步制定通北一体化高质量发展示范区国土空间规划统筹协调机制（见图5）。

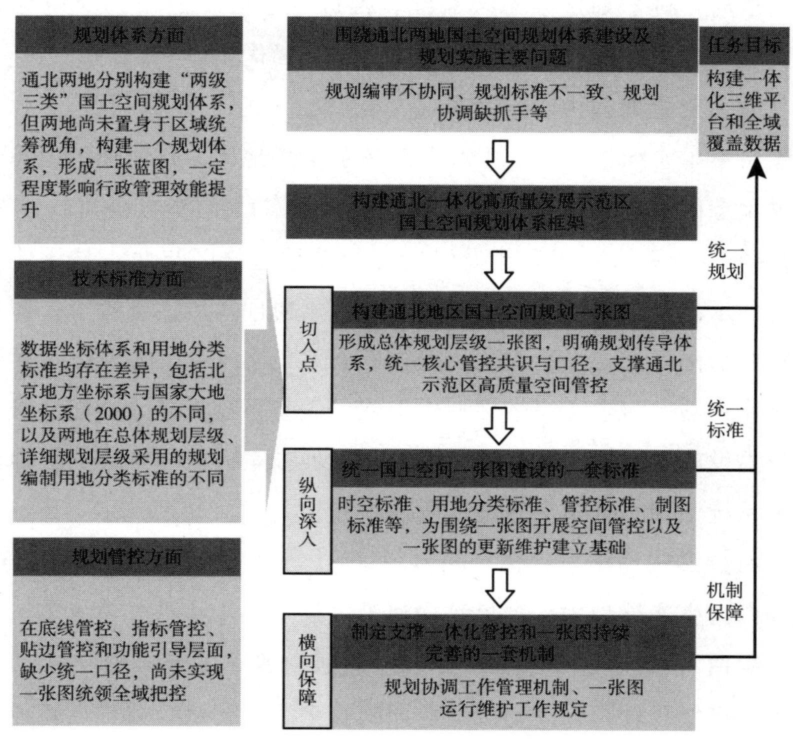

图5　通州区与北三县国土空间规划一张图工作框架示意

（二）生态协同深入推进

1. 共建区域生态安全格局

以潮白河生态绿带建设共促区域生态协同，按照以洲为心、以廊为脉、以园为景的总体思路，共建"一洲两楔多廊多点"的生态安全格局。其中，"一洲"即在潮白河和北运河两河之间规划的大尺度生态绿洲，建设多个森林公园、湿地公园；"两楔"即北京城市总体规划确定的两条楔形绿地；"多廊"即潮白河、北运河、鲍丘河、洵河等主要水系廊道和交通生态廊道，强化区域生态廊道的连贯性和完整性；“多点”即若干重要的森林公园、湿地公园和大型生态公园。通过共筑生态安全格局，科学划定生态控制线，推进生态修复建设和环境综合治理，实现区域生态效益最大化和国土空间布局优化。

2. 打造交界地区生态绿带

潮白河生态绿带位于副中心和北三县交界地区，是两地的生态脊梁和京冀生态协同的先锋阵地，规划总面积约 211.1 平方公里，涉及 10 个镇，约 19.4 万人。规划建设好生态绿带是通州区与北三县一体化高质量发展示范区建设的骨干性工程，对探索协同发展的新理念、新模式具有重要示范意义。立足“规划范围跨行政辖区+大尺度生态要素”的本底特征，潮白河生态绿带规划中形成了生态系统、多元功能、城乡发展、跨界设施、规划实施 5 方面的协同发展方案，协同推动交界地区生态要素系统治理，重塑交界地区发展秩序。

3. 共建潮白河国家森林公园

潮白河生态绿带中，聚焦潮白河沿线划定约 104 平方公里生态重点区建设潮白河国家森林公园，集中打造国家级植物园、通燕运动健身园、潮白自然教育园，因地制宜协同构建生态公园链。建成后将成为京津冀平原地区规模最大、首个跨界共建的国家森林公园，加强生态产品价值转化，提升景观游憩体系品质，更好地服务两地居民游憩需求（见图 6）。

（三）交通互联不断优化

1. 积极构建区域一体化综合交通网络

统筹优化交通体系与区域空间和功能布局关系，打造立体交通复合走廊，提升首都通勤圈出行效率与承载能力。2022 年底京唐城际铁路通车运营，北京第一条跨市域轨道交通线路平谷线工程建设稳步推进。两地规划跨界道路 14 条，已建成了跨界道路 10 条，在建跨潮白河大

图 6　潮白河国家森林公园功能布局示意

桥、厂通路有序推进。其中，厂通路项目实现了北京市和河北省两地在重点工程项目中一体化设计、一体化建设、一体化管理的工作新模式。2022 年大运河京冀段全线通航，标志着北京市首次出现跨省航道、首次出现跨省水上旅游运输。

2. 交通服务能力稳步提升

开通跨界通勤定制快巴线路 11 条，引进北京公交线路 22 条，日客运量达 14 万余人次。三河燕郊西出口立交枢纽通车，出京由原来半小时缩减到 10 分钟。2022 年 6 月，京通快速路、通燕高速公路和京哈高速六环路内路段调整收费，进一步提升了两地互联互通。

3. 区域道路交通运行依然面临较大压力

目前，结合跨界交通流分析，部分路段仍存在堵点。截至 2022 年底，北三县通过检查站进京车流量日均 16 万辆、人流量日均 40 万人次，其中 60%以上为通勤车辆和人员，重大活动安保期车辆平均通关时间 1~2 个小时。为提高进京检查站的通行效率，可推动白庙、兴各庄检查站建设公交专用道，开通通勤定制快巴等；同时，正在研究进京检查站外移。

（四）产业协同初见成效

1. 区域经济产业基础仍相对较弱

2022 年通北一体化示范区地区生产总值约 2300 亿元，经济增速约 2.5%，经济体量较小，增速动力仍显不足（见图 7）。在产业结构方面，两地第三产业占比达 60% 以上，面临缺少头部企业牵引、区域产业体系不衔接等挑战（见图 8）。

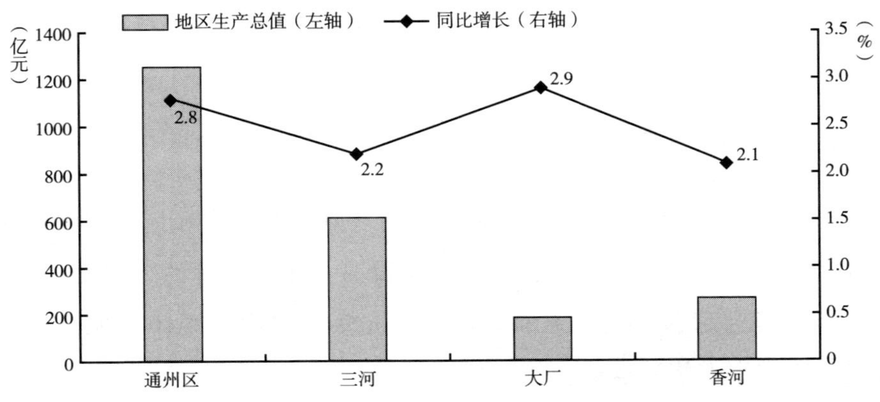

图 7　2022 年通州区与北三县经济总量及增速

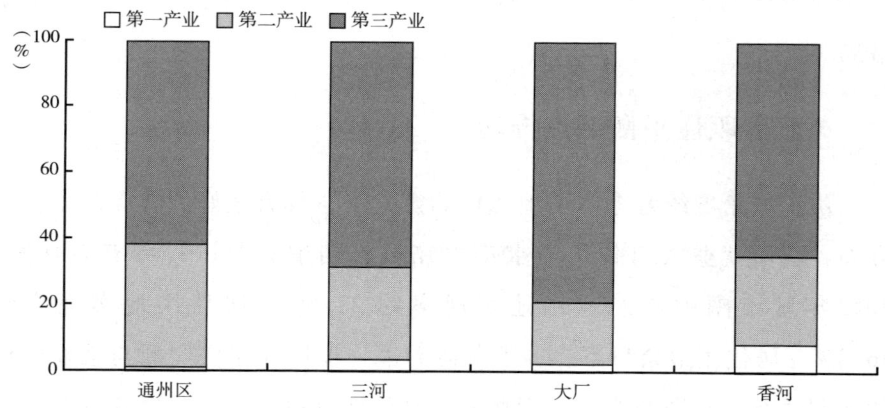

图 8　2022 年通州区与北三县产业结构示意

北三县地区第三产业主要为批发零售、房地产业、住宿和餐饮业等生活服务业；第二产业主要为电子信息、高端装备、生物医药健康、影视文创、家具等。通州区金融、商务服务、科技服务、文体娱乐、高技术制造等功能性产业增加值占全区 GDP 比重不足三成，规模体量和占比仍偏小。制造业产值结构中体现科技创新功能的高技术制造业比重仍低于北京市其他平原新城区以及国内其他经济发达地区。

2. 示范构建一体化产业格局

健全完善一体化联合招商机制，积极构建跨区域利益共享、成本共担的协同发展模式，不断优化产业链、创新链布局。2019~2023 年，连续 5 年举办项目推介洽谈会，累计签约项目 210 余个。其中，2023 年 50 个合作项目现场签约，意向投资额 426.81 亿元，涉及产业、交通、公共服务、现代服务业等重点领域。①

探索建立具有鲜明特色的跨区域合作模式。中关村通州园管委会与燕郊高新技术产业开发区、三河经济开发区、大厂高新技术产业开发区、香河经济开发区，签订产业协同发展框架协议，共同推进中

① 资料来源：北京通州区人民政府官网。

关村通州园与北三县各园区的产业协同发展，构建区域产业协作新格局。

（五）职住平衡试点推动

从区域角度统筹考虑两地职住均衡发展，具有很好的合作前景。一方面，新增就业人口住房需求难以在城市副中心范围得到有效保障，2022 年城市副中心产业用地实现率约 27.6%、居住用地实现率约 76.8%，居住用地余量不多，下阶段需进一步提升住房资源与就业岗位的匹配关系，在通州全区、廊坊北三县地区等更大空间尺度谋划职住均衡发展。另一方面，北三县在京就业人员需逐步向副中心引导，根据大数据分析，2022 年北三县进京通勤人群在城市副中心就业人数仅占 13%，低于中心城区（约 60%），平原多点地区、拓展区及亦庄新城（通州部分）（约 25%）占比，需强化城市副中心就业吸引力，与北三县在北京通勤就业人员进一步互动发展（见图 9）。

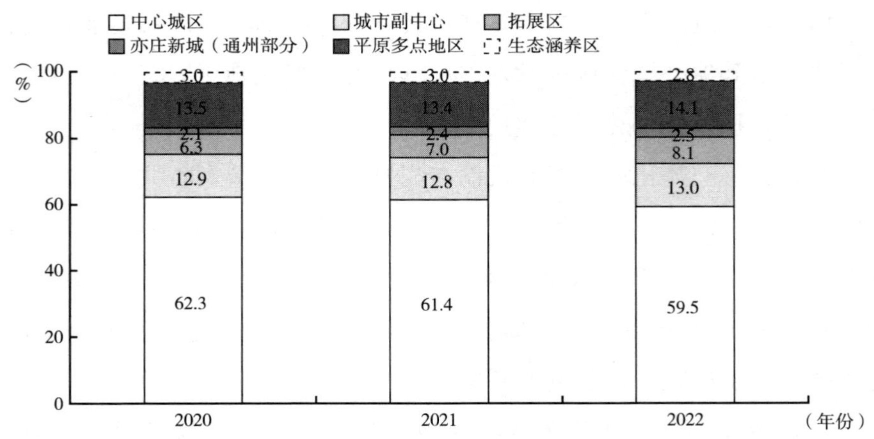

图 9　2020~2022 年北三县进京通勤人群就业地分析

目前，从完善住房保障顶层设计和推动示范项目建设两方面，推进职住合作，保障多元化住房需求。搬迁至副中心的中国人民大学，在大厂县建设居住社区，探索跨区域职住平衡模式；同时，京津冀协同发展领导小组印发《关于统筹用好通州区与北三县住房资源吸引中心城区企业疏解至城市副中心的若干措施建议》，两地也正在研究住房一体化促进职住平衡实施路径，但两地职住一体化仍面临两地跨界通勤交通压力大、公共服务保障差异大等方面挑战。

（六）公共服务逐步延伸

推动北京优质公共服务资源向北三县延伸，统筹区域公共服务设施布局，建立公共服务协同配套推进机制，逐步缩小两地公共服务落差，共同塑造高品质的生活空间。

1. 推动区域教育协作水平提升

以通—武—廊教育协同发展共同体及联盟校为抓手，在教研管理、文化共建等方面进行深化合作。北三县与通州区潞河中学、北京实验学校等 14 所北京市中小学、幼儿园合作办学。2021 年，潞河中学三河校区揭牌。

2. 强化区域医疗卫生合作

持续推动朝阳、天坛、友谊等医院与北三县医疗机构开展医疗合作。潞河医院、通州区妇幼保健院、东直门医院通州院区等与北三县医疗机构组建医联体，111 家定点医疗机构实现异地门诊卡码通结。

3. 推动养老事业协同发展

同城化“跨城养老”成新趋势。复制推广医养结合的“燕达模式”，形成以燕达养护中心为龙头，大爱城、荣华齐山康养、方舟养老、五福托老等梯次发展的养老服务格局。截至 2023 年 2 月，北三县养老机构共接纳约 5000 位京籍老人。①

① 资料来源：内部资料。

四　通州区与北三县一体化高质量协同未来展望

跨界地区试点示范是城市群、都市圈一体化发展的前沿阵地和实践热点，对比长三角生态绿色一体化示范区，通州区与北三县一体化高质量发展示范区正处于加速建设阶段，仍需在国土空间规划、制度政策创新、实施模式等方面深化探索。

在国土空间规划层面，长三角示范区构建形成“1+1+N+X”的国土空间规划体系，其中示范区国土空间总体规划是首部经国务院批准的跨省域法定国土空间规划，并完成区域规划建设导则、规划管理平台、一体化发展底图、实施体检评估等工作，“跨域一体、区域协同”的规划体系基本形成。

在制度政策创新方面，长三角示范区持续深耕一体化制度创新试验田，围绕“8+N”领域累计形成 136 项制度创新成果，其中已有 38 项向全国进行复制推广。积极推进《长三角生态绿色一体化发展示范区高质量发展条例（草案）》，在立法内容设计上巩固深化示范区在规划管理、土地管理、项目管理、生态保护、要素流动、公共服务等方面探索形成的一体化制度创新。

在实施模式方面，长三角示范区构建形成了跨区域一体化空间协同治理框架，形成“三级八方”（“三级”即省、市、县三级，“八方”即上海市、江苏省、浙江省、苏州市、嘉兴市以及上海青浦区、苏州吴江区、嘉兴嘉善县）的管理架构。创新构建开放的规划实施平台，首创理事会、执委会、发展公司、开发者联盟四位一体、高效协作的治理模式，构建“机构法定、业界共治、市场运作”的治理格局（见图 10）。

（一）加强规划实施，实现从“宏观框架”到“渐进行动”

探索完善“顶层设计+实施方案+项目清单”的规划传导实施机制，

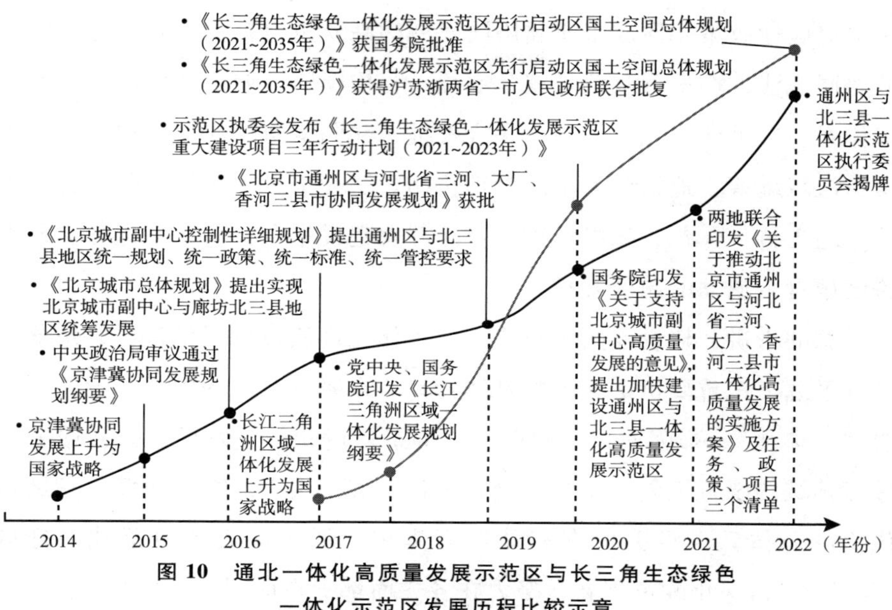

图 10　通北一体化高质量发展示范区与长三角生态绿色一体化示范区发展历程比较示意

通过系统性和约束力更强的国土空间规划为多层级主体提供了一个更加规范的博弈平台，使多主体间的博弈更加集中和高效，促进博弈成果转化为更具体、更实用的行动安排，完成破解跨界地区博弈“囚徒困境”的最后一环。

（二）加强产业协作，为区域发展注入内生动力

着力破解两地产业政策不衔接、科技产业和人才认定标准不一致等问题，整合两地资源优势，共同探索区域产业机遇共享、产业链共建的产业协同模式创新，推进产业链跨区域延伸，实现政策相互衔接、标准相互统一。同时，积极创新飞地经济合作，推动北京各区与北三县园区间合作走深走实。

（三）加强先行先试，打造“制度创新试验田”

发挥通北一体化示范区在现代化首都都市圈中示范带动作用，争取

一批突破性政策，形成京津冀协同发展的高质量样板。一是深化开展区域协同立法，探索行政裁量权基准统一，构建跨区域治理体制和法治保障体系。二是建立统一编制、联合报批、共同实施的规划管理体制，探索跨区域统筹土地指标的土地管理机制。三是推进跨区域税收征管、财政金融支持一体化，积极推进示范区开发建设平台公司，促进各类要素跨区域自由流动的制度安排。

总的来讲，建设通州区与北三县一体化高质量发展示范区，是落实习近平总书记重要讲话精神的具体行动。未来示范区的发展建设，要聚焦“一体化”，加强两地基础设施、生态环境、产业发展、公共服务等重点领域的统筹谋划、系统融合；突出“高质量”，加快培育和发展现代化产业体系，吸引更多高端要素集聚、更多优质项目落地；打造“示范区”，深化改革创新，努力在各方面都走在前列。

参考文献

文爱平：《石晓冬：共襄协同发展，擘画现代化首都都市圈》，《北京规划建设》2023 年第 6 期。

卢庆强、龙茂乾、欧阳鹏等：《区域协同治理与契约协同型规划——都市圈治理体系重构与规划理念变革》，《城市规划》2024 年第 2 期。

郑德高、刘迪、赵宪峰等：《跨界地区一体化规划编制创新——以长三角生态绿色一体化发展示范区为例》，《城市规划学刊》2022 年第 S2 期。

朱东、李秀伟、施雯：《通州与廊坊北三县一体化高质量发展：跨省域区域协同发展策略研究》，《北京规划建设》2023 年第 6 期。

张志敏、菅泓博、李彦：《府际博弈视角下省际毗邻地区空间协同治理优化策略——以长三角生态绿色一体化示范区为例》，《规划师》2022 年第 5 期，第 84~89 页。

邹鹏、顾屹：《长三角一体化示范区跨区域协同立法重点问题研究》，《法学前沿》2023 年第 2 卷。

京津冀协同发展战略下雄安新区产业承接研究*

赵继敏**

摘　要： 以2017年4月1日雄安新区成立为起点、2023年12月为终点，从企查查网站采集了雄安新区的八大重点产业新成立企业的工商信息、规模信息以及企业总公司所在地信息等。以此为据，本文探讨了雄安新区承接产业转移情况。研究发现，雄安新区新增企业中有接近一半企业的总公司位于北京，充分体现了北京非首都功能集中承载地的功能定位。雄安新区以吸引京津冀地区企业为主，此外，还吸引了全国各地特别是上海、深圳等经济发达的大城市的企业在此设立分支机构。截至2023年底，已有29个省级行政区的总公司在雄安设立了分公司。

关键词： 京津冀　雄安新区　产业承接

一　引言

国外关于产业转移的经典理论包括产业生命周期理论、产业梯度

* 基金项目：北京市社会科学院一般课题“京津冀高精尖产业链布局研究”（项目编号：KY2023C0079）。

** 赵继敏，北京市社会科学院城市问题研究所研究员，主要研究方向为城市和区域发展战略。

学说、全球价值链、全球生产网络等，均认为承接产业转移需要根据区域自身的比较优势进行精准定位。国内有关产业转移已有大量研究。其中最多的研究主题是中西部地区对东部产业的承接。典型的如刘友金等[①]以重庆承接IT产业转移模式创新为例，提出要逾越产业转移梯度陷阱与产业升级阻滞，应当创新产业转移承接模式。他将重庆模式概括为“核心企业带动本土化整合的集群式承接产业转移”。近年来还有比较多的研究关注了国家级承接产业转移示范区政策效应。比如，林柯等[②]和熊凯军[③]分别应用双重差分模型验证了国家级承接产业转移示范区总体上推动了承接地经济高质量发展；能显著提高受到政策冲击地区的农村、城镇居民收入水平等。雄安新区是京津冀协同发展战略下集中承接北京非首都功能的国家级新区，其产业承接问题受到了很多学者的关注。比如，李国平等[④]认为雄安新区应重点承接创新潜力大、环境污染少的产业；孙久文[⑤]指出建立雄安与北京，特别是中关村科学城的合作十分重要。但是，雄安新区面临生态脆弱、产业基础不牢、开放区位不佳等问题[⑥]，其是否能够切实承接北京转移的高端要素，并以此为基础构建起现代化产业体系仍然值得探讨。

中共中央、国务院批复的《河北雄安新区规划纲要》（以下简称《纲要》）中指出雄安新区是“北京非首都功能集中承载地”和“首

① 刘友金、吕政：《梯度陷阱、升级阻滞与承接产业转移模式创新》，《经济学动态》2012年第11期，第21~27页。

② 林柯、董鹏飞、虎琳：《产业转移是否推动地区经济高质量发展？——基于国家级承接产业转移示范区的证据》，《管理现代化》2022年第3期，第17~23页。

③ 熊凯军：《产业转移示范区建设有助于缩小地区城乡收入差距吗？——基于国家级承接产业转移示范区准自然实验》，《中国地质大学学报》（社会科学版）2022年第3期，第123~136页。

④ 李国平、宋昌耀：《雄安新区高质量发展的战略选择》，《改革》2018年第4期，第47~56页。

⑤ 孙久文：《雄安新区在京津冀协同发展中的定位》，《甘肃社会科学》2019年第2期，第59~64页。

⑥ 孟广文、金凤君、李国平等：《雄安新区：地理学面临的机遇与挑战》，《地理研究》2017年第6期，第1003~1013页。

都功能拓展区”。雄安新区从 2017 年 4 月开始建设，目前，见诸媒体报端的主要是学校、医院等非首都功能的承接。对于承接北京产业疏解的分析尚不多见。本文以 2017 年 4 月 1 日至 2023 年 12 月雄安新区新成立的企业为研究对象，分析了雄安新区产业承接的发展情况，并以此为基础为进一步推动雄安新区产业集聚发展、打造未来之城提出相应的建议。

二　数据来源和研究方法

（一）数据来源

在企查查网站查询到 2017 年 4 月 1 日 ~2023 年 12 月 31 日雄安新区共新增存续/在业状态企业 85138 家，约占雄安全部存续/在业企业（131039 家）的 65%。这些企业中的大部分属于批发和零售、住宿和餐饮、教育等生活服务类产业以及电力、燃气供应等公共事业，是城市功能的非基本部分，不属于城市发展的主导产业。因此，把这些产业的企业从研究样本中删除。考虑到房地产企业主要服务于本地，且不属于雄安重点发展的产业，也将其删除。最后还剩表 1 所列的八大重点产业。从 2017 年 4 月 1 日 ~2023 年 12 月 31 日雄安新区共新增存续/在业状态 85138 家企业中提取出八大重点产业中的企业共 22750 家，删除个体户和农民合作社，剩余 16624 家企业。这些剩余的企业是本文主要研究对象。

《纲要》指出，雄安新区重点发展新一代信息技术产业、现代生命科学和生物技术产业、新材料产业、高端现代服务业和绿色生态农业等五大主导产业。表 1 中按照国民行业分类标准列出的八大重点产业基本上能够涵盖《纲要》定位的主导产业。其中，交通运输、仓储和邮政业，文化、体育和娱乐业以及制造业三类产业与《纲要》中的五大主导产业关系不是非常紧密，但是，它们对于区域经济发展具有十分重要的影响，并且在雄安新区也存在较多，因此也将其视为雄安新区的重点产业。

表 1　雄安新区八大重点产业的企业规模分布

单位：家

国标行业门类	大型	中型	小型	微型	其他	总计
交通运输、仓储和邮政业	0	12	269	351	84	716
金融业	0	0	7	20	79	106
科学研究和技术服务业	6	240	4632	783	1259	6920
农、林、牧、渔业	0	4	18	12	13	47
文化、体育和娱乐业	0	5	521	220	67	813
信息传输、软件和信息技术服务业	2	27	949	517	227	1722
制造业	0	2	27	142	31	202
租赁和商务服务业	7	65	1828	3586	612	6098
总　计	15	355	8251	5631	2372	16624

（二）研究方法

一是区域比较法。以雄安新区八大重点产业的企业数据为研究对象，以雄安新区成立以来的 7 年时间为主线，通过与北京城市副中心（通州区）的比较，分析雄安相关产业承接情况以及影响因素。

二是基于企业网络的城市网络分析。基于雄安新区新成立企业的总公司所在地数据，汇总不同省份的企业 7 年来在雄安新区设立分公司情况，根据企业之间的连接关系探讨雄安与北京、天津等城市之间的空间联系。

三　雄安新区承接产业发展概况

（一）雄安新区新增企业的行业分布

如表 2 所示，自 2017 年 4 月以来，雄安新区八大重点产业增长的速度均呈现整体增长的态势。特别是 2023 年，新增企业数量接近 2022 年的 2.5 倍，总量高达 6279 家。其中，科学研究和技术服务业，租赁和商务服务业，信息传输、软件和信息技术服务业企业数量最多，是仅有的 3 个新增企业总量千家以上的行业。之后是文化、体育和娱乐业以及交通运输、仓储和邮政业。金融业企业数量较少，仅有 106 家。农、林、牧、渔业以农民合作社和个体工商户形式为主，业内企业数量最少，仅有 47 家。在八大重点产业中，新增企业以小型和微型企业为主。仅有租赁和商务服务业，科学研究和技术服务业，信息传输、软件和信息技术服务业新增加了大型企业，其他行业的大型企业数目为零。

表 2　2017 年 4 月～2023 年 12 月雄安新区新增企业分布

单位：家，%

成立年份	交通运输、仓储和邮政业	金融业	科学研究和技术服务业	农、林、牧、渔业	文化、体育和娱乐业	信息传输、软件和信息技术服务业	制造业	租赁和商务服务业	总计
2017	2	9	26	11	5	27	99	35	214
2018	47	17	420	9	25	344	51	659	1572
2019	109	17	512	1	38	254	2	561	1494
2020	129	18	847	4	16	211	3	873	2101
2021	92	22	915	3	101	176	5	1133	2447
2022	118	9	1015	6	170	148	22	1029	2517
2023	219	14	3185	13	458	562	20	1808	6279
总计	716	106	6920	47	813	1722	202	6098	16624
占比	4.3	0.6	41.6	0.3	4.9	10.4	1.2	36.7	100

（二）雄安新区产业与北京城市副中心产业承接的比较

2017 年 4 月 ~2023 年 12 月，北京城市副中心八大重点产业存续/在业企业数量总计 71562 家，删除个体工商户和农民合作社，剩余 71265 家。

从绝对数量来看，雄安新区仅有信息传输、软件和信息技术服务业新增企业数量比北京城市副中心更多。从各产业占八大重点产业的比例看，雄安新区的交通运输、仓储和邮政业，金融业，信息传输、软件和信息技术服务业，制造业，租赁和商务服务业占比均高于北京城市副中心，说明雄安新区在这些行业的承接中相对速度较快。在科学研究和技术服务业，文化、体育和娱乐业领域，雄安新区承接企业的绝对数量，以及占据全部八大重点行业企业数量的比重都显著小于北京城市副中心，这是雄安新区未来应当考虑加强承接的领域（见表 3）。

表 3　2017 年 4 月 ~2023 年 12 月北京城市副中心新增企业分布

单位：家，%

成立年份	交通运输、仓储和邮政业	金融业	科学研究和技术服务业	农、林、牧、渔业	文化、体育和娱乐业	信息传输、软件和信息技术服务业	制造业	租赁和商务服务业	总计
2017	61	20	2366	4	1124	108	13	941	4637
2018	94	17	4083	5	1669	200	13	1587	7668
2019	136	25	4527	24	1957	238	22	2151	9080
2020	290	29	5243	42	1895	270	20	2416	10205
2021	304	28	6833	37	2817	221	47	3144	13431
2022	131	14	5391	38	2100	151	134	2486	10445
2023	170	16	7583	56	3180	239	243	4312	15799
总计	1186	149	36026	206	14742	1427	492	17037	71265
占比	1.7	0.2	50.6	0.3	20.7	2.0	0.7	23.9	100

四　基于企业总公司数据的雄安新区新增企业空间网络

雄安新区建立以来采用了超越常规的发展模式，不仅承担了疏解北京非首都功能的重要任务。同时，作为国家级新区，还吸引了国内其他城市的企业到此投资以及建立分公司。因此，基于雄安新区新增企业总公司所在地数据，可以在某种程度上分析出雄安新区产业的动力源。

在经济地理研究中，很多学者采用汇总企业总部—分支的关系数据的方法来分析不同城市之间的经济网络关系。参照这一方法，对于雄安新区新增企业总公司所在地数据进行分析，力图探明当前雄安新区产业发展推动力的来源。主要数据来源来自企查查网站。具体而言，一是批量查询前文中提出的雄安新区八大重点产业所有企业的总公司的名称等基础信息；二是将总公司名称再次输入企查查网站，查询得到全部总公司所在地信息。

（一）雄安新区企业总公司所在地分布

在本文分析的八大重点产业中，位于全国 29 个省区市的共 1410 家总公司在雄安新区设立了分公司。其中，北方地区除去京津冀之外，共有 11 个省级行政单元的 105 家总公司在雄安设立分公司；南方地区有 15 个省级行政单元的 210 家总公司在雄安设立分公司。29 个省级行政单元中，总公司在北京的情况最多，占比高达 45.5%（见表 4），接近一半，充分体现了雄安新区作为非首都功能集中承载地的功能定位。河北省位居第二，共有 386 家总公司在雄安新区设立分公司，占全部总公司的比重约为 27.4%。除去 78 家雄安新区本地的总公司，河北省内仍有 308 家总公司到雄安设立分公司。其中，保定市（不含雄安）的总公司最多（116 家），石家庄第二（113 家），两市占据了河北省总公司总量的

74.4%。天津位居第三，共有 68 家总公司。京津冀三地总公司占据全部总公司数量的 77.7%。京津冀之外，广东省、上海市、山东省和江苏省等经济发达地区也有较多总公司在雄安新区设立分支机构（见表 4）。

表 4　雄安新区企业的总公司较多的省级行政单元

单位：家，%

所属省份	总公司数量	占比
北京市	641	45.5
河北省	386	27.4
天津市	68	4.8
广东省	38	2.7
上海市	37	2.6
山东省	35	2.5
江苏省	30	2.1
安徽省	21	1.5
陕西省	19	1.3
浙江省	17	1.2

全国 102 个城市的总公司在雄安新区设立了分公司。其中，北京是雄安新区新增企业的总公司的最主要所在地。如图 1 中呈现的，北京犹如雄安这棵新成长起来的“大树”的“树根”，为其提供了最主要的“营养”。其他 101 个城市中，京津冀地区的保定、石家庄、天津、廊坊、唐山、邯郸也有较多总公司在雄安设立了分公司。京津冀地区之外，上海、深圳、济南、武汉、西安等城市有较多的总公司在雄安设立分公司。剩余的 90 个城市虽然有总公司在雄安设立分公司，但是数量有限，占全部总公司的比重不足 1%。

（二）雄安承接北京和河北产业的差异

雄安新区的八大重点行业中，金融业，科学研究和技术服务业，租赁和商务服务业，以及信息传输、软件和信息技术服务业等四个行业的

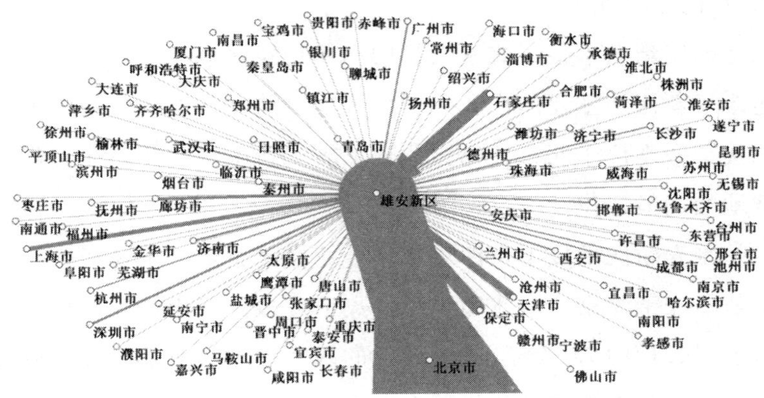

图 1　雄安新区新增企业总公司所在地分布

注：某个城市与雄安的连线越粗代表着这个城市有更多的总公司在雄安设立了分公司。

总公司位于北京的数量最多，占全部总公司数量的比重最高。这四个行业是八大重点行业中具有更高附加值的产业。相反，交通运输、仓储和邮政业，农、林、牧、渔业，文化、体育和娱乐业，以及制造业等四个附加值相对低一些的产业的总公司在河北最多。

五　结论和讨论

（一）结论

本文以 2017 年 4 月 1 日雄安新区成立为起点，以 2023 年 12 月为终点，采集了雄安新区的八大重点产业新成立的企业工商信息、规模信息以及企业总公司所在地信息等。通过分析相关数据，探讨了雄安新区承接产业转移情况，主要结论包括以下几个方面。

一是雄安新区承接产业转移的速度加快。自 2017 年以来，雄安新区新增企业数量整体呈现递增态势。特别是 2023 年新增企业 6279 家，是 2022 年的近 2.5 倍。

二是雄安新区承接了北京大量的产业功能。承接区外总公司设立分公司是雄安新区最重要的产业发展方式。目前，雄安新区新增企业的总公司有接近一半位于北京，充分体现了雄安新区作为北京非首都功能集中承载地的功能定位。

三是雄安新区承接了京津冀地区企业在此集聚。雄安新区新增企业中，总公司位于北京、河北和天津的数量最多，京津冀三地总公司占据全部总公司数量的 77.7%。雄安新区的八大重点行业中，金融业等四个行业的总公司位于北京的数量最多，交通运输、仓储和邮政业等四个附加值相对低一些的产业的总公司位于河北的情况最多。

四是雄安新区吸引了全国各地企业布局。雄安新区吸引了全国 29 个省区市的共 1410 家总公司在雄安新区设立了分公司。

五是雄安新区吸引了“一线城市”的总公司在此设立分公司。北京、上海、广州和深圳是媒体上所谓的“一线城市”。不难发现，四个城市均有总公司在雄安新区设立了分支机构，且这些城市在雄安有分公司的总公司的数量在所在城市群是最多的。上海共有 37 家总公司在雄安设立分公司，远多于长三角排在第 2 位的城市合肥（12 家）。深圳和广州分别有 21 家和 12 家总公司在雄安设立分公司，远多于珠三角排在第 3 位的城市珠海（4 家）。

（二）讨论

程李梅等①指出忽略产业链空间动态演化规律，将会陷入“只见企业，不见产业”的“企业转移陷阱”。雄安新区产业承接，除了依靠行政力量的推动，还需要考虑雄安自身的区位条件、交通状况、经济基础等资源禀赋条件。雄安新区成立之前，雄安地区已经形成了包括雄县塑

① 程李梅、庄晋财、李楚等：《产业链空间演化与西部承接产业转移的“陷阱”突破》，《中国工业经济》2013 年第 8 期，第 135~147 页。

料包装、乳胶制品、电气电缆、压延制革、服装、制鞋、羽绒制品和有色金属等八大产业集群[①]。雄安新区成立以后，这些产业大多将被疏解到周边地区。并且，新增的产业与已有基础几乎没有产业关联。从长远看，雄安新区的产业转移还是需要与本地的资源禀赋条件相适应。《纲要》中确定的五大主导产业未包括交通运输、仓储和邮政业，文化、体育和娱乐业，以及制造业三类产业，而这三类产业恰恰是雄安新区具有一定基础的优势产业，未来建议雄安新区围绕原有的产业基础，积极建设物流中心，将白洋淀打造为国家级文旅产业集聚区，依据传统制造业基础，发展先进制造产业集群，与北京迁入的企业形成“共生”效应，打造产业生态体系，推动雄安新区实现经济社会发展不断迈上新台阶。

① 柳天恩、武义青：《雄安新区产业高质量发展的内涵要求、重点难点与战略举措》，《西部论坛》2019 年第 4 期，第 116~124 页。

北京城市副中心城市发展活力评价研究*

袁 蕾**

摘 要： 本文构建了城市发展活力指标体系，发现北京城市副中心发展活力总体水平偏低、增长缓慢。其中，创新创业、产业发展和生活环境三大活力近年来提升较为明显，但是，与深圳、上海浦东新区相比，仍严重落后。建议从优化服务、创新引领、集聚生产要素和打造宜居环境四个方面培育重点产业，提升产业发展活力，对京津冀产业布局优化起到支撑作用。

关键词： 城市发展活力 北京 副中心

提升北京城市副中心发展活力，推动其高质量发展，对于疏解北京非首都功能、促进京津冀协同发展具有重要意义。

新城发展往往经历“规划建设—要素集聚—产业发展—产城融合”等几个阶段。近年来，城市副中心已经完成了大部分基础设施的建设，城市框架有序铺开，生态环境优势明显，文化活动日益丰富。相比较，要素集聚和产业发展日益成为副中心发展的短板，也是当下激发城市发

* 基金项目：北京市社会科学院一般课题“京津冀高精尖产业链布局研究”（项目编号：KY2023C0079）。

** 袁蕾，经济学博士，北京市社会科学院城市问题研究所副研究员，主要研究方向为城市发展战略与城乡统筹发展。

展活力的关键。

高质量推进北京城市副中心建设，要求在上述要素集聚、产业发展、生活环境建设等方面实现关键性转变，有效激发区域发展活力。为此，充分借鉴深圳和上海浦东新区等地的成功经验，对北京城市副中心发展活力进行评价和比较。

一　城市发展活力指标体系的构建

城市发展活力是一座城市能够永续生存的能力，对城市发展活力的监测可以帮助提升政策制定的针对性。中国城市发展活力的研究成果丰富，百度地图联合自然资源部、中国城市规划设计研究院、安永中国等研究机构均曾制定城市发展活力指标体系并发布年度报告。

参考已有研究成果，本文聚焦“城市对人口的吸引力”来构建城市活力指标体系，产业发展是城市发展活力的核心要素，决定着对人口的吸引力，也是公共服务提升和创新创业的经济基础；创新创业是建设活力城市的关键要素，是城市产业发展的新引擎；生活环境、教育环境、医疗服务和人文环境是城市发展活力的基础保障和内生动力要素，可以培育、吸引人才，促进产业、创新创业的集聚发展。因此，城市发展活力指标体系的二级指标确定为六大要素层——产业发展、创新创业、教育环境、生活环境、医疗服务和人文环境。

具体的指标选取方面，除了统计年鉴和人口普查等数据之外，海量的地理信息数据可以从不同角度捕捉城市的发展，本文选取了高德地图兴趣点数据（POI）和企查查企业大数据，遵循系统性、科学性和可得性原则，构建了城市发展活力指标体系。并与深圳和上海浦东新区进行现状的横向比较，与 2016 年北京城市副中心发展状况进行纵向对比（见表 1）。

表 1　城市发展活力评价指标体系

<table>
<tr><th rowspan="2">目标层</th><th rowspan="2">要素层</th><th rowspan="2">指标层</th><th colspan="2">北京城市副中心</th><th>上海浦东新区</th><th>深圳</th></tr>
<tr><th>2016 年</th><th>2021 年</th><th>2021 年</th><th>2021 年</th></tr>
<tr><td rowspan="22">城市发展活力</td><td rowspan="5">产业发展</td><td>人均 GDP(万元)</td><td>4.72</td><td>6.5</td><td>26.6</td><td>17.4</td></tr>
<tr><td>GDP 增长率(%)</td><td>8.7</td><td>7.8</td><td>10.0</td><td>6.7</td></tr>
<tr><td>人均社会消费品零售额(万元)</td><td>2.7</td><td>3.1</td><td>6.6</td><td>5.4</td></tr>
<tr><td>人均进出口贸易总额(美元)</td><td>1716</td><td>9647</td><td>414114</td><td>31025</td></tr>
<tr><td>大型企业数量(家)</td><td>57</td><td>131</td><td>1144</td><td>2584</td></tr>
<tr><td rowspan="2">创新创业</td><td>万人专利授权量(件)</td><td>22.99</td><td>43.2</td><td>65.1</td><td>157.9</td></tr>
<tr><td>人均金融业增加值(元)</td><td>3018</td><td>6397</td><td>81359</td><td>26800</td></tr>
<tr><td rowspan="6">生活环境</td><td>人均可支配收入(元)</td><td>34097</td><td>49695</td><td>80746</td><td>70847</td></tr>
<tr><td>便利店密度(个/公里^2)</td><td>1.77</td><td>1.26</td><td>2.64</td><td>16.03</td></tr>
<tr><td>公交车站密度(个/公里^2)</td><td>1.31</td><td>1.59</td><td>3.28</td><td>3.07</td></tr>
<tr><td>地铁站密度(个/公里^2)</td><td>0.02</td><td>0.04</td><td>0.11</td><td>0.18</td></tr>
<tr><td>建成区绿化率(%)</td><td>40.2</td><td>46.0</td><td>40.2</td><td>43.0</td></tr>
<tr><td>PM2.5 年均浓度(微克/米^3)</td><td>80</td><td>36</td><td>27</td><td>18</td></tr>
<tr><td rowspan="2">医疗服务</td><td>万人卫生技术人员数(人)</td><td>66.08</td><td>58.8</td><td>71.4</td><td>64.1</td></tr>
<tr><td>万人卫生机构实有床位数(张)</td><td>25.6</td><td>24.0</td><td>47.5</td><td>33.3</td></tr>
<tr><td rowspan="3">教育环境</td><td>十万人大学文化程度人数(人)</td><td>21947</td><td>35140</td><td>35834</td><td>28849</td></tr>
<tr><td>教育经费占 GDP 比重(%)</td><td>4.66</td><td>4.2</td><td>1.1</td><td>3.1</td></tr>
<tr><td>科教服务设施密度(个/公里^2)</td><td>3.03</td><td>3.63</td><td>6.36</td><td>14.39</td></tr>
<tr><td rowspan="3">人文环境</td><td>人均公共图书馆藏书量(册)</td><td>0.42</td><td>0.5</td><td>0.9</td><td>3.2</td></tr>
<tr><td>教育文化娱乐支出比重(%)</td><td>9.60</td><td>7.9</td><td>8.6</td><td>11.3</td></tr>
<tr><td>文化设施密度(个/公里^2)</td><td>0.18</td><td>0.19</td><td>0.22</td><td>0.36</td></tr>
</table>

资料来源：《北京市通州区统计年鉴 2022》、《上海浦东新区统计年鉴 2022》、《上海浦东新区统计年鉴 2011》、《深圳统计年鉴 2022》、《北京市通州区第七次全国人口普查公报》、《上海浦东新区第七次全国人口普查公报》、《深圳市第七次全国人口普查公报》、《上海浦东新区第六次全国人口普查公报》、《深圳市第五次全国人口普查公报》、“企查查”网络数据库、高德地图 POI 数据。

二　北京城市副中心城市发展活力评价及比较

（一）北京城市副中心城市发展活力的纵向比较

1. 北京城市副中心发展活力略有提高

对 2021 年和 2016 年北京城市副中心城市发展活力指标体系的原始

数据进行标准化处理，计算出城市发展活力总指数。与 2016 年相比，2021 年北京城市副中心城市发展活力有所提高，但变化不大。2016 年北京城市副中心活力指数为 4.69，2021 年提高到 4.79。

图 1 显示，除医疗服务指数外，其他五大要素活力水平均有提高。创新创业、产业发展和生活环境是提高最多的三个要素，教育环境和人文环境基本保持不变。

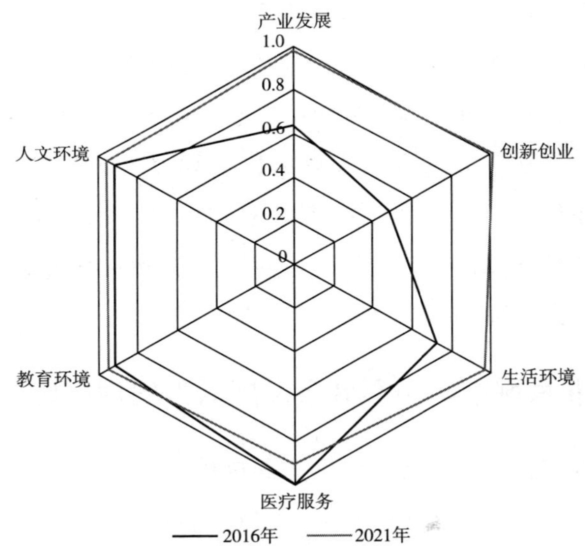

图 1　2016 年、2021 年北京城市副中心城市发展活力纵向比较

2. 北京城市副中心创新创业、产业发展和生活环境活力提升明显

创新创业活力指数提升幅度最大，2021 年创新创业活力得分是 2016 年的 2 倍多，其中人均金融业增加值提高了 112%，万人专利授权量也由 29 件增加到 43 件。

产业发展指数提高了 51%，对比 2016 年，虽然 GDP 增长率下降约 1 个百分点，但其他四项指标均有明显提高，经济总量与质量全面提升，大型企业数量增长了 130%，人均进出口贸易总额由 1716 美元提高到 9647 美元，是产业方面提升最大的指标，反映了北京城市副中心在国际贸易方面的长足进步。

生活环境指数提高了33%。PM2.5年均浓度大幅下降，说明北京城市副中心生态环境改善明显；地铁站密度是2016年的2倍，地铁出行便利度大幅提高；人均可支配收入提高46%，公交车站密度和建成区绿化率都有小幅提高，但是便利店密度下降了近30%。

3. 北京城市副中心教育环境和人文环境活力略提高，医疗服务活力小幅下降

教育环境和人文环境活力指数比2016年分别提高了3%和1%。科教服务设施密度、文化设施密度和人均公共图书馆藏书量三个指标提高，但教育经费占GDP比重和教育文化娱乐支出比重下降。医疗服务水平小幅下降。万人卫生机构实有床位数和万人卫生技术人员数都较2016年有所下降。可见，北京城市副中心建设以来经济与人口规模增长迅速，公共服务没有能够全部及时匹配，甚至个别领域出现人均公共服务水平“不升反降”的现象。

（二）北京城市副中心城市发展活力的横向比较

1. 北京城市副中心城市发展活力总体偏低

对2021年北京城市副中心、上海浦东新区和深圳三地的原始数据进行标准化处理，然后等权重赋值计算出六大要素分值以及城市发展活力总指数。如图2所示，2021年，北京城市副中心的城市发展活力总指数为47.32，远低于上海浦东新区的73.99和深圳的81.93。

从图3的雷达图中可以发现，副中心六大活力要素中，除了教育环境指数略优于上海浦东，其他方面全部落后于浦东与深圳。其中，创新创业、产业发展和生活环境是城市副中心差距最大的三个方面，医疗服务、人文环境和教育环境的差距相对较小，教育经费占GDP比重等个别指标存在优势。

2. 北京城市副中心产业发展、创新创业和生活环境活力严重不足

产业发展活力低。北京城市副中心产业发展活力指数为5.2，大约

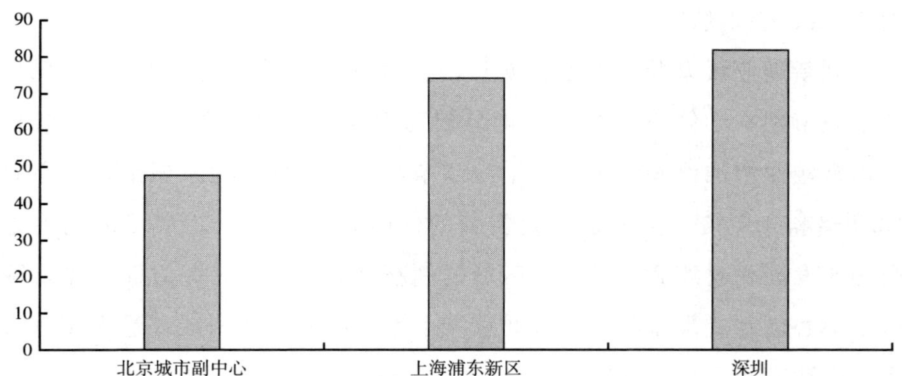

图 2　2021 年区域城市发展活力总指数比较

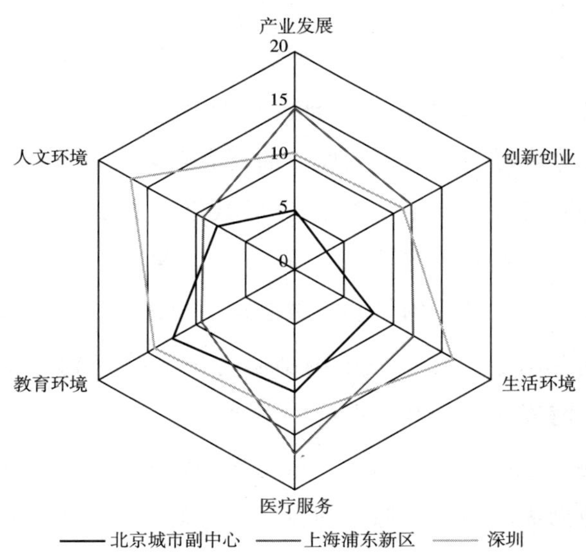

图 3　2021 年城市发展活力六大要素对比

是上海浦东新区和深圳产业活力的 1/3 和 1/2。除 GDP 增长率高于深圳市约 1 个百分点之外，其他所有产业发展指标均落后，反映了北京城市副中心在消费、外贸、经济总量和企业规模方面都存在很大差距，特别是大型企业数量，2021 年北京城市副中心大型企业数量为 131 家，而上海浦东新区和深圳的大型企业数量分别是北京城市副中心的近 9 倍和近 20 倍，差距悬殊。

创新创业活力严重不足。创新创业得分差距是六大要素中最大的，北京城市副中心创新创业指数得分仅为上海浦东新区的 1/3。一方面，人均金融业增加值差距很大，上海浦东新区和深圳是北京城市副中心的 12.7 倍和 4.2 倍。金融是产业创新的保障要素之一，北京城市副中心金融业发展相对滞后，限制了区域的创新创业活力。另一方面，北京城市副中心创新成果差距较大。北京城市副中心万人专利授权量为 43 件，而上海浦东新区为 65 件，深圳则高达 158 件。

生活环境活力有待提高。北京城市副中心建成区绿化率指标略高于其他两地，其他各项指标均存在差距。差距最大的三项指标为便利店密度、地铁站密度和公交车站密度。便利店是重要的生活服务设施，北京城市副中心便利店密度不到上海浦东新区的一半，不到深圳的 1/12，说明北京城市副中心在生活便利度方面还有较大提升空间。地铁站密度是交通设施的功能密度指标，也是表征城市交通出行方式多样性的指标，北京城市副中心地铁站密度较低，为 0.04 个/公里^2，上海浦东新区地铁站密度是北京城市副中心的近 3 倍，深圳更是高达 4.5 倍。公交车站密度的差距略小，北京城市副中心每平方公里约有 1.6 个公交车站，大约为上海浦东新区和深圳的一半水平。

3. 北京城市副中心医疗服务、教育环境和人文环境活力略低

北京城市副中心医疗资源人均占用量偏低。万人卫生机构实有床位数和万人卫生技术人员数都低于上海浦东新区和深圳。

北京城市副中心人文环境有待提升。这项得分为 7.7，略低于上海浦东新区，仅为深圳的一半不到。教育文化娱乐支出比重和文化设施密度指标低于上海浦东新区和深圳，但差距不大。北京城市副中心人均公共图书馆藏书量为 0.5 册，而上海浦东新区为 0.9 册，深圳高达 3.2 册，说明北京城市副中心还需要加大公共文化投入。

北京城市副中心教育投入高，但科教服务设施较少。北京城市副中

心教育环境得分为 12.4，高于上海浦东新区（9.4），略低于深圳（14.2）。北京城市副中心教育经费占 GDP 的比重在三地中最高，十万人大学文化程度人数也高于深圳，与上海浦东新区基本持平，但科教服务设施密度太低，仅为深圳的 1/4 左右，使教育环境指数低于深圳。

（三）小结

综上，北京城市副中心城市发展活力总体水平偏低、增长缓慢。其中，创新创业、产业发展和生活环境三大活力近年来提升较为明显，但是，与深圳、上海浦东新区相比，仍然是北京城市副中心严重落后的三大活力要素。从城市科学角度，“人—产—城”三者是辩证的统一体，是城市经济体的有机组成部分。北京城市副中心创新创业、产业发展和生活环境三方面的严重落后，表明北京城市副中心尚没有形成现代化的城市经济体系。一般而言，培育重点产业、打造产业集群，是建设现代化城市经济体系的关键突破口。

三　提升北京城市副中心城市发展活力的对策建议

（一）优化服务，承接非首都功能产业疏解

优化落地服务，继续承接市属国企和央企二三级总部的疏解，与中心城和雄安新区错位发展，从而优化京津冀产业布局。首先，对高质量、高成长性、高影响力的头部企业增加绿色通道细则，提升企业入驻意愿。其次，适应市场变化情况，实施更为灵活的准入规则，重点引进有发展潜力的企业。最后，引导楼宇开发企业转售为租，加快产业导入进程。

（二）创新引领，增强产业发展原动力

一是着力引进一批名院大所、研究型大学和新型研发机构，加速创

新要素集聚。国内外经验表明，科技企业孵化器一般均落户于著名的研究所和高等院校附近。二是大力发展网络安全、城市科技、数字设计、数字文旅等新兴产业。三是推动制造业智能化转型，支持制造企业广泛采用工业互联网系统与设备，引导鼓励龙头企业建设数字化车间、智能工厂。

（三）集聚生产要素，强化产业吸引力

一是大力推动北京绿色交易所金融化发展。北京城市副中心是国家绿色发展示范区，宜从绿色金融要素市场角度突破，试点发展碳资产证券化等绿色金融服务，推动北京绿色交易所由地方性碳配额交易场所升级为金融化的交易所，提升产业吸引力。二是打造特色财富管理中心。积极引入中华遗嘱库等新型带有“垄断”性质的平台和机构，以集聚与财富管理紧密相关的非金融机构为特色打造副中心金融城，提升对相关产业的吸引力。

（四）打造宜居环境，提高产业承载力

持续推动优质公共资源均衡分布。在继续承接中心城教育医疗资源转移的基础上，推动优质资源在不同的居住区、产业区和商务区等功能区均衡分布。比如亟须在运河商务区、张家湾设计小镇等重点园区布局优质学校和医疗资源。高标准建设生活配套服务设施，打造高水平社区。根据人口数量和分布配置不同等级文化活动中心，包括图书馆、电影院、文化中心等设施。居住区中心区还应设置老年活动中心、青少年活动中心、影视中心、体育场等休闲娱乐健身设施。

健全大型商业设施配套。打造精品商业项目，规划建设商业街、商业广场或者商业中心。发展社区服务、教育文化、医疗配套、零售商业等，合理布局小型商业、餐饮、公寓配套设施。建设敞开式道路、大型休闲广场、街心公园及居民娱乐的文体设施。

推动基础设施和公共服务向农村地区延伸。将完善产业园区的基础设施和公共服务作为突破口，在满足园区需求之后以产业园为基地向周边农村延伸市政管线和道路网络，帮助提升乡镇的基建水平，逐步实现园镇对接，提高基础设施使用效率。同样可以以产业园为区域公共服务次级中心配置公共设施，建立起园区和乡镇在公共服务上的共建共享机制，实现教育、卫生、科技以及文化等方面的资源共享，服务周边农村地区。在治安、联保上实行园村联动，加强群防群治网络建设，形成“治保、调解、普法、帮教、巡逻、消防”六位一体的社区治安防范网络。在边远农村地区推行基本公共服务均等化建设。

加强生态环境建设，提升城市形象，有助于城市副中心集聚城乡人口，实现可持续发展。继续实施绿化美化工程，重点加强主干道的绿化和公园广场绿化，构建绿地、水系相结合的生态网络，形成整体与运河文化相适应的生态城市。积极推行节能建筑和绿色建筑，组织实施重大资源节约与综合利用示范工程，有效控制和治理工业污染，抓好重大污染处理项目的建设，减少和避免对环境和生态的破坏。鼓励企业采用资源节约型生产工艺，优化生产、清洁生产，鼓励节能减排，构建低消耗、低污染的生态生产体系，减少城市建设和产业发展对生态环境的破坏。

参考文献

任保平、李禹墨：《新时代我国高质量发展评判体系的构建及其转型路径》，《陕西师范大学学报》（哲学社会科学版）2018 年第 3 期。

于宏源、李昕蕾：《过程研究纬度下的全球性城市发展理论及其指标体系探析——以中国城市对外交往活力指数的构建和分析为例》，《社会科学》2018 年第 10 期。

潘晴艳、贺晓宇、邢魁：《基于多指标综合评价体系的城市经济活力因素分析——以我国 18 个城市为例》，《湖北科技学院学报》2020 年第 4 期。

赵燕华、李俐蓓、马云峰：《城市活力：基于天津等城市的评价与比较研究》，《天津经济》2021 年第 5 期。

樊敏：《天津涉农区县发展活力与提升对策研究——基于与北京、上海的比较》，《广东农业科学》2013 年第 22 期。

共同富裕愿景下京津冀区域经济合作的历程、动力机制与实现路径*

潘春苗　翟　文**

摘　要： 加强京津冀区域经济合作是实现京津冀共同富裕的路径之一。根据参与主体类型及其在经济合作中发挥的作用，将改革开放以来京津冀区域经济合作的演进历程分为四个阶段，并基于演进规律，将京津冀区域经济合作的动力机制总结为利益诱导机制、政府推动机制、环境支持机制、市场驱动机制。建议通过加快建立京津冀统一的要素和资源市场、推动机制创新和政策对接、充分发挥多元主体作用、共同提升三地人民的生活质量等举措，以先富带后富，实现共同富裕。

关键词： 共同富裕　京津冀区域经济合作　机制创新　协同发展

一　问题提出与相关研究综述

共同富裕是社会主义的本质要求，是人民群众的共同期盼。在《中

---

* 基金项目：北京市社会科学基金重点项目“北京城市副中心建设国家绿色发展示范区指标体系研究”（21JCC054）。

** 潘春苗，博士，广西社会科学院区域发展研究所助理研究员，主要研究方向为区域经济；翟文，博士，北京城市学院首环基地助理研究员，主要研究方向为科技财政。

华人民共和国国民经济和社会发展第十四个五年规划和2035年远景目标纲要》中提出了具体目标，指出到2035年要实现“人民生活更加美好，人的全面发展、全体人民共同富裕取得更为明显的实质性进展”的远景目标。作为我国重要的增长极，京津冀地区是中国经济最具活力、创新能力最强、吸纳人口最多的区域之一，经过多年发展，在经济合作方面取得很多成就，但是区域发展不平衡问题仍然存在。与北京、天津“先富”地区相比，河北作为“后富”地区，经济发展较为落后，人民收入水平较低，基础设施和公共服务方面存在一定落差。为了实现共同富裕的目标，要充分发挥北京、天津先富地区的辐射带动作用，三地通过开展跨区域经济合作，促进后富地区的经济发展和人民收入增长。

京津冀区域经济合作主要开始于改革开放后，随着我国经济体制改革的不断深入，其发展经历了不同的历史阶段，各历史时期的政策部署、合作形式和内容、存在的问题、取得的成效都不尽相同。近年来，国内部分学者对京津冀协同发展的演进进行了梳理和分析。魏丽华①、孙久文②分阶段梳理了新中国成立以来京津冀协同发展的历史脉络和各阶段特征。杨开忠③、魏进平等④、张可云和蔡之兵⑤、文魁和祝尔娟⑥、姚鹏⑦、胡一峰⑧等主要从标志性事件、发展特点、政策部署、实施效果、制约因素、下一步发展对策等方面对改革开放以来京津冀协同发展进行了探

① 魏丽华：《建国以来京津冀协同发展的历史脉络与阶段性特征》，《深圳大学学报》（人文社会科学版）2016年第6期。

② 孙久文：《京津冀协同发展70年的回顾与展望》，《区域经济评论》2019年第4期。

③ 杨开忠：《京津冀协同发展的探索历程与战略选择》，《北京联合大学学报》（人文社会科学版）2015年第4期。

④ 魏进平、刘鑫洋、魏娜：《京津冀协同发展的历程回顾、现实困境与突破路径》，《河北工业大学学报》（社会科学版）2014年第2期。

⑤ 张可云、蔡之兵：《京津冀协同发展历程、制约因素及未来方向》，《河北学刊》2014年第6期。

⑥ 文魁、祝尔娟主编《首席专家论京津冀协同发展的战略重点》，首都经济贸易大学出版社，2015。

⑦ 姚鹏：《京津冀区域发展历程、成效及协同路径》，《社会科学辑刊》2019年第2期。

⑧ 胡一峰、于晓静、顾建军：《变迁：京津冀的昨天、今天与明天》，北京日报出版社，2017。

讨。白易彬①、马海龙②从政府协作治理视角分析了京津冀协同发展历程。总体来看，多数学者集中从政府层面梳理京津冀协同发展的演变过程，对其他主体的参与情况关注较少。政府是京津冀区域经济合作中的重要参与主体，主要提供政策、资金及环境支持，与此同时，企业、高校、科研院所、中介和金融服务机构等其他主体也发挥了重要作用。鉴于此，有必要从多元主体视角对京津冀区域经济合作历程进行全面梳理，分析其演进的动力机制，并提出共同富裕愿景下京津冀区域经济合作的实现路径。

二　京津冀区域经济合作的演进进程

（一）政府主导的横向经济联合阶段（1980~1992年）

从 1980 年国务院开始部署推动经济联合，到 1992 年党的十四大提出建立社会主义市场经济体制的目标，这个时期是京津冀区域经济合作的起步阶段。该阶段，中央政府在推动京津冀区域经济合作中始终发挥着主导作用，自“七五”计划开始，地方政府的主动性和参与性也逐步提高，但企业、高校、科研院所、中介组织等其他主体的参与度还较低，合作形式较为单一。

1. 央地政府共同推进横向经济技术联合

1980 年 7 月，国务院常务会议通过《关于推动经济联合的暂行规定》，鼓励地方加强横向联系，突破行业、地区、所有制及隶属关系的限制，组织各种形式的经济联合体。1986 年国务院印发《关于进一步推动横向经济联合若干问题的规定》，提出要加强地区间横向经济联

① 白易彬：《京津冀区域政府协作治理模式研究》，中国经济出版社，2017。

② 马海龙：《京津冀区域治理：协调机制与模式》，东南大学出版社，2014。

系。在中央区域经济联合发展的政策引导下，1981 年 10 月，北京、天津、河北、山西和内蒙古五省区市在呼和浩特召开了第一次华北地区经济技术协作会议，并成立了中国第一个区域经济合作组织——华北经济技术协作区。截至 1986 年底，华北五省区市同全国各地签订的经济技术协作协议约 1.35 万项，人才交流 1.5 万人次，五省区市共建立企业联合体 5100 个、科研生产联合体 1400 个，横向融通资金约 100 亿元①。1988 年 8 月，由北京市和河北省环京的唐山市、秦皇岛市、保定市、张家口市、张家口地区、承德地区、廊坊地区、保定地区联合组建环京经济协作区，促进区域经济发展和生产力合理布局②。环京经济协作区成立 4 年多以来，建立了各种形式的技术协作联合体 421 个、联营企业 306 个，融通资金 5.1 亿元，引进中级科技人员 1915 人，成立各种企业集团 14 个，为协作区新增产值 37.3 亿元，利税 1.5 亿元③。该阶段，京津冀区域的合作关系还不稳固，华北经济技术协作区、环京经济协作区等合作平台在 90 年代初逐步解体。

2. 中央政府推动京津唐规划一体化

为做好国土整治和规划工作，1981 年 10 月，国务院批准在国家建委内设立国土局（1982 年改属国家计划委）。从 1982 年起，国土局启动"京津唐地区国土规划纲要"前期工作，成立京津唐国土规划办公室，并将该项工作作为国土局成立后的第一个试点工程。京津唐地区的国土规划工作分为课题研究和规划编制两个阶段，1984 年第一阶段工作顺利完成，形成了课题研究报告 9 份、专题研究报告 59 份、各类图纸 100 多幅，比较详细地反映了京津唐地区的国土面貌，为开展规划工作打下坚实基础。第二阶段编制了 6 个专项规划，启动了 3 个重点地区

① 高连庆：《华北地区经济技术协作促进了经济发展》，《计划工作动态》1987 年第 10 期。

② 颜世贵：《充分发挥中心城市作用 环京经济协作区成立》，《人民日报》1988 年 8 月 21 日。

③ 北京市地方志编纂委员会：《北京年鉴（1993）》，北京年鉴出版社，1993。

规划和整个地区的总体规划，明确了京津唐地区发展战略定位，找出了区域开发整治中需要解决的主要问题，并在交通设施建设、解决水资源短缺、能源供应等方面提出了建议。由于体制机制束缚等多重原因，京津唐地区国土规划工作最终并未完成，但其课题研究和专题规划成果为该地区国土开发和整治提供了重要参考。天津、唐山根据规划成果着手建设滨海地带。1985 年《全国国土总体规划纲要》采用了京津唐国土规划的部分成果，并将京津唐地区（包括北京市、天津市和河北省的唐山市、秦皇岛市、廊坊地区，面积 5.5 万平方公里）作为重点开发地区之一，明确了该地区的开发任务和建设布局。

3. 在地方政府推动下企业、高校院所参与跨区域经济合作

地方政府积极推动首都圈、环渤海地区发展。1982 年《北京城市建设总体规划方案》首次提出“首都圈”概念，并将“首都圈”分为内外两个圈层，其中内圈由北京、天津，河北的唐山、廊坊和秦皇岛组成，外圈包括承德、张家口、保定和沧州 4 个与京津邻近的城市。1983 年 7 月，国务院原则批准了该方案，同时决定成立首都规划建设委员会，加强对首都规划的引导与管理。

1986 年 5 月，在时任天津市市长李瑞环的倡导下，由天津、大连、丹东、营口、锦州、盘锦、秦皇岛、唐山、沧州、滨州、东营、潍坊、烟台、青岛、威海 15 个沿海城市共同发起成立环渤海地区经济联合市长（专员）联席会，发展跨地区、跨部门、跨所有制、跨城乡的横向经济联合，促进了环渤海地区在技术、人才、商业、旅游等方面的合作交流活动，这标志着环渤海地区正式建立起了区域合作机制。截至 1988 年 10 月，环渤海地区 15 市（地）已经建立起信息、技术、金融、人才、商业、旅游、理论研究和新闻广播、电子仪表、设备维修、港航运输、模具制造以及引进国产化等 13 个协作网[①]。

---

① 寿孝鹤、李雄藩、孙庶玉主编《中国省市自治区资料手册》，社会科学文献出版社，1990。

地方政府联合共建环渤海、京津冀经济研究组织。1985 年 8 月，天津成立环渤海经济联合会，对环渤海地区经济发展、京津冀联合、港口城市建设等问题进行调查研究。1987 年 7 月在青岛召开环渤海地区市场（专员）第二次联席会和理论研讨会，会上成立了环渤海地区经济研究会，完成了涵盖辽东半岛、山东半岛和京津冀地区的环渤海经济区经济发展规划纲要的编制工作。1991~1995 年，由京津冀城市科学研究会发起的京津冀城市发展协调会，成功举办了 5 次研讨会，共发表论文 100 多篇，对促进京津冀协调发展起到了积极作用①。

地方政府与高校院所、企业等主体开展合作。河北省积极与京津高校院所合作，引入先进资源要素，主要有三种合作方式。一是引进京津先进技术。比如，1988 年邯郸地区曲周县植物色素厂与中国医科植物研究所、北京一轻工业研究所联合，引进生产姜黄色素、辣椒红色素技术。二是以技工贸形式联合成立企业。比如，1988 年河北省与清华大学共同成立清华大学科技开发总公司银夏有限公司。三是共建经济联合体。比如，秦皇岛昌黎县与天津饲料科研所共建对虾饲料厂，邯郸邱县与北京农业大学共建种草养畜联合体。

为获得成本优势、扩大生产规模，北京的企业开始在周边地区布局生产基地，以利用当地丰富的劳动力、土地资源优势。比如，1987 年，北京崇文区在唐山玉田县建立棉纱基地；1990 年，北京市食品公司与保定地区组建京保食品联营公司，并在保定地区 13 个县建立 30 个生猪生产基地。

4. 该阶段京津冀区域经济合作特征

1980~1992 年，京津冀区域经济合作刚刚起步，在政府主导下，取得了一定成效，但是该阶段三地的产业分工合作程度较低，科技创新合作联系较弱。

---

① 付承伟：《大都市经济区内政府间竞争与合作研究——以京津冀为例》，东南大学出版社，2012。

从以企业为参与主体的产业分工合作情况来看，本文采用克鲁格曼（Krugman）提出的区域分工指数，作为衡量京津冀区域产业分工的重要指标①。区域分工指数计算公式为：

$$S_{jk} = \sum_{i=1}^{r} \left| \frac{q_{ij}}{q_j} - \frac{q_{ik}}{q_k} \right| \quad (1)$$

（1）式中 S_{jk} 表示区域分工指数，r 为产业个数，q_j、q_k 表示 j 和 k 两个地区工业总产值，q_{ij}、q_{ik} 表示 j 和 k 两个地区产业 i 的产值，S_{jk} 越大，表示两地区行业差异越高，即区域产业分工程度越高；若 S_{jk} 等于 0，则表示两地区产业结构完全相同，产业分工程度很低。

基于数据的可获得性，本部分使用《中国工业经济统计年鉴》中 1985~1991 年京津冀三地 20 个产业的工业总产值数据，来测算京津冀三地的区域分工指数②。测算结果显示，京津的区域分工指数最低，津冀的区域分工指数居中，京冀的区域分工指数最高，这说明京冀的产业分工程度更高，而京津的产业分工程度较低（见图 1）。主要原因在于河北与京津的经济整体水平和产业技术存在梯度差异，便于实现产业发展优势互补，而京津经济发展差距较小，存在一定程度的竞争。1992 年，河北人均 GDP 仅相当于北京的 31.6%、天津的 45.5%，河北大中型工业企业技术研发经费支出占工业总产值的比重分别是北京的 50%、天津的 84.8%。

从区域分工指数变化情况看，与 1985 年相比，1992 年京津、京冀、津冀的区域分工指数不仅没有实现上涨，反而出现小幅下降或持

① 〔美〕保罗·克鲁格曼：《地理和贸易》，张兆杰译，北京大学出版社、中国人民大学出版社，2000，第 73 页。

② 20 个产业领域包括：煤炭采选业，石油和天然气开采业，黑色金属矿采选业，建筑材料及其他非金属矿采选业，食品制造业，饮料制造业，烟草加工业，纺织业，造纸及纸制品业，石油加工业，化学工业，化学纤维工业，建筑材料及其他非金属矿物制品业，黑色金属冶炼及压延加工业，金属制品业，机械工业，交通运输设备制造业，电气机械及器材制造业，电子及通信设备制造业，以及电力、蒸汽、热水生产和供应业。

平，根源在于该时期京津冀三地的产业结构较为相似，均以黑色金属冶炼及压延加工业、机械工业、纺织工业为主导产业，产业分工协作不充分，竞争关系大于合作。

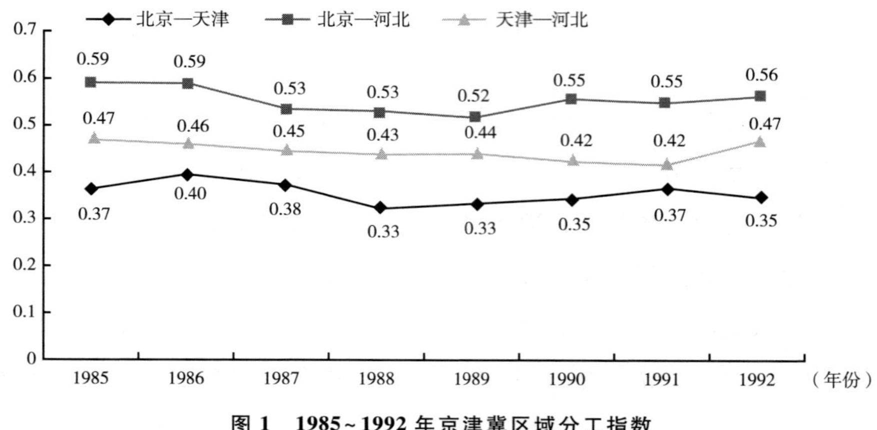

图 1　1985~1992 年京津冀区域分工指数

京津冀区域科技创新合作以高校院所、企业为主要参与主体，联合推出科技论文、发明专利等创新成果，开展跨区域技术交易活动。本文借鉴阿科斯塔（Acosta）等采用文献计量、专利计量研究区域间科学合作和技术合作的方法，探讨京津冀各城市之间的科技创新联系强度①。该阶段京津冀联合申请专利、跨区域技术交易活动还较为罕见，所以只分析合著科技论文情况。

1980~1992 年，京津冀地区共合著科技论文 291 篇，占京津冀地区发表论文总数的 0.15%。从京津冀内部城市合作情况来看，北京与天津合作最为紧密，合著科技论文 145 篇，占京津冀全部跨城市合著论文数量的 50%左右，次之是北京与石家庄、北京与保定之间的合作，检索

① Manuel Acosta, Daniel Coronado, Ferrándiz Esther, et al., "Factors Affecting Inter-regional Academic Scientific Collaboration within Europe: the Role of Economic Distance", *Scientometrics* 87 (2011): 63-74.

到的合著科技论文数量分别为 69 篇和 20 篇。[①] 除与北京合作外，天津还与石家庄、保定、邯郸、唐山、张家口、沧州 6 个城市有科技论文合作，但合著数量均在 10 篇以内。河北省 11 个地市之间，仅石家庄与保定合作关系较为紧密，其他地市之间的合作较少（见表 1）。

表 1　1980~1992 年京津冀城市间合著科技论文情况

单位：篇

城市	天津	石家庄	保定	廊坊	唐山	秦皇岛	承德	张家口	沧州	邯郸	邢台	衡水
北京	145	69	20	1	2	3	1	3	1	4	0	0
天津		8	3	0	1	0	0	1	1	3	0	0
石家庄			15	0	0	1	0	1	1	3	0	2
保定				0	1	0	0	0	0	1	0	0
廊坊					0	0	0	0	0	0	0	0
唐山						0	0	0	0	0	0	0
秦皇岛							0	0	0	0	0	0
承德								0	0	0	0	0
张家口									0	0	0	0
沧州										0	0	0
邯郸											0	0
邢台												0

（二）政府主导、市场参与的自发合作阶段（1993~2003年）

1993~2003 年，在国家区域经济协调发展战略的推动下，京津冀三地政府发挥主导作用，纷纷将区域经济合作纳入地方发展战略。随着市场经济体制改革的推进，企业、高校、科研院所等各类主体也参与到京津冀区域经济合作中，政府主导、市场参与的京津冀区域经济合作新格局基本形成。

① 依托中国知网的基础科学、工程科技Ⅰ辑、工程科技Ⅱ辑、农业科技、医药卫生科技、信息科技 6 个自然科学与工程技术领域的数据库进行科技论文检索，设置检索条件为“论文作者单位/机构为城市 A”并且“论文作者单位/机构为城市 B”。如果某篇论文的作者来自 A、B 两个城市，则计 A-B 合著科技论文 1 篇。

1. 京津冀三地政府积极实施区域经济合作战略

1995年9月，党的十四届五中全会审议通过的《中华人民共和国国民经济和社会发展"九五"计划和2010年远景目标纲要》提出，促进区域经济协调发展，形成7个跨省区市的经济区域，其中环渤海地区要"依托沿海大中城市，形成以辽东半岛、山东半岛、京津冀为主的环渤海综合经济圈"。自此，环渤海地区成为国家区域经济协调发展战略中的重要组成部分。

1995年，河北省政府工作报告中指出，"加快实施外向带动战略，作好环渤海环京津两篇大文章，推进对外对内开放向高层次、宽领域、纵深化方向发展"。[①] 1995年7月，河北省对内开放工作会议讨论修改了《"京津都市圈"河北环京津县（市）外向带动加速发展规划》，部署了"九五"期间全省对内开放工作的任务。[②] 1995年10月，河北省第五次代表大会正式提出"两环开放战略"。

天津市积极部署与周边地区的合作，在"八五"计划中提出，"充分利用京津地区科研机构和科技人才密集的优势，开展联合攻关、合作开发和人才交流"；在《天津市国民经济和社会发展"九五"计划和2010年远景目标纲要》提出，"以京、津、冀为依托，搞好跨地区、跨省市联合"。

1996年，北京市科委组织制定《北京市经济发展战略研究报告》，提出首都经济圈概念，其范围包括北京、天津和河北的唐山、秦皇岛、承德、张家口、保定、廊坊、沧州7个市，总面积16.8万平方公里[③]。2001年，两院院士吴良镛在《京津冀（大北京地区）城乡空间发展规划研究》中提出大北京地区的构想，以京津双核为主轴，以唐山、保

① 《河北经济年鉴1995》。

② 《河北经济年鉴1996》。

③ 赵国岭：《京津冀区域经济合作问题研究》，中国经济出版社，2006。

定为两翼，构建大北京地区组合城市，实施双核心—多中心都市圈战略[①]。该项研究对 2004 年北京城市总体规划修编起到重要作用。

2. 地方政府间加强各种形式的经济合作

1993~2003 年，京津冀三地政府积极落实国家促进区域经济协调发展战略，开展了各种形式的经济合作。

第一，京津冀三地签订合作协议。1996 年，京冀签署了《北京市人民政府 河北省人民政府全面发展经济技术合作的会议纪要》，重点在产业联合、农业开发和“菜篮子工程”建设、科技合作和人才交流、环境保护、共同建设大市场等方面开展合作[②]。1997 年，京津政府签订《关于进一步发展经济技术合作的会议纪要》，双方决定在京津塘高速公路高新技术产业带联合发展、港口建设、企业联合、科技合作、市场开拓等五个方面进行合作[③]。2000 年，河北与天津签署《关于面向新世纪进一步发展全方位合作关系的会谈纪要》，围绕构建市场经济体制、科技与人才合作、资源开发、环境保护等方面进一步加强合作[④]。

第二，建立区域合作机制。1997 年 11 月，在环渤海地区经济联合市长（专员）联席会第八次会议上，26 个成员市（地、盟）一致同意正式建立“环渤海地区经济联合市长（专员、盟长）联席会”，并建立“环渤海地区经济联合市长（专员、盟长）联席会联合办事处”作为办事机构。1999 年 4 月，成立环京七市经协办主任联席会，通过了联席会章程，建立了北京、保定、唐山、廊坊、秦皇岛、承德、张家口七市常态化的合作机制。

第三，加强产业联合。在高新技术领域，2003 年 9 月，首届京津塘科技新干线论坛召开，提出将京津塘科技新干线打造成为代表高新技术

① 吴良镛等：《京津冀地区城乡空间发展规划研究》，清华大学出版社，2002。

② 段柄仁、张明义、王立行：《北京年鉴 1997》，北京年鉴社，1997。

③ 段柄仁、张明义、王立行：《北京年鉴 1998》，北京年鉴社，1998。

④ 刘来福、穆瑞丽：《富民与强省 河北经济发展三十年》，河北人民出版社，2008。

产业发展方向的新干线，京津两地政府在高新技术产业链、一体化流通市场、科技创新、环境保护、基础设施、园区共建等方面开展合作[①]。在农副产品产销领域，北京在张家口、承德、廊坊等地建立蔬菜、猪牛羊生产基地，河北省有 100 多个县与天津最大的农贸批发市场建立长期业务，河北省成为京津重要的“菜园子”[②]。“九五”期间，河北省从京津地区引入的资金、技术、人才占省外经济技术协作总量的 60%，打造了青县“津南菜篮”、涞水野三坡“京西花园”、燕郊经济开发区“京东硅谷”等。

第四，搭建区域经济合作交流平台。1992 年以来，京津冀通过组织各种形式的招商洽谈会、科技成果发布会等，有效促进了京津冀三地经济技术合作及人才、资金、技术等要素跨区域流动。

3. 地方政府联合高校院所、企业开展合作

地方政府积极与企业建立合作关系。一种方式是企业跨区域投资项目。如首钢公司于 1997 年与唐山联合投资共建马兰庄铁矿有限责任公司，于 2002 年与迁安市共建河北省首钢迁安有限责任公司。另一种方式是地方政府引入企业的先进技术。比如，1994 年吴桥县经济技术开发区引入北京汇源公司的“脱水生产技术”，投产后可创产值 1.7 亿元。

河北省通过签订合作协议、平台共建、技术引进、人才联合培养等方式与京津高校院所开展合作。在签订合作协议方面，河北省先后与天津大学、南开大学签署了《长期全面合作协议》，并决定设立面向天津大学的省校科技合作开发基金；与中科院签订了“中国科学院与河北省人民政府科技合作座谈会纪要”。在平台共建方面，2003 年，河北省政府、廊坊市政府与清华大学共建河北清华发展研究院科技创新大厦，推动高校科技成果在廊坊转化；河北省和中科院共建中国科学院河北科技发展中心，促进中科院 50 多项科技成果在河北企业转化。在技术引进方面，石家庄与清华大学合作液晶材料项目，磁县农机公司引进中国农科院的

---

① 李国平等：《首都圈结构、分工与营建战略》，中国城市出版社，2004。

② 刘江主编《中国地区发展回顾与展望 河北省卷》，中国物价出版社，1999。

“生物制剂生产技术”等。在人才联合培养方面，1998年，天津大学、南开大学等高校在河北建立了硕士研究生进修班，招收河北省生员50多名；清华大学接受衡水市派出的58名科级干部到经管学院培训。

京津冀三地企业跨区域合作开始变得活跃。一是北京企业在河北、天津建立生产基地。比如，1997年北京红星酿酒集团投资950万元改造天津宁河酒厂，建立天星酒业有限公司；北京星海乐器有限责任公司在承德建设钢琴外壳加工生产基地。二是企业跨区域投资建设项目。如1998年丰台区分钟寺农工联合公司与天津北方建材商贸股份公司及美国科瑞斯集团共建北京家世界购物广场。三是三地企业之间开展跨区域技术交易活动。2000~2003年，北京流向津冀技术合同6149项，技术合同成交额达36.89亿元。

京津冀三地的企业与高校院所联合开展科技攻关。比如，清华大学与河北任远集团联合申报国家“863”计划项目，合作的年产800吨氢镍电池正极材料高活性球形氢氧化镍生产线已于1997年底正式投产。

4. 该阶段京津冀区域经济合作特征

1993~2003年，京津冀区域经济合作的参与主体更加广泛、合作形式更加多元、合作程度更加深化，但由于大多数合作都是地方政府自发推动的，缺乏国家层面的顶层设计，存在一定程度的盲目性和无序竞争现象，三地合作关系较为松散。

从京津冀产业分工情况来看，京津区域分工指数[①]呈现先上升后下

① 基于统计数据的可得性以及统计口径发生变化等因素，本部分选取了24个产业来计算京津冀的区域分工指数，分别为煤炭采选业，石油和天然气开采业，黑色金属矿采选业，有色金属矿采选业，食品加工业，食品制造业，饮料制造业，烟草加工业，纺织业，造纸及纸制品业，石油加工及炼焦业，化学原料及化学制品制造业，医药工业，化学纤维工业，非金属矿物制品业，黑色金属冶炼及压延加工业，有色金属冶炼及压延加工业，金属制品业，普通机械制造业，专用设备制造业，交通运输设备制造业，电气机械及器材制造业，通信设备、计算机及其他电子设备制造业，仪器仪表及文化、办公用机械制造业。以下内容涉及区域分工指数计算也是选择以上24个产业。资料来源均为各年份《中国工业经济统计年鉴》。

降的趋势，从 1993 年的 0.35 升至 2000 年的 0.5，继而降至 2003 年的 0.31；京冀的区域分工指数先小幅下降，继而大幅上升，最后趋于平缓；津冀区域分工指数出现先小幅下降，后呈现持续上升态势（见图 2）。一方面，由于该阶段河北与北京、天津的经济发展差距较大，河北的人均 GDP 仅相当于北京的 1/3 左右、不足天津的 1/2，所以在推动京津冀区域经济合作过程中，河北的积极性更高，通过借助京津资源提升自身经济实力，而北京、天津的动力相对不足，因此京冀、津冀区域分工指数上升较快。另一方面，虽然京津冀三地政府日益重视区域协调发展，但受制于地方政府考核机制，存在地方保护主义行为，而且京津产业结构十分相似，以 2003 年为例，京津工业总产值排在前五位的产业类型完全相同①，两地在产业、项目、市场等方面普遍存在无序竞争现象。

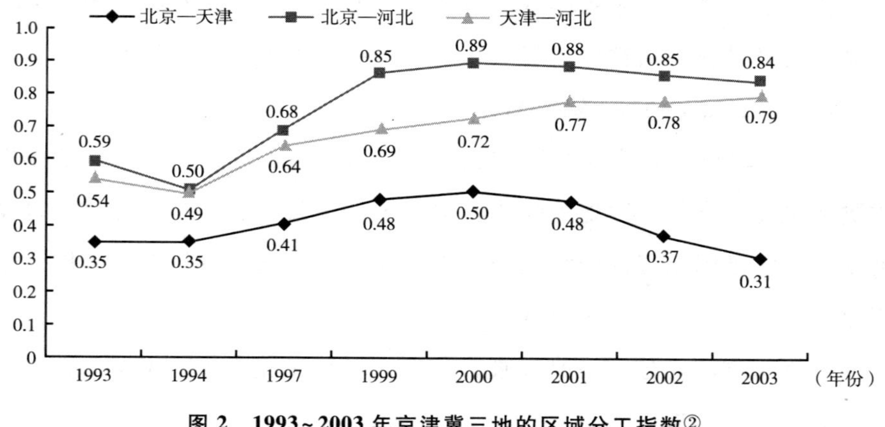

图 2　1993~2003 年京津冀三地的区域分工指数②

该阶段，京津冀三地以企业、高校院所为参与主体的科技创新联系逐渐增强。技术转移是创新资源的空间流动和跨区域配置的具体形式，

① 京津五大工业主导均为：通信设备、计算机及其他电子设备制造业，黑色金属冶炼及压延加工业，交通运输设备制造业，化学原料及化学制品制造业，石油和天然气开采业。

② 1996 年、1997 年、1999 年《中国工业经济统计年鉴》未公布。

技术成果交易成为京津冀科技创新合作的重要路径。2000~2003 年，北京流向津冀技术合同 6149 项，技术合同成交额达 36.89 亿元。[①] 从京津冀合著科技论文情况来看，与上阶段相比，京津冀跨城市合著科技论文的数量明显上升，1993~2003 年，三地合著科技论文 14876 篇，是 1980~1992 年合著科技论文的 51.1 倍，占京津冀地区发表论文总数的 2.04%。13 个城市之间都有科技论文合作，其中，北京—天津、北京—石家庄、北京—保定合作关系最为紧密（见表 2）。

表 2　1993~2003 年京津冀城市间合著科技论文情况

单位：篇

城市	天津	石家庄	保定	廊坊	唐山	秦皇岛	承德	张家口	沧州	邯郸	邢台	衡水
北京	3828	2218	956	500	643	411	355	445	128	452	178	57
天津		468	170	161	281	156	93	68	109	123	34	10
石家庄			596	66	191	123	120	117	157	349	173	127
保定				44	72	56	62	61	61	91	37	45
廊坊					16	13	4	15	8	12	9	3
唐山						56	29	16	13	23	16	4
秦皇岛							13	27	7	25	2	5
承德								13	5	14	9	9
张家口									12	13	4	8
沧州										22	7	8
邯郸											56	25
邢台												13

（三）政府和市场主体双重推动的紧密合作阶段（2004~2012年）

随着经济全球化和市场经济的深入推进，国家日益重视区域经济合作。自 2004 年起，国家部署推动京津冀都市圈、首都经济圈规划建设。

① 资料来源：2000~2003 年《北京技术市场统计年报》。

在中央统筹下，地方政府间的合作从“纸面文章”走向实质性合作，市场多元化主体的参与程度也不断提高，形成了政府和市场双重推动的京津冀区域经济合作格局。

1. 中央层面推动京津冀都市圈规划一体化

2004 年 2 月，国家发改委召集京津冀三地的发改部门，在廊坊组织召开京津冀区域经济发展战略研讨会，三地在京津冀区域协调发展的十个问题上达成一致意见，形成《廊坊共识》。2004 年 11 月，国家发改委牵头启动了《京津冀都市圈区域规划》的编制工作，确定了包括北京、天津两个直辖市和河北省石家庄、保定、唐山、秦皇岛、廊坊、沧州、张家口、承德 8 个地级市在内的“2+8”都市圈。2005 年，国家发改委组织召开京津冀区域规划工作座谈会，加快推动京津冀都市圈规划编制工作。到 2010 年 8 月，该规划上报国务院，但未获批复。2011 年 3 月，“京津冀区域经济一体化”“首都经济圈”概念写入国家“十二五”规划纲要。

京津冀三地政府积极贯彻落实京津冀都市圈区域开发的整体部署。《北京城市总体规划（2004 年—2020 年）》明确提出，“加强京津冀地区在产业发展、生态建设、环境保护、城镇空间与基础设施布局等方面的协调发展”。天津在“十一五”规划中强调，“立足天津依托京冀、服务环渤海、辐射‘三北’”“与有关省市共同促进京津冀的发展”。2010 年 10 月，河北省出台《关于加快河北省环首都经济圈产业发展的实施意见》，圈定廊坊的三河市、大厂自治县、香河县、广阳区、安次区、固安县，保定的涿州市、涞水县，张家口的涿鹿县、怀来县、赤城县，承德的奉宁自治县、滦平区 13 个县区，加强与首都地区在发展空间、产业功能、资源要素、基础设施、产业政策等方面对接融合。

2. 地方政府间建立起京津冀区域合作机制

2004 年 5 月，“环渤海经济圈合作与发展高层论坛”在北京举行，环渤海七省区市（包括北京、天津、河北、山西、辽宁、山东、内蒙古）签署了《北京共识》，主要内容包括：召开省级会议，正式建立环渤海合作机制，并将合作机构的日常工作班子设在廊坊。同年6月，七省区市签署了《环渤海区域合作框架协议》，建立了环渤海区域合作三层组织架构，第一层架构是确立由各省省长、直辖市市长、自治区主席担任环渤海合作机制轮值主席；第二、三层架构分别是建立政府副秘书长协调制度和部门协调制度。2008年2月，第一届京津冀发改委区域工作联席会在天津召开，三地发改部门签署《建立“促进京津冀都市圈发展协调沟通机制”的意见》，自此建立起正式的京津冀区域合作机制。

京津冀三省市签订了一系列合作协议。京津冀于2005年6月签署《京津冀人才开发一体化合作协议》；2007年5月签署《京、津、冀旅游合作协议》；2007年2月联合发布《京津冀都市圈城市商业发展报告》；2008年11月，河北省建设厅、北京市建委、天津市建委共同签署《构建京津冀地区共同建筑市场框架协议》。京津于2004年5月签订《京津科技合作协议》；2005年9月签署《京津城市流通领域合作框架协议》，涵盖商贸、物流、口岸三大领域。京冀于2006年10月签署《关于加强经济与社会发展合作备忘录》，双方在交通基础设施建设、水资源和生态环境保护、能源开发等九个方面展开合作；2010年7月签署《北京市—河北省合作框架协议》。津冀于2008年11月签署了《关于加强经济与社会发展合作备忘录》，双方围绕加强产业转移和对接、建设现代化综合交通运输体系、水资源和生态环境保护等12个方面推进合作。

3. 地方政府、企业、高校院所、中介组织等多主体加强合作

2004年以来，河北省政府与京津企业开展多种形式的合作，有力促进了企业跨区域布局。一是北京企业在河北建设生产基地。比如，2004年，张家口康保县与北京三元集团签署肉牛基地和饲草基地项目。二是京冀加快产业转移对接。2004年以来，唐山积极承接北京焦化厂

300 万吨焦炭搬迁项目，首钢 200 万吨钢联项目；廊坊、保定等地承接北京服装服饰物流园转移。三是河北省主动对接京津央企。举办“百家央企走进河北恳谈会”，2006 年，河北省与国家电网公司签署了“十一五”电力建设框架协议，与中石油、中石化、中电科、中化集团、兵装集团等大集团开展战略合作。到 2012 年，中关村企业累计在津冀设立分支机构 1805 家，设立子公司 1254 家。

地方政府积极与高校院所合作，引进技术、人才等生产要素。一是共建创新载体。2004 年 2 月，廊坊市与中国农科院共建中国农科院（万庄）国际农业高科技产业园，吸引中国农科院的科技成果在廊坊转化。二是依托共建的平台引入资源，比如河北省依托与清华大学、中科院共建的河北清华发展研究院、中科院河北科技发展中心等，吸引北京项目入驻。2006 年，河北清华发展研究院牵头组织，为河北省委组织部、省国资委、省发改委、省财政厅等部门以及承德、香河等地培训副处级以上干部 382 人，为企业培训各类管理人员 943 人。

京津冀三地企业围绕现代交通、城市建设与社会发展、电子信息、环境保护、生物医药与医疗器械等领域，加速技术成果跨区域流动。北京高新技术企业以在津冀地区投资为主要方向，开展跨区域投资。

京津冀合作建立一批跨区域联盟、联合体等行业组织。2004 年 7 月，北京长途汽车有限公司、河北张家口运输集团有限公司、河北保定交通运输集团有限公司、北京高客长途客运有限公司，共同发起北京长途客运法人联合体。2004 年，中国移动正式启动京津冀跨区服务联盟。

4. 该阶段京津冀区域经济合作特征

2004~2012 年，京津冀区域经济合作从自发、松散、小范围的合作阶段，迈向有序、紧密、多层次的合作阶段。

从京津冀区域分工情况来看，京津、京冀的区域分工指数呈现上升趋势。从天津、河北工业内部结构来看，两地均以黑色金属冶炼及压延加工业、石油加工及炼焦业、化学原料及化学制品制造业等重化工业为主，产业结构较为雷同，而且在承接北京传统制造业转移过程中存在无序竞争，由此出现了津冀区域分工指数下降的局面（见图 3）。

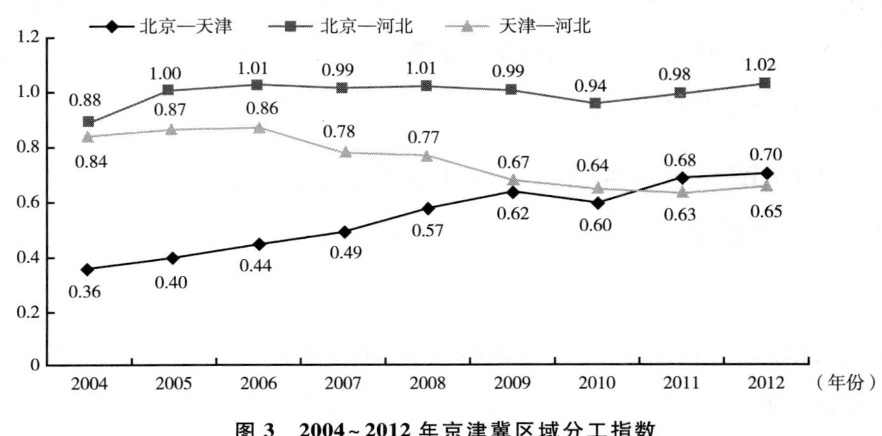

图 3　2004～2012 年京津冀区域分工指数

与上阶段相比，京津冀的科技创新合作关系更强，合作内容更加广泛。从技术交易活动来看，2004～2012 年，北京流向津冀技术合同 24603 项，技术合同成交额达 545.55 亿元（见表 3）。

表 3　2004～2012 年京津冀技术交易情况

单位：项，亿元

年份	北京流向河北		北京流向天津	
	技术合同数	技术合同额	技术合同数	技术合同额
2004	1359	9.71	791	7
2005	1506	16.59	729	5.96
2006	1776	18.71	1090	10.74
2007	1814	63.97	969	17.18
2008	1809	40.96	1094	23.67
2009	1685	19.35	1062	72.41
2010	1804	77.6	1125	17.2
2011	1676	20.9	1166	45.6
2012	1853	58.1	1295	19.9

资料来源：2004～2012 年《北京技术市场统计年报》。

从合著科技论文情况看，三地跨城市合著科技论文数量占京津冀区域发表论文总数的 2.42%，京津冀三地的科技创新合作更加密集。13 个城市中，除北京—天津、北京—石家庄、北京—保定持续保持紧密的合作关系外，北京与唐山、廊坊、邯郸、秦皇岛，天津与石家庄、唐山的合作关系也不断增强。

（四）国家统一部署、多元主体全方位参与的协同发展阶段（2013年以来）

2013 年 5 月，习近平总书记在天津调研时提出要谱写京津“双城记”，同年 8 月在北戴河主持研究河北发展问题时提出要推动京津冀协同发展，2014 年 2 月，在北京主持召开京津冀协同发展座谈会并发表重要讲话，自此京津冀协同发展上升为国家重大战略。三地政府积极落实京津冀协同发展国家战略，各类主体全面参与其中，共同助力打造京津冀世界级城市群。

1. 央地共建协同发展统筹机制与规划体系

2014 年 8 月，国务院成立京津冀协同发展领导小组及相应办公室，从国家层面加强京津冀协同发展的顶层设计和统筹协调。按照国家的统一部署，京津冀三地相应成立地方推进京津冀协同发展领导小组及其专项工作小组，负责京津冀协同发展的对接协调工作。在交通、税收等领域，国家相关部委联合三省市成立了专项领导小组，如交通一体化领导小组、税收工作领导小组等。

2015 年以来，中共中央、国务院出台《京津冀协同发展规划纲要》，国家发改委印发《“十三五”时期京津冀国民经济和社会发展规划》，国家相关部委还编制完成了土地、交通、产业、水利、人才等专项规划，国家工信部联合京津冀三地政府出台《京津冀产业转移指南》《京津冀协同发展产业转移对接企业税收收入分享办法》《京津冀系统推进全面创新改革试验方案》等一系列政策文件，形成目标一致、层次明确、互相衔接的京津冀协同发展规划体系。

2. 地方政府共建对接协调机制与创新平台

2015 年以来，京津冀联合制定《关于建立京津冀协同发展对接推进机制工作方案》，推进建立三省市常务副省（市）长定期会晤、京津冀协同办主任联席会议、各部门常态化会商的定期会商制度。三地共同发布《关于加强京津冀产业转移承接重点平台建设的意见》《进一步加强产业协同发展备忘录》等产业协同政策。2015 年，京冀建立为期 5 年的“规模最大、层次最全”的干部交流互派机制，到 2019 年两地已互派四批共 400 余名干部挂职，有力促进了各领域的对接协调。

2013 年以来，京津冀三地在政府推动下合作共建了一批高科技产业园区。比如，京津共建滨海—中关村科技园、京津中关村科技城等，京冀共建京冀曹妃甸协同发展示范区、北京亦庄·永清高新区、中关村海淀园秦皇岛分园、中关村丰台园满城分园、石家庄（正定）中关村集成电路产业基地、张北云计算产业基地、北京·沧州生物医药产业园等，取得积极进展。

政府与政府共建科技园区（创新基地）的关键是建立利益共享机制。比如中关村海淀园秦皇岛分园探索“4：4：2”利益分配机制；北京·沧州生物医药产业园通过跨省市总分机构企业所得税分配政策，使得京冀双方都从企业发展中获益。

3. 各类创新主体探索多元化合作模式

京津冀三地政府与高校院所共建科技园区或科技成果产业化基地、创业孵化基地等。2013 年以来，清华大学与河北省共建清华大学重大科技项目（固安）中试孵化基地；北京大学依托北大科技园，与天津宝坻区共建天津宝坻北大科技园、与石家庄裕华区合作共建石家庄北大科技园；中科院北京分院与天津市科委共建中科院北京分院天津创新产业园区、与秦皇岛经济技术开发区共建了秦皇岛中科院技术创新成果转化基地等。

企业积极推进跨区域经济技术合作。京津冀三地企业跨区域技术交易活动日益活跃，北京不仅向津、冀输出技术，而且还吸纳两地的技术成果。京津冀的技术交易活动日趋活跃。

在非首都功能疏解的背景下，北京企业以“总部—生产基地”模式在津、冀建设生产制造基地，投资设立分支机构等。比如，精进电动、世纪互联等企业已形成总部及研发在京，生产基地、数据中心等项目在津、冀两地的格局。截至2021年末，河北省累计承接京津转入法人单位2.9万个、产业活动单位1.1万个。天津滨海—中关村科技园挂牌成立5年来，注册企业中有1/3来自北京。

京津冀三地的高校院所、企业间共建了联合实验室、产业技术研究院等一批研发平台，围绕产业发展需求开展共性关键技术研发、科技成果转化。京津冀三地的高校院所、企业间持续开展合著科技论文、联合申请专利等创新活动。

2013年以来，京津冀三地政府、企业、高校院所、协会等各类主体不仅共建了一批跨区域产业联盟，而且三地现有产业联盟跨区域吸纳成员，以联合研发共性技术、促进产业转型升级等。京津冀区域的创新服务机构跨区域布局服务网络。比如，2015年中国技术交易所成立京津冀技术交易河北中心，中国国际技术转移中心设立河北分中心，首都科技条件平台在天津、石家庄建立区域合作站，促进技术供需双方精准对接。

4. 该阶段京津冀区域经济合作特征

2013年以来，京津冀进入协同发展阶段，在国家统一部署下，政府、企业、高校、科研院所、行业中介组织等多元主体全面参与其中，京津、京冀的产业合作分工程度逐步提升，创新能力差距不断缩小。

从技术交易活动情况来看，北京输出津冀技术合同由2013年的3176项增长至2022年的5881项，年均增长率7.1%，成交额由2013年的71.2亿元增长至2022年的356.9亿元，年均增长率19.6%（见表4）。

表 4　2013~2022 年京津冀技术交易情况

单位：项，亿元

年份	北京输出至河北		北京输出至天津		北京输出至津冀	
	技术合同数	技术合同额	技术合同数	技术合同额	技术合同数	技术合同额
2013	2006	32.4	1170	38.8	3176	71.2
2014	2099	62.7	1376	20.4	3475	83.1
2015	2291	53.9	1407	57.6	3698	111.5
2016	2362	98.7	1486	56.0	3848	154.7
2017	2880	154.2	1776	49.3	4656	203.5
2018	3119	193.8	1748	33.6	4867	227.4
2019	3093	214.2	1815	68.6	4908	282.8
2020	3170	192.7	1863	154.3	5033	347.0
2021	3554	240.2	1880	110.2	5434	350.4
2022	3625	274.8	2256	82.1	5881	356.9

资料来源：2013~2022 年《北京技术市场统计年报》。

从合著科技论文情况来看，京津冀高校院所在合著科技论文方面依然保持紧密的合作关系。北京—天津合作关系最为紧密，合著科技论文达到 10650 篇，占京津冀区域全部跨城市合著论文数量的 40%左右，次之为北京—石家庄、北京—唐山、北京—廊坊，分别合著科技论文 1854 篇、1361 篇、737 篇（见表 5）。

表 5　2013~2022 年期间京津冀城市间累计合著科技论文情况

单位：篇

城市	天津	石家庄	保定	廊坊	唐山	秦皇岛	承德	张家口	沧州	邯郸	邢台	衡水
北京	10650	1854	587	737	1361	584	700	319	455	510	384	237
天津		360	203	224	513	247	216	77	308	148	112	95
石家庄			243	124	208	125	153	142	167	277	191	135
保定				87	133	91	421	67	92	119	81	52
廊坊					85	74	116	37	81	61	59	54
唐山						173	149	73	116	97	100	64
秦皇岛							143	56	87	88	69	44

续表

城市	天津	石家庄	保定	廊坊	唐山	秦皇岛	承德	张家口	沧州	邯郸	邢台	衡水
承德								59	191	87	81	46
张家口									42	36	35	43
沧州										104	95	69
邯郸											130	64
邢台												62

从合作申请 PCT 专利情况来看，2013~2022 年，京津冀 PCT 专利合作申请量 903 件，是 1980~2012 年的 16.7 倍，其中京津合作申请 PCT 专利数量为 579 件，占京津冀合作 PCT 专利总量的 64.1%①。说明京津科技创新联系最强，这与京津冀区域跨城市合著科技论文所表现的科技合作关系结果一致。其背后一个重要原因是，在京津冀各城市中，北京、天津的创新能力差距相对较小，创新资源匹配度相对较高，更有利于开展创新合作（见表 6）。

表 6　2013~2022 年期间京津冀城市间累计合作申请 PCT 专利情况

单位：件

城市	天津	石家庄	保定	廊坊	唐山	秦皇岛	承德	张家口	沧州	邯郸	邢台	衡水
北京	579	122	67	36	23	7	0	16	4	10	4	4
天津		8	2	0	2	0	0	0	0	1	0	0
石家庄			3	0	1	0	0	0	4	2	1	1
保定				6	0	0	0	0	0	0	0	0
廊坊					0	0	0	0	0	0	0	0
唐山						0	0	0	0	0	0	0
秦皇岛							0	0	0	0	0	0
承德								0	0	0	0	0

① 通过世界知识产权组织（WIPO）的 PATENTSCOPE 数据库进行 PCT 专利检索，采取“字段组合”检索方式，设置“申请者地址”同时为 A 城市和 B 城市，将京津冀 13 个城市进行两两配对，从而得到任意两个城市合作申请的 PCT 专利信息，并可以按照“专利申请日期”获得两个城市在某时段的 PCT 专利合作申请量。

续表

城市	天津	石家庄	保定	廊坊	唐山	秦皇岛	承德	张家口	沧州	邯郸	邢台	衡水
张家口									0	0	0	0
沧州										0	0	0
邯郸											0	0
邢台												0

三　京津冀区域经济合作的动力机制

（一）京津冀区域经济合作体系的要素构成

通过梳理京津冀区域经济合作的演进历程，可以发现京津冀区域经济合作由零散合作转向成体系的协同发展，参与主体不断增多、合作规模日益增大，三地的经济主体通过建立各种经济合作关系，逐渐形成京津冀区域经济合作体系。

京津冀区域经济合作体系主要包括三类要素：主体要素、功能要素、环境要素。在主体要素方面，主要包括五类：企业、政府、高校、科研院所、中介和金融服务机构。在功能要素方面，企业主要开展技术创新，高校和科研院所是知识创新主体，政府更注重制度创新和环境营造，中介和金融服务机构更加关注服务创新及为各类经济主体提供必要的资金支持。在环境要素方面，京津冀经济合作体系还包括政策和法律环境、基础设施、生活环境、保障条件等环境因子，它们共同构成了京津冀区域经济合作体系顺利运转的强大保障。在京津冀区域经济合作体系中，技术、人才、信息、政策、资金等要素频繁流动，各类经济主体之间相互作用、各尽其能，最终形成共赢的局面。

（二）京津冀区域经济合作的内外动力机制

京津冀区域经济合作的动力来源于内外两个方面，内部动力主要来源于各创新主体的内在利益需求，外部动力主要来源于政府的政策推力、资源环境的约束、竞争与变革的压力等。具体而言，京津冀区域经济合作的动力机制包括利益诱导机制、政府推动机制、资源约束机制、市场驱动机制。

利益诱导机制。京津冀区域经济合作涉及多方利益主体，不同主体参与跨区域合作的基本前提是能够实现各方利益的共赢。从三地政府的利益诉求来看，政府的主要任务是推动地方经济增长与社会发展，其推动京津冀区域经济合作，一方面可以通过吸引优质企业，带动当地高新技术产业发展，促进产业结构优化升级；另一方面，将不符合城市功能定位的产业，转移到产业配套更为完善的地区，不仅可以促进产业的合理布局，而且能够助力承接地形成产业集群。从企业的利益诉求看，企业跨区域布局，能够获取当地的特色资源，降低生产成本，并提升企业的行业影响力和竞争力。高校和科研院所通过在异地建立研究机构、科技成果转化基地等，促进知识创新成果转化为现实生产力。中介和金融服务机构，通过在京津冀范围内开展跨区域经济合作，不仅拓展了市场业务，而且扩大了品牌效应。

政府推动机制。中央和地方政府在推动京津冀区域经济合作中发挥了重要作用。在国家层面，出台京津冀经济一体化发展的各项政策文件，建立京津冀协同发展领导机制，将京津冀协同发展作为推动区域协调发展战略和创新驱动发展战略的重要抓手。在中央政府的政策引导下，京津冀三地政府贯彻落实国家重大战略，颁布推动京津冀区域经济合作的配套政策文件，为市场化主体搭建经济合作平台，完善三地的交通基础设施，积极推动各类经济主体开展京津冀区域经济合作，缩小三地发展差距，实现京津冀区域合作共赢。

资源约束机制。随着经济的快速发展，经济主体加速扩张需求与区域空间资源有限的矛盾日益突出，部分优质企业由于空间不足开始出现部分或者整体外迁的现象，如何突破空间资源有限的发展瓶颈是企业持续发展面临的现实挑战。北京许多高校、科研院所、重点实验室等，每年产生大量的高技术研究成果，但是由于空间有限及成本不断攀升的制约，大部分创新成果不能就地转化，为此它们选择在京津冀其他地区建立分支机构、科技成果转化基地等。

市场驱动机制。市场驱动机制包括两个方面：竞争与协作驱动、市场效应驱动。一方面，随着经济全球化和市场一体化的加速，各类经济主体内部面临着激烈的竞争。为此，各类经济主体开始主动尝试与外埠地区建立长期、稳定的合作关系，从而实现优势互补、资源共享、风险共担，以降低风险成本、提升经济绩效。另一方面，在市场效应驱动下，各类资源要素从京津冀市场价格低的地区流向价格高的地区，从而实现资源的优化配置。

四　京津冀区域经济合作的提升路径

习近平总书记指出，现在已经到了扎实推动共同富裕的历史阶段。为了更好满足人民日益增长的美好生活需要，必须把促进全体人民共同富裕作为为人民谋幸福的着力点。在共同富裕这一美好愿景下，当前京津冀区域经济合作要着力破除面临的体制机制障碍，加快建立京津冀统一的要素和资源市场，加强机制创新和政策对接，充分发挥多元主体作用，着力提升三地人民的生活质量，通过先富带动后富，实现共同富裕。

（一）建立京津冀统一的要素和资源市场

北京作为全国政治中心、文化中心、国际交往中心、科技创新中心，集聚了大量优质公共服务资源，对周边区域的劳动力、人才、资本、技术、数据等各类要素形成明显的“虹吸效应”。但是，当前京津冀统一的要素和资源市场建设相对滞后，在京津冀区域经济合作中仍面临着要素流动的体制机制障碍，市场一体化水平有待提高。以人才流动为例，虽然当前京津冀三地在人力资源服务人员资质互认互通方面达成协议，但是在具体操作过程中存在很多问题，而且产业技能人才、医生、教师、养老护理人员等其他专业人才流动仍面临着资质互认难问题；高考政策的不统一，降低了北京和天津户籍人口向河北地区转移的意愿；京津冀三地的社会保障制度差异较大、异地就医结算不够便利等因素，都会影响京津人员到河北就业的积极性。为此，要积极贯彻落实中共中央、国务院出台的《关于构建更加完善的要素市场化配置体制机制的意见》，加快建立京津冀统一的要素和资源市场。

第一，构建京津冀一体化的劳动力市场。加快完善京津冀人力资源服务体系，建设一体化的人才数据库，为人才跨区域流动提供精准化、专业化服务。推动京津冀三地在专业技术人才评价和职称资质互认、多点执业、人才联合培养等方面开展合作试点。加强京津冀区域社会保障对接，完善医疗保险和养老保险转移接续、异地就医互认及医保结算等相关政策。在重点合作区域，积极开展户籍制度的先行先试探索，畅通劳动力、人才在京津冀区域的流通渠道。

第二，健全京津冀统一的土地市场。京津冀三地对新增建设用地指标、城乡建设用地增减挂钩节余指标、耕地占补平衡指标实行统一规划和管理。优先保障京津冀区域经济合作重点项目的用地需求，使重点合作项目能够顺利开展。积极争取国家在京津冀区域开展土地政策试点，扩大授权和委托用地审批权、农村集体建设用地入市、补充耕地指标跨区域交易机制、城乡建设用地增减挂钩节余指标跨省域调剂等土地制度改革在京津冀区域的试点范围。建立京津冀统一的土地二级交易服务平台，有效推动建设用地使用权转让、出租、抵押，促进土地要素在京津冀区域顺畅流通。

第三，加快培育统一的资本、技术和数据市场。京津冀三省市共同推进金融基础设施建设，建立统一监管标准；合作共建京津冀区域性股权交易市场，拓宽三地企业的融资渠道；促进三地金融服务体系有机衔接，引导各类风险投资机构支持京津冀区域经济合作。依托首都科技条件平台，进一步整合京津冀地区高校院所、大型企业的科研仪器设施资源，构建京津冀统一的科技条件平台，向三地开放科技资源。京津冀三地建立统一的数据平台，制定统一的数据管理、数据开放、数据安全等标准规范，协同推进京津冀区域的数据开放共享。

（二）加强经济领域的机制创新与政策对接

京津冀协同发展上升为国家重大战略以前，京津冀三地之间虽然建立了一定的区域合作机制，从最初的华北经济技术协作区，到环渤海地区经济联合市长（专员、盟长）联席会，再到京津冀发改委区域工作联席会等，但是缺少国家层面的统筹协调机制。直到 2014 年 6 月，京津冀协同发展领导小组成立，从而在国家层面建立起了推动京津冀协同发展的顶层协调机制。但是，当前的统筹协调机制仍然有待加强。京津冀三省市在产业发展、科技创新方面的政策存在一定落差，而且有些政策衔接不畅，成为阻碍京津冀各类主体开展跨区域经济合作的障碍。

第一，加快完善京津冀区域经济合作的统筹协调机制。加大京津冀协同发展领导小组的统筹力度，完善三省市经济合作的对接协调机制，强化监督考核。建立京津冀产业对接、创新合作等经济领域的具体实施方案和推进工作机制，探索跨区域利益共享机制，研究制定产业转移后企业税收收入的分成办法，科学谋划京津冀产业链、园区链和创新链的空间布局。

第二，加强京津冀三省市的经济发展政策衔接。推动京津冀区域范围内的国家自主创新示范区、自由贸易试验区、国家科技成果转移转化示范区、服务业扩大开放综合试点等相关政策互通互享，优先拓展到共建园区、重点承接平台，营造一体化的政策环境。强化京津冀三地关于支持产业发展、创新创业政策的有效衔接，探索国家高新技术企业资质互认，统一三地创新政策的支持范围和力度，支持各类市场化主体跨区域购买专业化服务。

（三）充分发挥政府和市场多元主体的作用

通过对京津冀区域经济合作的发展历程进行系统梳理，可以看出除政府主体外，各类市场化主体参与京津冀区域经济合作的程度也不断提高，为促进人才、技术、资金等资源要素跨区域流动和高效配置发挥了重要作用。党的十九届六中全会公报指出，我国实现了从高度集中的计划经济体制到充满活力的社会主义市场经济体制的转变。随着我国经济体制改革的不断深入，市场在资源配置中的决定性作用日益增强。因此，在京津冀区域经济合作中，要充分发挥政府、企业、高校、科研院所、中介和金融服务机构等多元主体的作用，在政府的引导和支持下，市场化主体积极参与，建立各种形式的跨区域经济合作关系，共同为打造京津冀世界级城市群贡献力量。

第一，充分发挥三地政府的引导作用。京津冀三地政府加强对接合作，加快整个区域的基础设施建设，尤其是以轨道交通为代表的交通设施，畅通京津冀区域内部的交通联系。三地联合打造几个重点经济合作平台，支持重大科研基础设施和服务平台落地，集中建设产业集群。借助三地政务服务平台，及时发布京津冀区域经济合作供需信息，为经济主体合作搭桥牵线。

第二，推动高校和科研院所的知识创新成果转化为现实生产力。支持京津冀三地高校和科研院所在产业基础较好、空间余量较大的地区，建设科技成果转化基地、产业研究院等成果转化平台，促进科技创新成果转化。三地高校和科研院所联合申请国家重大科研项目，共同开展国际科研合作，提升京津冀区域的知识创新能力。加快落实科研人员离岗创业、兼职兼薪等人才政策，支持京津冀三地的高校、科研院所的科技人才跨区域参与企业研发创新活动。

第三，加快培育企业技术创新主体。鼓励京津冀范围内包括民营企业在内的各类型企业建立技术创新中心，提升企业的研发创新能力。支持三地的企业与高校、科研院所合作，围绕产业发展需求，共建高新技术产业创新合作中心，联合开展产业发展核心技术攻关，共同培养技术创新人才。推动京津冀三地产业链上下游企业加强对接合作，在原料供给、生产、销售、配送等方面建立协同发展机制，组建一批产业联盟，促进资源共享和互利共赢。

第四，建设一体化金融中介服务体系。推动京津冀区域内金融投资、信用担保、支付清算、异地存储等业务同城化，降低跨行政区划金融交易成本。三地共建若干专业化的中介机构服务平台，引导知识产权、技术转移、人力资源、科技咨询、财务会计等中介机构为京津冀区域内企业提供专业化服务。

（四）共同提升京津冀区域人民的生活质量

习近平总书记在庆祝中国共产党成立 100 周年大会上强调："江山就是人民、人民就是江山，打江山、守江山，守的是人民的心。"目前，京津冀三地人民的收入水平相差较大，2021 年，河北的居民人均可支配收入为 29383 元，仅为同期北京的 39.2%、天津的 61.9%。京津冀三地的公共服务不均衡问题仍然较为明显，以医疗服务水平为例，2020 年，北京三级医院数量达到 106 家，高于天津的 43 家和河北的 99 家，若计算人均水平，则三地差距更大；河北的每千人卫生技术人员数为 6.96 人，相当于北京的 55.2%、天津的 84.6%。下一步，要着力增加人民收入水平，联合推进公共服务优质共享，促进京津冀区域人民的生活质量同步提升。

第一，健全先富带后富的帮扶机制。完善京津先富地区对河北后富地区的对口帮扶机制，将京津优质资源与河北省各地市的产业基础特色和发展需求统筹起来，通过产业协作、人才支持、消费扶持、教育和医疗援助等方式，助力河北后发地区脱贫攻坚。构建京津冀长效的跨区域生态补偿机制，将生态、文化等资源与产业发展结合起来，将欠发达地区的生态优势转变成发展优势，积极引入社会力量参与。

第二，推动京津冀居民高质量就业和收入增加。鼓励京津冀区域合作项目，有针对性地招聘当地就业人员，促进当地居民就业。建立京津冀统一的技术技能人才培训体系，支持京津优质的人力资源服务机构到河北开展就业培训，为承接京津产业转移储备劳动力。立足河北后发地区的资源特色，利用好土地、资本等要素资源，京津冀三地合作发展乡村产业，使后发地区的农民能够享受到产业发展红利，提高农民收入水平。

第三，推动京津冀公共服务优质共享。探索建立京津冀区域统一的基本公共服务标准，推动三省市现行公共服务标准规范对接。加快构建京津冀一体化的公共服务体系，引导京津优质的教育、医疗资源通过建分校和分院、合作办学等方式落户河北公共服务基础较为薄弱的地区。借助互联网手段，在京津冀范围内开放共享电子教育资源，探索实施互联网远程问诊，使优质的公共服务惠及京津冀全域。继续推动京津冀医疗机构检验结果互认，推动多项医学影像检查资料共享，为三地患者节约就医费用。

北京科技成果发展现状、向津冀转化问题与对策建议

高梦彤*

摘　要：北京市科技创新示范区产业集聚效应突出，科技水平始终走在全国前列，高新技术企业和高校科技园是科技创新的“双翼”，成果转化呈量质齐升局面。近年来，北京市流向外省技术合同交易额达千亿级，但津冀交易额占比较低，其中，成果转化渠道不畅、中试基地（平台）建设不成熟、创新梯度差距大、成果与需求匹配度不高等是重要的制约因素。文章分析了国内外先进地区的制度改革经验、科技研发合作机制和成果转化模式，以期探索破解北京科技成果向津冀转化难题的路径模式，提出了从战略上全面部署、从链条上逐步推进、从场景上增加机会、从服务上提高效率，加快形成京津冀科技成果对接网络，打通区域内科技研发加应用一体化路径，实现“技术平台+中试+成果转化+产业化”高效转变，引领京津冀协同科技创新发展迈向更高水平。

关键词：京津冀协同　科技创新　科技成果转化

2023 年习近平总书记在河北考察并主持召开深入推进京津冀协同

* 高梦彤，河北省社会科学院经济论坛杂志社助理研究员。

发展座谈会时强调“要强化协同创新和产业协作”“推动京津冀协同发展不断迈上新台阶，努力使京津冀成为中国式现代化建设的先行区、示范区”。京津冀三地人大常委会审议通过《关于推进京津冀协同创新共同体建设的决定》，提出协同打造区域性产业集群，不断提高科技成果转化能力、技术联合攻关能力和产业配套能力。随后，北京市发改委也将协同创新和产业协作作为重点突破领域，并将其纳入京津冀营商环境优化工作方案“1+7”框架中。目前我国有北京、上海、粤港澳大湾区三个国际科技创新中心，其中，北京作为全国科教资源最为密集的城市，应当发挥大院大所的资源优势，打造代表我国参与全球科技竞争的原始创新高地。津冀毗邻北京并在与北京协同发展高端装备制造、新能源、新材料等领域具有较强的优势，推进京津冀协同创新、促进北京科技成果向津冀转化，可以进一步推动科技创新与产业升级双向促进，协同培育壮大一批战略性新兴产业，合力壮大一批具有自主知识产权和国际竞争力的创新型领军企业，共同打造具有全球竞争力的世界级先进制造业集群，为中国式现代化的区域建设提供重要支撑。

一　北京科技成果发展基础与现状分析

（一）科研投入水平全国领先，科技成果跑出加速度

1. 高投入推进科研高水平建设

北京统计局数据显示，2023 年财政局科学技术支出 432.1 亿元，同比增长 2.8%，占北京 GDP 比重的 0.99%，超过全国平均科技支出占比 0.13 个百分点。其中，科技部门用于科技成果转化与扩散的支出达到 23301.26 万元。重点支持“三城一区”建设高水平推进，加大生命科学、人工智能、芯片制造等重点科技领域研发攻关。由表 1 可见，北京研究与试验发展（R&D）经费支出增速在 2014~2019 年整体呈增长

态势，2020~2023 年经费支出持续增长但增速不稳定，长期以来，经费支出占地区生产总值比重平稳增加，2022 年继续保持全国第一的领先位置。资金投入持续加码的支持下，北京 PCT 国际专利和专利授权量均在稳定增长，并且实用新型专利数量领先于发明专利数量和外观设计专利数量。

表 1　2014~2022 年北京科技活动投入及专利情况

年份	研究与试验发展(R&D)经费支出			PCT 国际专利申请量(件)	专利授权量(件)			
	绝对值(万元)	增长率(%)	相当于地区生产总值比重(%)		总计	发明	实用新型	外观设计
2014	12687953	7.07	5.53	3606	74661	23237	44071	7353
2015	13840231	9.08	5.59	4490	94031	35308	45773	12950
2016	14845762	7.27	5.49	6651	102323	41425	45376	15522
2017	15796512	6.40	5.29	5069	106948	46091	46011	14846
2018	18707701	18.43	5.65	6527	123496	46978	59219	17299
2019	22335870	19.39	6.30	7165	131716	53127	58393	20196
2020	23265793	4.16	6.47	8283	162824	63266	75336	24222
2021	26293208	13.01	6.41	10358	198778	79210	96078	23490
2022	28433394	8.14	6.83	11463	202722	88127	91947	22648

资料来源：《北京统计年鉴》。

对不同类型划分的 R&D 经费支出情况进行分析（见表 2），从部门支出情况看，企业和科研机构科技经费支出较多，远超高等学校和事业单位；从行业支出情况看，科学研究和技术服务业经费支出最多，其次是信息传输、软件和信息技术服务业，制造业和教育行业的经费支出也十分可观；从活动类型看，试验发展领域耗费大量经费，高于应用研究领域和基础研究领域。

表 2　北京市不同种类研究与试验发展（R&D）经费支出情况

单位：万元

按部门分			按行业分			按活动类型分		
项目	2021 年	2022 年	项目	2021 年	2022 年	项目	2021 年	2022 年
企业	11366531	12400254	制造业	3040257	3341972	基础研究	4225134	4706662
科研机构	11462361	12332269	信息传输、软件和信息技术服务业	6115927	6067299	应用研究	6570210	7311006
高等学校	2922095	3116342	科学研究和技术服务业	13299596	14769399	试验发展	15497865	16415727
事业单位	542220	584530	教　育	2922095	3116342			

资料来源：《北京统计年鉴》。

2. 技术市场交易高度活跃

2023 年，北京地区认定登记技术合同 106552 项，同比增长 12.1%；成交额 8536.90 亿元，同比增长 7.4%。合同类型主要集中在技术开发（2179.8 亿元）和技术服务（6054.8 亿元），分别占全市成交额的 25.5%和 70.9%。技术交易热点主要集中在电子信息、城市建设与社会发展和现代交通领域，成交额分别为 2516.0 亿元、2272.0 亿元和 1356.2 亿元，分别占全市技术成交额的 29.5%、26.6%和 15.9%。技术合同成交额最多的是海淀区、朝阳区和东城区，成交额分别为 3550.4 亿元、1404.8 亿元和 1000.9 亿元，分别占全市成交额的 41.6%、16.5%和 11.7%。与全国技术市场成交额相比，北京占全国技术市场成交额的比重逐年递减（见表 3）。

表 3　2014~2023 年北京及全国技术市场成交额情况

单位：亿元，%

年份	北京	全国	占比
2014	3137.19	8577.18	36.58
2015	3453.89	9835.79	35.12
2016	3940.98	11406.98	34.55

续表

年份	北京	全国	占比
2017	4486. 89	13424. 22	33. 42
2018	4957. 82	17697. 42	28. 01
2019	5695. 28	22398. 39	25. 43
2020	6316. 16	28251. 51	22. 36
2021	7005. 65	37294. 30	18. 78
2022	7947. 51	47791. 02	16. 63
2023	8536. 90	—	—

资料来源：《中国统计年鉴》。

3. 科技创新水平首屈一指

2024 年北京出台《北京国际科技创新中心建设条例》，顶层设计更加完善，加快形成创新要素集聚、创新主体活跃、创新活动密集、创新生态优良、引领科技创新和产业变革的世界主要科学中心和创新高地，统筹推进“三城一区”和“一区十六园”科技创新方面的规划建设发展。北京拥有全国重点实验室达 77 家，占全国总量 28. 1%。

清华大学、施普林格 · 自然集团共同发布的《国际科技创新中心指数 2023》报告和《2023 自然指数—科研城市》报告显示，北京蝉联科研城市全球第一、国际科技创新中心全球第三。近年来，北京在强化基础研究布局和关键技术攻关，孵化出一批具有原创性、引领性的创新成果的同时，逐渐形成技术研发、项目孵化、路演对接、融资支持、科技成果转移转化等全链条全生命周期的双创服务体系。北京市科技创新示范区产业集聚效应突出，吸引新一代信息技术、智能制造等市场主体，科技水平始终走在全国前列，承接众多国家重大科技项目，区块链与隐私计算科技创新平台、人工智能公共算力平台等前沿科技创新平台和应用示范项目在京落地，推动科技成果的产业化转化。

（二）企业为技术市场主力军，高校院所技术创新优势明显

截至2023年12月底，北京拥有114家独角兽企业，近五年数量始终保持全国第一，硬科技独角兽企业占比60%以上。北京科创企业和高新技术企业分布较为均匀，海淀区是科技研发机构、技术先进性服务企业、科技企业孵化器、大学科技园、众创空间、独角兽企业和特色产业园的主要聚集地，技术收入遥遥领先，辐射周边园区集聚发展，2022年海淀园区技术收入达12768.8亿元（见表4）。电子与信息技术产业成支柱产业，收入占比达示范区技术领域总收入的71.39%（见表5）。

表4　2022年中关村示范区园区发展情况

单位：家，亿元

序号	园区	企业总数	技术收入
1	海淀园	10087	12768.8
2	丰台园	2288	820.2
3	昌平园	2484	574.4
4	朝阳园	2339	3051.0
5	亦庄园	1372	851.4
6	西城园	1021	1039.6
7	东城园	487	1289.9
8	石景山园	977	1048.9
9	通州园	477	337.8
10	大兴园	540	77.9
11	平谷园	190	30.5
12	门头沟园	266	65.4
13	房山园	598	116.4
14	顺义园	799	322.9
15	密云园	241	59.0
16	怀柔园	247	27.5
17	延庆园	258	20.9

资料来源：《北京统计年鉴》。

表 5 2022 年中关村示范区六大重点技术领域主要经济指标

指标	电子与信息技术	生物工程和新医药技术	新材料及应用技术	先进制造技术	新能源与高效节能技术	环境保护技术
企业总数(家)	15882	1807	1002	2113	1240	1098
技术收入(亿元)	16065.2	403.7	145.8	869.5	1041.2	384.6
技术收入占比(%)	71.39	1.79	0.65	3.86	4.63	1.71

资料来源:《北京统计年鉴》。

从高校科研院所维度来看，北京高校创新速度也是全国领先，2021 年北京高校院所科技成果转化合同金额 318.9 亿元，排名全国首位，合同项数为 49087 项，排名后两位的分别是江苏（163.3 亿元）和上海(150.9 亿元)[①]。2023 年 9 月北京市科学技术委员会出台了《北京市关于新时期推动大学科技园改革创新发展的指导意见》，引导大学科技园聚焦区域主导产业布局，建立市场化运营机制，加强专业能力建设，切实提升服务高校科技成果转化的能力。推动高校对大学科技园的管理改革，激发大学科技园发展活力，引导大学科技园自身改革，探索互利共赢的合作模式。北京市共注册 30 家大学科技园，通过北京“揭榜挂帅”“校企双进”等政策助力，为科技成果转化开启加速器。

（三）强化京津冀协同发展，联合打造创新生态

京津冀协同发展进入实质性推进阶段，三地在产业、交通、环境方面率先实现突破，创新要素的加速流动与溢出缩小了创新能力、科研合作、技术联系、创新环境等水平的相对差距。京津冀三地跨省市产业活动活跃，区域产业对接和合作不断深化，三地科技局等主管部门已构建

① 中国科技评估与成果管理研究会、科技部科技评估中心、中国科学技术信息研究所编著《中国科技成果转化年度报告 2022（高等院校与科研院所篇）》，科学技术文献出版社，2023。

起“市—区—园区”三级对接网络，从不同层次推动成果供需对接、科研资源互联互通，协同发展以来跨区域的知识创新合作日益密切，共建多领域技术创新联盟、科技园区与创新基地，各类创新主体积极探索多元化合作模式。截至2023年底，北京流向津冀技术合同成交额累计超2800亿元，中关村企业在津冀两地累计设立分支机构超过1万家①。2022年，北京流向外省市技术合同项数为33049项，成交额为4555.7亿元，其中，流向津冀技术合同5881项、占比17.79%，成交额356.9亿元、占比7.83%②，比例较低。北京发挥中心辐射带动作用，天津与河北则发挥制造业基础良好和应用场景空间广阔的优势，推动北京科技成果和津冀创新应用场景结合，共同构建高端工业母机等6条产业链发展布局，创新链、产业链、人才链融合发展，探索符合市场规律的成果转化模式。

二　北京科技成果向津冀转化过程中存在的难题

北京科技创新主体活跃、成果丰硕、形式多样、效益显著，但科技成果转化渠道不畅、中试基地（平台）建设不成熟、三地创新梯度差距大、成果与需求匹配度不高等因素仍制约着科技成果向津冀等周边地区转化进程。

（一）科技成果转化渠道不畅

北京虽然出台了很多鼓励科技成果向周边地区落地转化的政策，但由于科技成果转化渠道不畅，在流向外省的技术合同中，津冀地区占比不高，存在“落不下”和“接不着”的问题。创新价值链“最后一公里”依赖政府引导，缺乏专门的科技成果转化机构和组织，成果转化

① 资料来源：北京推进科技创新中心建设办公室网站。

② 资料来源：北京市科学技术委员会、中关村科技园区管理委员会网站。

服务不到位，有供应和需求但对接不畅，成果应用与产业承接缺乏合理谋划，阻碍了国际创新中心驱动区域协同创新的进程，科技成果转化“绕圈子”“走弯路”，最后从腹地城市流失，大部分科技成果被长三角、珠三角等地区吸纳。

（二）中试平台（基地）建设不成熟

一是专业化服务人才队伍短缺。中试平台（基地）需要具备高水平的科研人才和管理人才，但现实情况是，人才留用资金都用在高精尖技术研发上，很多中试平台（基地）面临着人才队伍短缺、人员结构不合理等问题，影响了科研工作的质量和效率。二是缺乏有效的项目管理机制。中试平台（基地）需要同时开展多个项目，而项目管理不善则会导致资源浪费、进度延误以及转化不适宜等问题。三是缺乏与产业对接的机制。中试平台（基地）作为科技成果转化的重要平台，一头连着创新，一头连着产业，应该与产业进行紧密对接，但很多中试平台（基地）与产业缺乏有效沟通机制，导致科技成果难以转化为实际生产力。四是缺乏统一的标准和规范体系。中试平台（基地）是技术创新和产业应用的前沿阵地，需要制定和实施响应的标准和规范，北京坐拥多家大型中试平台（基地），但目前各区在管理办法上存在差异，甚至有些地区没有出台具体管理细则，不利于中试平台（基地）的评价和管理，同时对中试平台（基地）科研成果的产品评价和认定造成一定阻碍。

（三）三地创新梯度差距大

京津冀科研水平差距显著，尤其河北“创新洼地”现象明显，在研发投入强度、财政科技支出占比、发明专利产出等方面都具有显著差距。从政策来看，北京一直是科技改革的先锋，近年来出台《关于推动中关村加快建设世界领先科技园区的若干政策措施》《北京市技术转移机构及技术经理人登记办法》《北京市关于落实完善科技成果评价机制的实施意见》等一系列先行先试政策掷地有声，为科技成果转化打下良好基础；从研发投入强度来看，2022 年，北京、天津、河北 R&D 经费支出及经费投入强度分别为 2843.34 亿元（6.84%）、568.7 亿元（3.53%）、848.9 亿元（2.02%），河北仍有很大上升空间；从财政科技支出占比来看，2022 年，北京、天津、河北财政科技支出及其占财政支出比重分别为 488.7 亿元（6.54%）、62.16 亿元（2.27%）、118.13 亿元（1.27%）；从发明专利申请授权量来看，截至 2022 年底，北京、天津、河北发明专利授权数量分别为 88127 件、11745 件、12022 件；从高端创新人才方面，津冀吸引人才、留住人才的内生磁力不足，与北京科技人才聚集能力差距较大，难以满足科技成果转化的需求。并且受体制机制与政策环境影响，京津冀三地人才流动性相对固化，没有出现双向流动或循环流动的趋势。相比北京来说，津冀政策施行相对滞后、科研能力不足、产业需求较弱，也没有形成像粤港澳大湾区广深港澳科技创新走廊、长三角“G60 科创走廊”那样的支撑科技成果转化的空间载体，协同转化的空间支撑不足。科技成果难以形成区域大流通市场形势。

（四）成果与需求匹配度不高

一方面，京津冀产业结构差异大，产业链创新链融合度不高，北京的科技成果主要集中在集成电路、智能装备、医药健康等高精尖产业，对传统产业转型升级技术需求研发相对不足，而河北正处于工业化中后期，天津处于工业化后期，许多产业处于价值链中低端，高精尖科技产业配套能力及创新成果转化服务能力不强，在承接北京创新资源方面仍存在明显短板，只能从事部分科技成果的实施推广活动。另一方面，科技成果产业化过程中，科研机构、高校与企业和市场没有建立广泛的利益共享关系，导致科研成果转化中转平台建设断层，向企业转化转移的效果不理想，难以充分发挥其科技资源集中的优势，使高校、科研机构与企业和市场需求“供求脱节”“无效空转”，投入结构不合理、资源浪费等现象愈加严重。

三　国内外科技成果转化的典型经验

（一）设立相关法律法规

为进一步加快科技成果转化为现实生产力的进程，加快新技术开发和技术转移，美国政府先后制定实施一系列法律法规，构建起较为完善的政策体系（见表6）。

表6　美国科技成果转化政策体系

年份	法案	年份	法案
1980	《拜杜法案》 《史蒂文森法案》 《不德勒技术创新法案》	1996	《国家技术转移与升级法》
1982	《小企业创新开发法案》	2000	《技术转移商业法案》
1986	《联邦技术转让法案》	2013	《创新法案》
1988	《贸易与竞争法案》	2020	《无尽前沿法案》
1989	《国家竞争性技术转移法》	2022	《芯片和科学法案》

在这些促进科技成果转化的法律法规中，对政府相关部门的职责有明确的要求，对转化过程中的各个环节及程序都有严格的规定，极大保障了转化项目经费筹集、成果信息推广服务、企业与科研机构的合作研发等阶段的顺利推进；对国家实验室研究成果的商标、专利注册、知识产权归属等问题都有详尽的说明与规范；对科技信息中心的设立、国家科技基金的资助范围与资助对象、国家对科研人员奖励政策的法律依据都有清晰的界定，激励了科技人员参与成果转化与技术创新。这些政策

举措的落实调动了高校、科研机构和大企业主动申报政府资助的研究项目的积极性，极大地促进了技术成果的市场化流动和技术交易与技术转移。

（二）设立技术转移机构

技术转移机构是以色列促进科技成果转化的重要载体，在以色列，无论哪种性质的研究机构，都会设立一个技术转移机构，其性质是营利性质的，专门负责对技术成果进行商业化开发。技术转移机构是连接科学家和市场的“链接器”，主要发掘来自高校、研究机构的科研成果，申请专利，将实施权转让给企业，然后将转让费的一部分作为收益返还给高校、研究机构（或发明者）。从技术转移机构团队构成看，技术转移机构成员包括银行、营销、品牌等多方面人才，保证了转化过程可以打通各个领域，而不是研究所的独角戏。收入分配方面，将知识产权收益的 40%～60%分配给科研人员，激发科研人员转化动力。运营模式上，技术转移机构相对独立，资金来源多元化，从技术转移服务、投资等多方面盈利，确保市场化运营。

（三）改革高校科技园成果转化机制

上海高校院所成果转化金额一直稳居全国首位。自 2001 年上海交通大学国家大学科技园、复旦大学国家大学科技园被认定为首批国家大学科技园以来，如今上海共有 15 家大学科技园，先后有复旦微电子、东方财富、饿了么等高校科研成果转化落地。一方面，大学科技园机制改革后学校通过“赋权”将科技成果转化的任务从单位转移到科研人员身上，实现由科学家到企业家的转型。另一方面，上海紧邻高校院所和大科学设施布局新型研发机构，发展小而精的科研特色，大学科技园与各类成果转化公共服务平台、市场化服务机构建立合作关系，依托各方资源支撑师生科技成果转化和创新创业活动，提高科技成果产业化转化率。

2024 年 1 月，上海印发《上海市大学科技园改革发展行动方案》，提出深化高校体制机制改革、强化大学科技园专业化建设、加快创新资源要素集聚、改革优化考核评价四大任务，进一步促进大学科技园培育新型研发机构、多学科交叉融合应用研发和科技成果产业化。

（四）建立科技成果转化联盟

广州南沙科技成果转化联盟汇聚中科院南海海洋所、南方海洋科学与工程广东省实验室（广州）、香港科技大学（广州）等重大科创平台，对接成果转化所需要的各类资源，成为支撑南沙区乃至整个大湾区科技“双循环”的重要平台。

联盟打造集“有组织科研+有组织成果转化”于一体的产学研协同创新环境，建立新能源与储能、生物医药等各领域科技创新垂直服务平台，打破成果转化各阶段桎梏。第一，成果对接上突破传统供需简单对接，注重对接有能力帮助企业解决技术问题的供给方，以产业或企业实际需求为导向，实现科技成果直接转化到车间，加速从“纸上”到“地上”的过程。第二，成果应用上突破技术服务限制，科技部门牵头组织对各类技术转移、科技服务机构从业人员进行培训，解决企业既想要科技成果又想要持续“售后解决方案”的问题。第三，成果投产突破投资约束，设立 1500 亿元规模的广州产业母基金和 500 亿元规模的广州创投母基金，通过发挥金融“活水”作用，来赋能产业科技高质量发展，进一步畅通“科技—产业—金融”良性循环。

四　促进北京科技成果向津冀转化应用的对策建议

科技成果转化是一个系统工程，破解北京科技成果向津冀转化的难题，需要从战略上全面部署、从链条上逐步推进、从场景上增加机会、从服务上提高效率，实现“技术平台+中试+成果转化+产业化”顺利转变。

（一）建立“三级对接、四链融合”网络，形成北京研发津冀转化路径

一是建立“省（市）—区—园区”三级对接网络。聚焦科技成果跨省（市）转化的难点堵点问题，探索标准统一、相互授权、异地受理、远程办理、协同联动的政务服务“跨省通办”新模式，借鉴徽浙沪模式，制定《政务服务“跨省通办”联动机制合作框架协议》，设立一网通办的窗口。进一步参考湘琼共建自贸产业园、浙沪张江共建长三角科技城模式，推动三地跨省共建科技创新园区，打造“平等互利、优势互济”上下游产业链。对标北京园区建设标准提供企业入驻的配套实施，强化土地、资金、能耗、创新等要素保障，做好科技人才入津入冀服务保障工作，利用高能级园区共建打造京津冀科技创新服务大平台，对接津冀重点领域规划大项目，形成北京孵化技术、津冀转化的一体化模式。

二是推动“创新链、产业链、人才链、金融链”四链融合。充分发挥京津冀科技创新服务平台作用，借鉴成都“科创通”创新创业服务平台做法，为各地区提供专业化、全方位的服务，缩小三地科创资源差距，强化北京辐射作用，带动周边地区科技产业提升。聚焦津冀科技资源供给不足、结构不优问题，导入北京技术资源，优化津冀创新环境，通过北京大企业市场资源及技术优势，助力津冀同行企业拓展市场及产品渠道，促进创新型企业快速发展；以津冀重点产业为指向，在产业细分领域错位配套，精准实施技术转让及产线有效放大，对照“北京标准”提升津冀科技行业服务体量和质量；联合京津冀各大高校，建立产学研合作平台，为产业协同发展提供智力支撑；搭建招商引资云平台，借助在京创新项目投资和招引渠

道资源，精准匹配周边地区产业分布，开展“科技招商联动模式”，推动金融资源共享。

（二）做好概念验证和中试熟化，推动成果从“实验室”走向“应用场”

一是制定京津冀概念验证中心和中试平台（基地）资助管理办法。概念验证能验证技术可行性和市场需求，美国等高校科技成果转化率高的一个重要原因就在于其在概念验证阶段就开始对技术转化进行扶持，是解决新技术转化“最初一公里”的破题之笔。而中试平台（基地）是概念验证的后一阶段，能够更好确保技术在市场转化应用和商业模式的可持续性，如成都文澜智谷中试平台、蜂鸟智造、硕德中试平台、航天燎原微系统封装中试平台通过提供全方位的中试服务，以及多方强强联合加速实现实验室里的科技成果商业化应用。建议尽快制定京津冀概念验证中心和中试平台（基地）资助管理方案，予以平台实验室设施配套支持，实行差异化土地供应价格和优先保障，提供公共服务设施保障，对成果转化表现突出的平台（基地）给予后期资助和环评审批绿色通道。二是联合京津冀高校组建平台（基地）的产学研智库团队。中试平台（基地）是科技成果从“实验室”到“应用场”的必经之路，但因其投入高、风险大、收益慢，高校建不了、企业不愿建。建议将概念验证中心和中试平台（基地）建立在高校的金角银边，凝聚产学研各界力量组建智库团队，共担风险、共享收益，建造一批高能级概念验证中心和中试平台（基地）跨越成果转化的“死亡谷”。

（三）推进新技术应用场景建设，打造科技创新和成果转化新生态

一是以机会清单制度推进新技术应用场景建设。新技术、新产品更需要市场和机会。建议实施“新技术机会清单”制度，深度了解和收

集企业产品技术研发和需求情况，定期发布新技术应用场景机会清单，借助各类重大科技活动及科技成果转化网等线上平台对新技术机会清单进行集中发布，引导新技术、新产品在津冀“首发首秀”，为北京投资者、企业及人才在周边地区发展提供市场和机会，将新技术应用场景具象为可感知、可视化、可参与的机会，实现从“给优惠”到“给机会”的深刻转变。

二是在周边地区建设新技术应用的新场景。充分发挥津冀电子信息产品制造、软件产业、汽车制造、数字经济核心产业、生物经济、新材料、新能源及军民融合等领域技术优势，瞄准优势技术领域，率先在周边地区试点建设一批新技术应用场景示范片区，常态化开展场景挖掘、策划、发布、对接等工作。推进“链主”企业、“领跑者”企业通过产品定制化研发等方式，为关键核心技术提供早期应用场景和适用环境。通过布局5G、人工智能、工业互联网、物联网等新基建带动形成一批新技术应用场景，引导鼓励各类新技术在周边地区转化应用、支持建立新技术展示体验中心。

（四）壮大科技成果转化服务机构，完善技术经济人培养体系

一是加强科技中介服务机构培育、引进和管理。通过前资助、后补助和政府购买服务等方式，大力培养、引进和发展科技成果转化、人才交流等各类科技中介服务机构。引进具有全球视野及全球服务能力的中介服务机构，提升科技成果转化中介机构辐射作用。引导北京技术转移机构在津冀设立法人单位或分支机构，支持更多的专业团队创建科技成果转化机构。强化科技中介服务机构管理，加快出台科技中介服务管理条例，编制科技中介服务机构目录，建立科技中介服务机构信誉评价体系，制定科技中介服务机构职称评定、考核评价等办法，引导科技中介服务机构规范、有序发展，为科技成果提供全程“保姆式”服务。

二是完善技术经纪人培养体系。加大技术供需方经纪人和技术交易

中介方经纪人培育力度，鼓励高技术人才、科研助理从事技术供需方经纪人工作。制定企业和高校院所科技人员双向兼职取酬管理试行办法，打破人事关系等刚性制约，采取“双聘制”，推动企业高端人才到高校担任“产业教授”、高校院所科研人员到企业担任“科技副总”，开展科技成果转化工作。大力支持国家技术转移人才培养基地建设，借鉴广东经验，启动全市技术经纪专业职称认定工作，研究制定《北京市技术经纪人才职称评价标准条件》，开展技术经纪专业职称评审试点，构建全市初级、中级、高级专业化复合型技术经纪人才培养体系，推进围绕科技成果转化链条的各个环节开展大范围、多层次、有针对性的培训。

参考文献

《共享 共拓 共塑 共融》，《北京观察》2023 年第 8 期。

陈雪柠：《去年新设科技型企业 12.3 万家》，《北京日报》2024 年 1 月 23 日，第 10 版。

《北京国际科技创新中心建设条例》，《北京日报》2024 年 1 月 30 日，第 3 版。

隋映辉：《跨越鸿沟：科技成果供求脱节与政策差别——科技成果为何“无效空转”与“束之高阁”》，《安徽科技》2020 年第 12 期。

中国科技战略研究小组：《美国乔治梅森大学公共管理学院 KASH 教授谈美国政府如何促进科技成果转化》，《中国创业投资与高科技》2002 年第 4 期。

李晓慧、贺德方、彭洁：《美国促进科技成果转化的政策》，《科技导报》2016 年第 23 期。

范拓源：《中日技术转移与合作研究》，《科学学研究》2008 年第 3 期。

首都城市科技创新中心体系现状与空间对策研究

夏 源 王 彬 林若晨 李振燊*

摘 要： 构建首都城市科技创新中心是建设创新型国家和具有全球影响力的全国科技创新中心的重要支撑。通过对北京市科研机构 POI 数据的分析，结合核密度估计和局部等值线树算法，揭示了首都城市科技创新中心的空间分布特征和结构。研究发现，科技创新机构主要集中在北京市中心城区，形成了“一城多园”的发展格局，但外围科技创新中心发展相对滞后。针对这一现状，结合东伦敦科技城的案例，借鉴其成功经验，提出了以轨道交通带动外围科技创新中心发展、发挥产业集聚效应、加强政府支持和政策倾斜等对策建议。

关键词： 首都城市　科技创新中心　空间结构

一　引言

科技创新中心是《北京城市总体规划（2016 年—2035 年）》（以

* 夏源，广州市城市规划设计有限公司工程师，主要研究方向为智慧规划、计量分析、国土空间规划；王彬，广州市城市规划勘测设计研究院工程师，主要研究方向为国土空间规划、绿色低碳；林若晨，广州市城市规划勘测设计研究院工程师，主要研究方向为城市与区域规划、城市更新；李振燊，广州市城市规划设计有限公司工程师，主要研究方向为城市设计、城市更新。

下简称《北京总规》）中提出的“四个中心”之一。相关研究指出，当前北京科技创新存在空间组织与发展要求不匹配等多重问题，未来应当着重构建完善的创新生态系统，优化增量空间配给和存量空间利用①。北京创新空间的布局结构和地域组织模式呈双核型，创新空间的布局在 1km 和 3km 两个边界内呈现地理邻近性特征②。

城市空间结构是城市各类要素经由空间相互作用形成的地域形态特征，是城市中不同功能区的分布和组合，包括单中心、多中心等多种模式。POI 数据由于其与城市人口活动之间具有较高相关性，在城市空间范围识别与探索方面具有明显优势，被广泛应用于城市空间结构分析③④、商业空间结构研究⑤⑥中，但一般都是使用核密度估计进行分析。此外，局部等值线树算法也被应用于城市空间结构识别中，但一般是基于夜间灯光数据 ⑦⑧。本次研究基于 POI 数据，采用核密度估计和局部等值线树算法对北京市创新空间结构现状进行了分析，并提出意见建议。

---

① 王亮、陈军、石晓冬：《北京市科技创新空间规划研究：特征、问题与发展路径》，《北京规划建设》2019 年第 5 期，第 147~152 页。

② 陈清怡、千庆兰、姚作林：《城市创新空间格局与地域组织模式——以北京、深圳与上海为例》，《城市规划》2022 年第 10 期，第 25~38 页。

③ 庞敏：《基于 POI 数据的兰州市中心城区城市空间结构研究》，西北师范大学硕士学位论文，2019。

④ Wang Qi, Dai Zhen Yong, “The Analysis of Urban Spatial Structure Based on POI Data and Principal Component Analysis”, *Territory & Natural Resources Study* 6（2018）：12-16.

⑤ 荣丽莹：《基于 POI 数据的济南城市商业中心空间结构研究》，《2019 年中国城市规划年会论文集》，2019，第 1~10 页。

⑥ 魏东：《基于 POI 数据的城市商业空间结构及影响因素研究——以武汉市为例》，重庆大学硕士学位论文，2021。

⑦ Shimei Wei, Jinghu Pan, “Identification of Urban Spatial Structure in Zhengzhou City based on Nighttime Light and Microblog Check-in Data”, *Remote Sensing Technology and Application* 37（2022）：771-780.

⑧ 刘源、李月臣：《基于夜间灯光数据的城市中心区域提取与分析——以重庆市主城区为例》，《中国资源综合利用》2019 年第 3 期，第 160~164 页。

二 研究方法

（一）数据来源

本研究主要运用了高德地图 POI 数据，通过高德地图应用程序接口（Application Programming Interface，API）对北京市的 POI 进行爬虫，从中筛选出能反映创新空间的 POI 数据。本研究共抓取北京市 1237614 个 POI，选择高德地图 POI 中“科教文化服务”大类中的“科研机构”中类的 POI 数据来代表创新空间。

（二）核密度估计

核密度估计能够将散布的点、线要素生成平滑的趋势面，根据每个要素和周围要素的距离以及搜索带宽来确定每个像元的密度值，距离较近的对象权重较大。核密度反映了地理学的第一定律，呈现了要素在空间分布上的距离衰减作用。其计算公式为：

$$f(x) = \frac{1}{nh}\sum_{i=1}^{n} K\left(\frac{x - x_i}{h}\right) \tag{1}$$

式中，$f(x)$ 为点 x 处的核密度估计值；n 为阈值范围内的 POI 点数；h 为阈值（带宽）；$K(\ )$ 为核密度方程；$x-x_i$ 为点 x_i 和点 x 之间的距离。带宽的设置会对核密度估计的结果产生影响，较小的带宽更适用于揭示局部分布特征，较大的带宽更适用于揭示整体分布特征。本文根据前人的研究，综合考虑了研究尺度、研究问题以及本文所使用的其他栅格数据的特点，选择了带宽计算公式进行下一步分析：

$$b\,w_{method} = \frac{2.5}{std(X)} \tag{2}$$

式中，X 是一个包含经度和纬度的矩阵，每一列分别代表经度和纬度。*std*（*X*）是矩阵 *X* 中所有元素的标准差。这个公式中的 2.5 是一个常数因子，用于调整带宽的大小，以确保在不同数据集上获得合适的带宽。

（三）局部等值线树算法

局部等值线树算法最早用于数字高程模型中等高线的建立，一些学者将其移用到城市空间结构识别的研究当中。该算法将城市的要素集聚水平作为“海拔”，通过要素集聚水平在同一区域上出现相同层级结构来制作等高线，利用不同的节点识别城市中心。受该研究的启发，魏东将该方法运用到 POI 数据，对城市空间结构进行识别与分析，并取得良好的识别效果[①]。其具体步骤包括：①基于 POI 核密度图生成 POI 密度等值线；②根据拓扑关系简化等值线，构建局部等值线树；③选取相应指标进行城市中心属性分析。研究基于局部等值线树算法进行 POI 核密度等值线的提取及城市科技创新中心的识别，并对识别的城市科技创新中心进行层级划分和可视化表达（见图 1）。

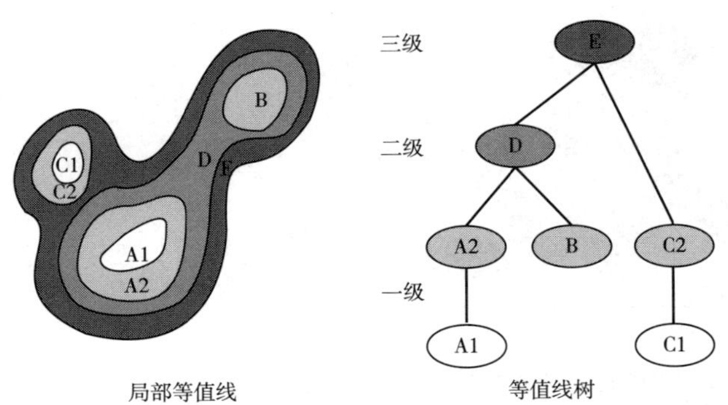

图 1　局部等值线树形成及简化过程

① 魏东：《基于 POI 数据的城市商业空间结构及影响因素研究——以武汉市为例》，重庆大学硕士学位论文，2021。

三　首都城市科技创新中心识别

（一）POI 密度提取等值线

在以 1km 为搜索半径的成都市 POI 核密度图的基础上，以 150m 为等值距提取 POI 密度等值线，剔除未闭合的等值线后，得到 POI 密度等值线分布图。首都城市科技创新 POI 密度等值线分布最为密集的区域主要集中在主城区。

（二）空间结构识别

基于 POI 科研机构数据识别出首都科研机构 2 株局部等值线树，共 4 个中心斑块，1～4 号节点为识别出的城市科技创新中心（见图 2）。老城区科技创新中心的空间范围较大，且发育良好。南部边缘区域的城市中心在空间上表现出不均衡性，且分布较为破碎。

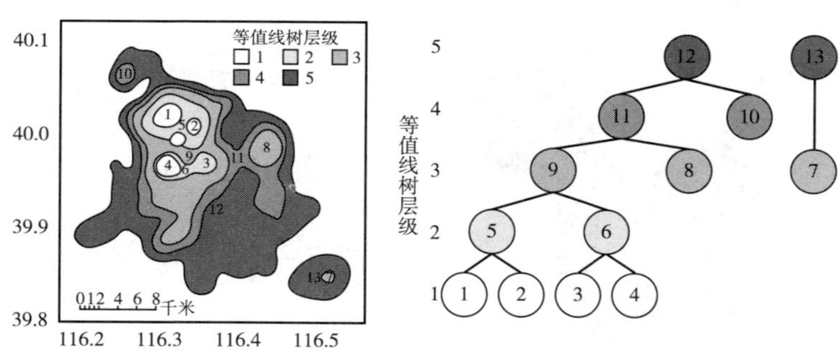

图 2　首都城市科技创新设施核密度图（左）及等值线树（右）

四　首都城市科技创新中心空间结构验证

为验证基于局部等值线树算法识别出的城市空间结构的准确性，将识别出的城市基本中心视作首都城市科技创新中心，与《北京总规》（2016 年—2035 年）中的科技创新中心布局进行对比。

（一）《北京总规》科技创新中心布局

《北京总规》中强调北京市的一切工作必须坚持全国政治中心、文化中心、国际交往中心、科技创新中心的战略定位，履行为中央党政军领导机关的工作服务、为国家的国际交往服务、为科技和教育发展服务、为改善人民群众生活服务的基本职责。

《北京总规》对科技创新中心的要求主要为：立足于首都丰富的科技资源优势，不断提高自主创新能力，在基础研究和战略高技术领域抢占全球科技制高点，形成以“三城一区”为重点、辐射带动多园优化发展的科技创新中心空间格局，构筑北京发展新高地、加快建设具有全球影响力的全国科技创新中心。发挥中关村、海淀山后、亦庄的核心带动作用，形成区域梯度协作发展的产业格局。

（二）科技创新中心现状结构

结合等值线树分析首都城市科技创新中心的空间结构，发现：首先，首都城市科技创新机构仍主要分布在北京市中心城区中，具体为海淀、西城、东城、朝阳四区；其次，目前科技创新中心结构主要为“一城多园”，其中一城主要为中关村科学城，旁边的西城园发展较好（见图 3）。

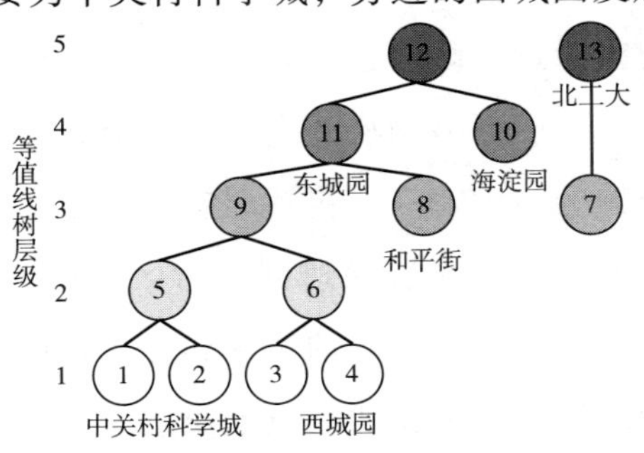

图 3 结合等值线树与空间

（三）科技创新中心发展现状分析对比

根据本次分析结果，对《北京总规》中提出的科技创新中心进行分析评价。可以看到，“三城一区”主平台建设目前主要为“一城”建设。中关村科学城中心已经形成，怀柔科学城、未来科学城、创新型产业集群示范区尚在建设中。多园优化发展中，海淀园、西城园、东城园发展情况较好，形成了科技创新机构的集聚发展。

五　案例借鉴与空间对策

东伦敦科技城（Tech City），又称硅环创新街区（Silicon Roundabout），位于伦敦东部 Old Street 附近区域，是一个典型的科技创新空间。它的发展始于 2008 年金融危机后，大量科技创新人才在危机后重新创业，成为该地区发展的重要驱动力。政府随后采取了一系列策略，整合和促进了硅环地区产业集群的发展。政府成立了科技城投资组织，正式将区域命名为东伦敦科技城，领导企业跨行业合作，并构建企业与大学、政府、民间组织的合作平台。政府还吸引了国际投资者的入驻，采取多种优惠方式吸引大型国际公司，如亚马孙、微软、Facebook 等。同时，该地区的高等学府也开始设立分校，为科技创新提供人才支持。东伦敦科技城的空间也在不断扩张，从最初的“硅环岛”扩展到了更广泛的区域，如奥林匹克公园附近。政府也在区域规划中提出了对新建建筑外观的风貌意向导向，以吸引更多的科技企业和精英人才入驻。良好的轨道交通是东伦敦科技城的一大特点，包括地铁、铁路和跨城高铁等交通方式，使科技城的企业和人才能够快速到达市区、机场和其他重要地区。总的来说，东伦敦科技城通过政府的引导和支持，以及产业集群的形成和发展，已经成为欧洲成长最快的科技枢纽之一，为伦敦乃至全球的科技创新做出了重要贡献。

以轨道交通带动其他“两城一区”的发展。总体来看，首都科技创新中心仍集中在核心圈层，外围的怀柔科学城、未来科学城、创新型产业集群示范区发展相对滞后，可能是因为空间距离较远，有必要发展快速轨道交通进一步加强外围科技创新中心和首都中心城区的联系。发挥产业集聚效应，打造科技创新生态系统。通过大量科技企业和创新型人才的聚集，形成良好的产业集聚效应。促进园区内企业相互之间的合作和交流，共同推动产业的发展。建立完善的科技创新生态系统，包括创业孵化器、科研机构、高等院校等，为创新型企业提供了良好的孵化和成长环境。同时，吸引大量投资，促进科技成果的转化和商业化。发挥文化和环境优势，加强政府支持和政策倾斜。依托首都地区悠久的历史文化底蕴和优美的生态环境，为企业提供舒适宜人的工作生活环境，从而吸引和留住人才。政府进一步加强对科技创新产业发展的重视，出台系列支持政策和措施，包括财政补贴、税收优惠、人才引进等，为企业提供良好的政策环境和服务保障。

北京通州区张家湾古镇村民运河文化空间意象的差异研究*

刘文静　成志芬　陈喜波**

摘　要： 因大运河而生的传统村落中的村民是保护大运河文化的重要主体之一，而村民对大运河文化的保护行为和态度受到其对大运河文化感知的影响。然而，村民对村落大运河文化的感知是否准确、是否全面，村民对村落大运河文化的感知与村落本身的大运河文化空间意象元素之间是否存在差异，是需要认真研究的内容，也是大运河文化保护研究的一种新视角。本文选择北京通州区张家湾古镇（该古镇为传统村落）为研究区域，在凯文·林奇城市意象理论的基础上，通过查阅村落大运河文化的空间意象元素、调查村民的感知，对两者进行研究。结果发现：村民对村落大运河文化空间意象四元素感知的强弱程度不同；村民在各类意象元素感知的内部差异较大；村民对村落大运河文化空间意象元素感知的差异主要与大运河文化遗产的保护情况、宣传情况、村民生活的关联程度有关。

关键词： 大运河文化　空间意象　张家湾古镇

---

* 基金项目：北京市社会科学基金决策咨询项目（项目编号：23JCC070）。

** 刘文静，北京联合大学应用文理学院城市科学系，主要研究方向为文化地理学；成志芬，博士，硕导，北京联合大学北京学研究所教授，主要研究方向为文化地理学、北京学；陈喜波，博士，硕导，北京联合大学北京学研究所教授，主要研究方向为历史地理学。

一　引言

国家高度重视大运河文化的保护、传承、利用，习近平总书记提出“大运河是祖先留给我们的宝贵遗产，是一种流动的文化，一定要保护好、传承好和利用好”。国家提出建设大运河国家文化公园、大运河文化带等，保护好、传承好和利用好大运河文化已经成为展示中华文明、彰显文化自信和传承中华文脉的重要举措。同时，国家也重视对传统村落文化的保护与传承。因此，对因大运河而生的传统村落的大运河文化进行保护与传承具有重要意义，也非常必要。作为大运河文化的活态传承载体，传统村落中的村民是保护大运河文化的最重要的主体之一，而村民对村落大运河文化的保护态度与行为受到其对大运河文化感知的影响。因此，村民对大运河文化的感知对村落大运河文化的保护与传承发挥着至关重要的作用。而村民对村落大运河文化的感知是否准确、是否全面？村民对村落大运河文化的感知与村落本身的大运河文化空间意象元素之间是否存在差异？这些是需要认真研究的内容。

然而，目前学者们对大运河文化的研究，较多地集中于大运河历史变迁、大运河历史文化遗产梳理等方面，对居民运河文化感知的研究比较缺乏。刘琳琳等从文化基因视角，运用层次分析法，对运河文化基因进行筛选，并对已提取的文化基因进行分析，进而为运河文化遗产的创新设计提供思路[①]。刘凌蓓等通过营造情境空间的方法，探讨展示大运河非物质文化遗产、增强大运河文化的影响力和对外传播的途径[②]。郑

① 刘琳琳、李明亮、高雅等：《文化基因视角下运河文化遗产的创新设计应用》，《包装工程》2023 年第 22 期，第 417~424 页。

② 刘凌蓓、张丹、赵金龙：《非物质文化遗产展示设计——以台儿庄运河文化展为例》，《美与时代》（上）2023 年第 4 期，第 65~67 页。

亚鹏探讨使用数字化技术赋能运河文化遗产的保护和利用、活化大运河文化遗产的方法[①]。成志芬等通过问卷调查分析当地居民对运河文化的认知和认同情况，为加强居民运河文化认知认同提出措施[②]。臧晟等通过对传统乡村发展的结构、保护问题进行分析，认为运河沿线村落应通过运河文化赋能乡村人文资源[③]。

本文采用美国城市规划学者凯文·林奇（Kevin Lynch）的城市意象理论进行研究。该理论是凯文·林奇在1960年对美国的三个城市进行调查分析后形成的一套方法体系[④]。他指出，居民常用通道（path）、边界（edge）、区域（district）、节点（node）和标志物（landmark）五个意象元素来描绘他们的城市意象[⑤]，即他们对城市的感知。这五个意象元素的内涵如下。第一，通道：人们习惯性、偶然或者是潜在的移动路径，是连接景观与景观之间的桥梁，它是意象中的主导元素，其他元素常围绕通道来布置，如街道、机动车道、铁路线等。第二，边界：不等同于通道的线性元素，是两个部分的边界线，如海洋、铁路、围墙等。第三，区域：一些在纹理、地形、形式、用途、功能、维护程度等方面具有某种共同的能被识别的特征的地域，如居民区、商业区等。第四，节点：具有重要意义的点，可能是连接点、交通线路的交叉点、结构的转折点、广场等，许多节点具有连接和集中两大特征。第五，标志物：环境中的点状元素，是人们体验空间的参照物，

① 郑亚鹏：《基于数字赋能的山东运河原生村落文化遗产保护与传承研究》，《枣庄学院学报》2022年第4期，第44~48页。

② 成志芬、唐顺英、华红莲：《大运河（北京段）传统村落居民对运河文化的认知及认同研究——以通州三个传统村落为例》，《北京联合大学学报》（人文社会科学版）2018年第2期，第36~46页。

③ 臧晟、刘苏文：《运河沿线传统村落空间的保护与更新设计》，《智慧农业导刊》2022年第24期，第108~110页。

④ 刘琳琳、李明亮、高雅等：《文化基因视角下运河文化遗产的创新设计应用》，《包装工程》2023年第22期，第417~424页。

⑤ 〔美〕凯文·林奇：《城市意象》，方益萍、何晓军译，华夏出版社，2001。

通常是具体的对象，例如建筑物、秀美的山、纪念物体、寺庙等①。

一些学者应用城市意象理论对居民的城市认知进行研究。如张楚玥通过问卷调查和访谈对哈尔滨城市意象五元素和城市认知进行分析，剖析两者耦合和非耦合特征，从而为更好地塑造哈尔滨城市形象提出建议②。赵渺希等通过网络文本的方法，以上海中心城区为案例地，探索不同的互联网媒介所蕴含的空间意象的异同性③。段阳阳通过对游客路径的选择与空间意象的关联性进行对比，试图了解游客的心理感知对于路径选择的影响作用④。吴征等通过古镇居民与专家对古镇意象因子的重要性排序对比，研究分析嵩口古镇元素象限表⑤。顾朝林等利用认知地图方法对北京城市意象空间进行研究⑥。黄建祥通过社交媒体、凯文·林奇原始方法以及官方数据库对比的方法探究每种方法研究得出的数据是否一致⑦。Emily T. 等通过对本地居民的心智意象地图的调研，借助 GIS 软件形象直观地展示出居民对居住地周边环境的自我认知情况⑧。Hollenstein L. 等通过借助网络爬取的照片的位置与信息来准确划

① 刘琳琳、李明亮、高雅等：《文化基因视角下运河文化遗产的创新设计应用》，《包装工程》2023 年第 22 期，第 417~424 页。

② 张楚玥：《基于城市认知和意象的哈尔滨城市符号塑造研究》，哈尔滨师范大学硕士学位论文，2021。

③ 赵渺希、刘欢：《上海市中心城空间意象的媒介表征》，《人文地理》2012 年第 5 期，第 36~41-82 页。

④ 段阳阳：《游客路径选择与空间意象的关联度研究——以西湖环湖景区为例》，浙江工商大学硕士学位论文，2015。

⑤ 吴征、陈秋琨：《基于居民感知的古镇意象元素分析评价——以嵩口古镇为例》，《中外建筑》2015 年第 6 期，第 54~56 页。

⑥ 顾朝林、宋国臣：《北京城市意象空间及构成要素研究》，《地理学报》2001 年第 1 期，第 64~74 页。

⑦ Jianxiang Huang, "The Image of the City on Social Media: A Comparative Study Using 'Big Data' and 'Small Data' Methods in the Tri-City Region in Poland", *Landscape and Urban Planning* 206 (2021).

⑧ Emily Talen, Swasti Shah, "Neighborhood Evaluation Using GIS", *Environment and Behavior* 39 (2007): 583-615.

定伦敦和芝加哥的中心边界[①]。冯维波等通过对居民进行问卷调查分析了评价重庆主城区的意象元素[②]。

综上，城市意象理论可以为村民大运河文化的感知及其与村落本身大运河文化空间元素的差异研究提供一个新的视角。本文以北京通州区张家湾古镇为案例，采用凯文·林奇的城市意象理论，利用定性与定量的研究方法，分析居民对村落大运河文化的感知，并对比分析其与村落本身大运河文化空间意象元素的差异，从而为村落大运河文化的保护与传承提供建议。

二 张家湾古镇概况

张家湾古镇位于北京市通州区中南部。“张家湾”得名于元代，正如《读史方舆纪要》记载，“张家湾，以元时万户张瑄督海运至此而名”[③]。张家湾及其周边地区河湖众多。据郦道元《水经注》记载，“自是水之南，南极滹沱，西至泉州、雍奴，东极于海，谓之雍奴薮。其泽野九十九淀，枝条分流”[④]。雍奴薮就是如今的通州地区东南部以及天津地区至渤海边缘。历史上，流经通州地区的主要河流有永定河、北运河、潮白河、萧太后河、凉水河、通惠河和北运河的上源之一——温榆河[⑤]。

张家湾曾是大运河北起点上重要的水陆交通枢纽和物流集散中心，有“大运河第一码头”之称。这得益于张家湾的区位优势，它是“四

① Hollenstein L，Purves R，“Exploring Place through User-generated Content：Using flickrtags to Describecity Cores”，*Journal of Spatial Information Science* 1（2010）：21-48.

② 冯维波、黄光宇：《基于重庆主城区居民感知的城市意象元素分析评价》，《地理研究》2006 年第 5 期，第 803~813 页。

③ 顾祖禹：《读史方舆纪要》卷 11，中华书局，2005，第 457 页。

④ （北魏）郦道元：《水经注》，巴蜀出版社，1985。

⑤ 孙连庆编著《张家湾》，北京出版社，2010，第 4 页。

水”汇流之地，“四水”指白河（潞河与北运河）、通惠河、萧太后河和凉水河。正如诗歌描写：“张湾千载运河头，古垒临漕胜迹稠。洋墓观桥帆蔽水，曹宅去铺帔成流。”

张家湾历史悠久，运河文化底蕴深厚，运河文化遗产数量多、类型丰富。据调查，张家湾镇村与张家湾村所在区域为历史上张家湾古镇所在地，所以本文将张家湾镇村和张家湾村（现已搬迁至太玉园小区）作为本文的研究区域范围。张家湾镇村现有3500人左右，据当地村民讲述，张家湾村搬迁前与张家湾镇村人口相当。

三　研究方法与数据来源

凯文·林奇的认知地图法是研究意象的典型方法，但在实际调查中，会出现绘图者绘图能力不强导致调查结果不精等情况，以及绘图的不准确性会导致浪费大量样本。吴征等在研究嵩口古镇①、冯维波在对重庆主城区意象元素分析②时均使用问卷和访谈方法，都取得了不错的成果，因此本文借鉴两位学者的研究方法，使用问卷与访谈相结合的方法，对张家湾古镇的意象元素进行分析。

于2022年7~8月在张家湾镇村和张家湾村共访谈村民12人，发放问卷100份，收回有效问卷93份，问卷的效度和信度较高（Kmo大于0.6，Alpha大于0.7）。发放问卷和进行访谈的方式为，根据各个村落村民的人口分布，划分一定数量的片区（问卷分为50个片区，访谈分为6个片区），在每个片区随机抽取1名村民进行调查。在整个村落的调查中，配备性别、年龄比例分别大致相当的被调查者。这样能保证本

① 吴征、陈秋琨：《基于居民感知的古镇意象元素分析评价——以嵩口古镇为例》，《中外建筑》2015年第6期，第54~56页。

② 冯维波、黄光宇：《基于重庆主城区居民感知的城市意象元素分析评价》，《地理研究》2006年第5期，第803~813页。

文的被调查者分别代表两个村落的村民，整体样本代表张家湾古镇的村民。

本文设计的问卷内容包括主体部分和人口属性部分，主体部分主要调查村民对该村落与运河文化相关的意象元素的感知情况。人口属性包含年龄、性别、受教育程度、月收入、户籍和居住时长等。张家湾古镇问卷被调查者的人口属性如表 1 所示，被访谈者的基本情况如表 2 所示。从被调查的人口属性来看，他们能代表张家湾古镇村民的整体情况。

表 1　张家湾古镇问卷被调查者的人口属性

单位：%

属性	选项	百分比
年龄	60 岁以上	28.0
	46~60 岁	29.0
	31~45 岁	21.5
	16~30 岁	15.1
	15 岁及以下	6.5
受教育程度	硕士及以上	1.1
	大专或大学	10.8
	高中或职高	32.3
	初中及以下	55.9
性别	男	46.2
	女	53.8
月收入	10000 元及以上	3.2
	8000~9999 元	3.2
	5000~7999 元	12.9
	2000~4999 元	51.6
	2000 元以下	29.0
户籍	非北京户籍	33.3
	北京户籍	66.7

续表

属性	选项	百分比
居住时长	10 年及以上	69.9
	5~10 年	11.8
	3~5 年	6.5
	1~3 年	9.7
	1 年以下	2.2

表 2　被访谈者的基本情况

编号	村落	性别	年龄	编号	村落	性别	年龄
A1	张家湾镇村	男	42	B1	张家湾村	女	46
A2		男	33	B2		男	77
A3		女	78	B3		男	68
A4		女	70	B4		女	32
A5		女	55	B5		女	53
A6		男	65	B6		女	64

四　张家湾古镇运河文化空间意象及村民感知分析

（一）张家湾古镇运河文化空间意象

本文依据凯文·林奇对城市意象元素的界定分析张家湾古镇运河文化空间意象。因张家湾古镇的意象元素不具备城市元素的全面性，所以本文主要探讨通道、边界、节点和标志物四种意象元素。本部分的分析方法为，首先，在查阅文献与实地调查的基础上，识别张家湾古镇与运河文化相关的意象元素；其次，依据专家的意见进行补充，最终筛选出张家湾古镇运河文化空间意象元素（见表 3）。

表 3 张家湾古镇运河文化空间意象元素构成

意象元素	具体名称	简介
通道	瓜厂路	南北走向，在张家湾镇村西南部
	张采路①	南北走向，是古镇原西城墙位置
	张家湾村路	现位于张家湾镇村内，大致南北走向，在通运桥南侧，并与其相通
	花枝巷	《张家湾》记载，“花枝巷位于张家湾古城南门内西侧第一条胡同，东西走向与南城墙平行。曹家当铺在此诞生”②
	张梁路	村民常称“张湾老街”或“长店街”，是一条东西走向的商业街
	馆驿胡同	位于张家湾清真寺东北。万历年间，和合驿由和合站村迁至此处，馆驿胡同之名来自于此③
	水胡同	与馆驿胡同东侧相连接，据说当地村民曾在此取水
	五道弯胡同	因形状蜿蜒曲折、有五个弯而得名
边界	凉水河	明代称浑河，清代称凉水河。据《通县志要》记载，“凉水河自北京市流至马驹桥入境，东流至高古庄折至东北经张家湾折而南入港沟”④
	张采路	南北走向，是古镇原西城墙位置
	萧太后河	又名“肖太后河”，民间传说在萧太后主政时期修建
	玉带河	元代通惠河故道，在古城东侧，与萧太后河交汇
节点	通运桥	曾经为南门板桥，后在明万历三十年（1602 年）由太监张华奏请改为石桥，石桥建成后，明神宗朱翊钧赐名“通运桥”
	萧太后河桥	位于通运桥西侧，新建于萧太后河上
	长店桥	以长店村命名，位于张家湾镇村东侧
	虹桥	据古籍记载，“虹桥，在北关牛作坊双龙桥以南，续志所载之双龙桥几等于废，民国十五年北关士绅募款修建此桥，北京五关之水皆由此经过，每年修补，现尚完整”⑤。现已废弃，桥栏与栏板不复存在
	曹雪芹雕像	近年所立，雕像由铜制，7 米多高，位于萧太后河桥西南部的公园内，铜像底座刻有红学大家冯其庸先生题词
	东门桥	修于明嘉靖四十三年（1546 年），“民国四年翻修桥面一次，二十八年将桥东南部土道展宽，修成石路，长约二丈”⑥。现已废弃

① 张采路既具有通道功能，也具有边界功能。

② 孙连庆编著《张家湾》，北京出版社，2010。

③ 北京市通州区文化委员会编《说说张家湾古镇那些事儿》，北京联合出版公司，2018。

④ 徐白纂辑《通县志要》，卷之一疆域，河流，民国三十年铅印本，第 4 页。

⑤ 徐白纂辑《通县志要》，卷之三建置，桥梁，民国三十年铅印本，第 14 页。

⑥ 徐白纂辑《通县志要》，卷之三建置，桥梁，民国三十年铅印本，第 11 页。

续表

意象元素	具体名称	简介
标志物	张家湾清真寺	位于十字街西南,初建于元代,明清多次修葺,寺院为一进院落,以勾连搭方式建成
	张家湾古城墙遗址	建于明嘉靖四十三年(1564年),据光绪时《通州志》记载,"张家湾城,周围九百五丈有奇,厚一丈一尺,高二丈,余内外皆甃以甎,东南滨潞河,西北環以壕为门,四各有楼,又为便门一,水关三。中建屋若干楹"①。现古城墙遗址在南城门东西两侧
	张家湾南城门	南城门在通运桥北侧,称为四海通津门
	乡公所	张家湾镇政府以前所在地,现已搬迁
	老爷庙遗址	在张家湾古城南门内十字街,现已消失
	老粮库遗址	在南门东侧城墙北,历史上是张家湾通济仓,曾在此存放粮食
	广福寺遗址	在花枝巷北侧,现已消失,现为张湾村小学所在地

注：表中部分元素来源于古籍《张家湾》《通州志》《通县志要》等。

（二）村民感知

1. 通道

通道元素是五元素中的主导元素，主要起到沟通和连接的作用。本文以提取的具体通道元素为依据，对村民进行调查，村民感知最高的为张采路，达88%，即88%村民都了解张采路，但大多数村民对张采路的感知是交通运输功能，而对其运河文化的感知较弱。感知占比位居第二的是张梁路，占55%，大部分村民认为这条街道历史悠久，有不少清真餐厅和商铺。感知占比位居第三的是瓜厂路，为39.8%。2.1%的村民认为花枝巷和张家湾村路与运河文化有关。而馆驿胡同、水胡同以及五道弯胡同，几乎无人知晓。

2. 边界

边界是不同功能区的边界，有防御、围合的功能。本文主要让村民

① （光绪）《通州志》卷之二，建置志，第5页。

描述古镇的边界元素。经调查，16%的村民对道路类型边界元素的感知较强，但对其中具体的道路名称不清楚；32%的村民认为边界是河流，如萧太后河、凉水河；9%的村民认为张家湾古镇的边界是三面环水；43%村民不知道古镇的边界。所以大部分村民对于边界感知元素较模糊，对水边界元素的感知强于对道路边界的感知。

3. 节点

节点是指具有可达性、线上突出的点。本文的节点元素主要包括桥和雕像。本文中村民感知的节点元素的调查情况如图 1 所示。可见，村民对萧太后河桥的感知最强烈，占 75.3%，其次是通运桥，占 59.7%；在调查过程中发现大部分村民认为萧太后河桥就是通运桥，因此导致村民对萧太后河桥的感知程度偏高，而现如今萧太后河桥是新修建在萧太后河上的一座桥，在通运桥（有村民称为石头桥）的西部。48.6%的村民对曹雪芹雕像感知强烈。但对虹桥、东门桥和长店桥的感知较弱，现如今虹桥和东门桥已消失。大部分年龄较小的村民对此的感知更弱。

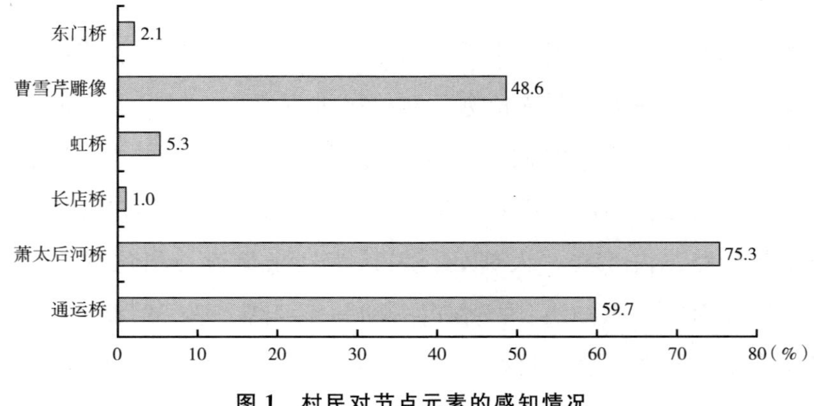

图 1　村民对节点元素的感知情况

4. 标志物

标志物通常指的是具体的物象，具有标志性和特殊性。本文选取了与运河文化相关的标志物元素，调查村民对其的感知。超过 60%的村民对张家湾古城墙遗址、张家湾清真寺、张家湾南城门的感知较高；村民对乡公所、老爷庙遗址、老粮库遗址、广福寺遗址的感知较弱。通过访谈得知，部分不满意的村民认为老爷庙遗址、老粮库遗址和广福寺遗址完全没有被重视保护，在历史长河中消失了。年纪较大的村民表示非常遗憾。对于乡公所，村民认为其现在的功能与以前的公社并不相关，不能很好地展示曾经的历史文化。

（三）空间意象差异分析

1. 意象差异情况

通过以上的调查分析可以得出村民感知的意象元素与历史上的运河文化元素的对比情况。通过对比发现，第一，村民感知的大运河文化意象元素比实际元素少。第二，在具体的元素中，村民对通道意象元素感知较差；村民对边界元素的感知中，对水边界的意象元素感知明显强于道路边界元素；村民对大部分节点和标志物感知程度较好，但对标志物的感知呈现两极分化现象，即对部分标志物非常满意，而对其他部分标志物很不满意。

2. 差异原因分析

本文以感知差异为基础，通过访谈的方式探究影响意象元素感知的原因。总体来说，在通道元素中，感知差异的主要原因是通道功能性单一，缺乏宣传效果。与运河文化相关的道路也未被标识与介绍。如"我们平常就路过这里，有时候开车，有时候走路，没什么感觉，这些道路没有介绍，胡同也没有标识"（A5）。在边界元素中，边界与村民生活相关性不大，因此，村民对其关注度不高，但村民对水边界元素感知强于道路边界元素，因为河流本身作为自然景色，对村民的吸引力胜过道路元素，这在村民 B3 和 A2 的访谈中可以体现，"道路和我没有什么关系，所以也不关注"（B3），"这边经常修路，路都是土，很乱、很脏。但是凉水河那边修理得不错，河堤还有介绍呢"（A2）。在节点元素和标志物元素中，大部分具体物象已经消失，也没有进行修复，任其破损和被侵占，仅有部分标志物保护并修复得较好，为村民带来了良好的休憩地。对当地村民的访谈也验证了造成上述差异的原因。如“我们经常在这边活动，跳广场舞以及耍舞龙等活动”（A1），“曹雪芹雕像，只要路过就能看见”（A1），“古城墙遗址修复很好，是夏天在城门里乘凉的好去处，可以坐着看通运桥的石狮子”（A4），“清真寺保存的也不错”（A4），“他这些东西都没了，后面的人更不会知道了，应该保护起来，是我们这边的历史产物”（B2）。因此，村民的感知状况基于当地保护情况、宣传情况等。

五　结论与讨论

（一）结论

通过上文的调查分析，本文得出以下三点结论。

第一，从村民对村落运河文化空间意象四元素感知的强弱来看，村民对通道元素的感知最差，原因如下：一是村民认为通道功能就是运输；二是具有历史意义的通道没有相关简介；三是村民因部分通道没有显著性的标识而对于一些具有历史意义的通道不熟悉。村民对边界元素感知较差、对边界元素的关注度不高、认为边界与其生活相关性小，但对于水边界的感知强于对道路边界的感知。村民对部分节点元素的记忆和感知程度较高，认为其修复和建设情况较好；村民感知最好的元素是标志物，村民对部分标志物的感知和满意程度非常高，认为其被保护得很好，且与村民的生活息息相关。

第二，从村民对各类意象元素感知的内部对比来看，村民对各类意象元素感知的内部差异较大，村落应采取措施让村民对各元素内部感知协调统一，让村民形成对运河文化的整体认知。

第三，从村民对村落运河文化空间意象元素感知差异的原因来看，村民对意象元素感知差异的原因主要有宣传不到位、元素与实际生活关联程度低以及运河文化遗产的保护状况差等。

（二）讨论

经上文分析可知，村民感知的村落运河文化空间意象元素之间不均衡，元素内部之间差异较大，没有形成对运河文化感知的整体的空间意象，然而，空间意象元素并不是孤立存在的，它们是互相交叉甚至重叠的，不同元素可能由于相互作用而同时得到加强，也可能由于相互冲突而彼此削弱，它们是一个连续的整体。空间意象元素相互作用或叠合为一个整体的意象，才能有效地形成人们对于空间的认知①。那么，意象四元素之间如何协调，以及各个元素内部之间如何协调，是未来需要深入研究的问题。另外，本文讨论了造成运河文化空间意象元素感知差异的原因，后续如何进一步深化居民对当地运河文化的感知、如何将村民生活与运河文化关联亦是需要继续探讨的问题。

① 王宇洁、仲利强、杨晓莉：《历史文化街区空间意象感知研究——以绍兴蕺山书圣故里街区为例》，《建筑与文化》2018 年第 6 期，第 59~60 页。

京津冀一体化背景下人才流动要素研究

宋　浩*

摘　要： 本文通过课题调研的相关结果讨论京津冀一体化背景下人才流动的现状问题和影响因素，探讨人才流动对于区域经济社会发展的重要作用和影响。经过十年的协同发展，京津冀地区已经初步形成人才流动的机制，并形成一定规模的人才流动，在京津冀地区的产业结构调整、优化劳动力配置、促进科技创新等方面发挥着积极的作用。在深入分析人才流动的驱动因素和制约因素的基础上，本文认为京津冀地区的人才流动还需要在配套支持政策、正向环境建设等方面进一步加强。

关键词： 京津冀一体化　人才流动　劳动力配置

在当前经济全球化的背景下，区域一体化已经成为推动经济社会发展的重要动力。作为我国重要的经济增长极，京津冀地区的区域一体化进程引起了广泛的关注。人才流动作为一种重要的区域一体化要素，对于促进京津冀一体化的发展具有关键作用。本文旨在探讨在京津冀一体化背景下人才流动要素的特点和影响，通过对京津冀一体化背景下人才流动要素的研究，探索人才流动对地区经济社会发展的影响。

---

* 宋浩，人民日报社属中国城市报社区域发展部副主任，内蒙古财经大学法制内蒙古建设与区域发展协同创新中心副主任，研究员，主要研究方向为区域协同发展。

一 京津冀一体化背景及影响

（一）一体化概述

一体化是指在经济、社会和环保等方面实现的区域一体化发展，通过优化资源配置和产业布局，实现区域经济的协同发展和竞争优势的提升。在京津冀一体化的背景下，人才流动成为推动区域发展的重要力量之一。人才流动促进了区域间的资源优化配置。随着人才的流动，优质人才将会向资源较为丰富的地区聚集，从而提高了整个区域的创新能力和竞争力。当前，人才流动的不平衡性和不充分性是一个突出的问题。一方面，人才流动主要集中在北京市，导致其他地区的人才供给不足。另一方面，一些优秀的人才由于各种原因不愿意流动或无法流动，导致人才流动的规模不够大。人才流动也存在隐性壁垒和制度约束。一些制度性障碍和户籍制度的限制等都制约了人才的自由流动和选择。

（二）一体化对人才流动的影响

一体化给人才流动带来了更广阔的发展机会。一体化使京津冀地区的经济发展更加协同，各个城市的产业互补性增强。这为人才提供了更多的发展机会，他们可以在不同城市之间寻找更适合自己发展的领域。例如，北京的高科技产业发达，天津的港口物流业发展迅速，河北省的制造业基础雄厚。人才可以根据自身的专长和兴趣选择不同城市的就业机会，获得更好的发展。

一体化加强了人才流动的便利性。京津冀地区交通便捷，高速铁路和高速公路的建设使城市之间的交通更加便利快捷。这为人才流动提供了更好的条件。人才可以在不同城市之间进行跨地区的工作和学习，不再受限于地理位置。这有助于促进人才的交流和合作，提高整个地区的创新能力和竞争力。

一体化为人才流动提供了更好的福利保障。一体化推动了京津冀地区社会保障政策的整合，使人才可以在不同城市享受到更为统一和完善的福利待遇。这包括医疗保险、养老保险、住房保障等方面。人才可以更加安心地在城市之间流动，不用担心福利待遇的差异，这提高了他们的流动意愿。

一体化给人才流动也带来了一些挑战和问题。首先是城市之间的竞争加剧。一体化使得不同城市的发展更加均衡，但也增加了城市之间的竞争。这可能导致人才的集中或流失，一些城市可能面临人才流失的困境。其次是人才流动的不均衡性。一体化后，人才流动可能更多地集中在一些大城市，而一些中小城市可能面临人才流入不足的问题。这需要相关政府部门采取措施，促进人才的均衡流动。

二　人才流动现状与问题

京津冀一体化是我国区域发展重大发展战略，旨在推动京津冀地区的协同发展，加强区域一体化合作。随着京津冀一体化战略的全面推进，人们对于跨区域人才流动的需求日益增加。特别是在一线城市就业竞争激烈的情况下，越来越多的人选择到京津冀地区寻找更好的发展机会。同时，政府也出台了一系列政策措施，鼓励人才流动，为人才提供更多的机会和福利。这些因素的共同作用，使京津冀地区的人才流动呈现出逐年增长的趋势。京津冀地区人才流动的主要方向是从北京、天津等大城市向周边地区流动。这是由于北京、天津等大城市的就业竞争压力大，而周边地区的经济发展相对较好、发展机会更多。同时，京津冀地区的交通网络日益完善，便利了人才的流动。因此，大量的人才选择离开大城市，到周边地区寻求更好的发展机会。

在京津冀范围内，人才流动的门槛和限制依然存在。尽管京津冀一体化政策的出台为人才流动提供了便利，但仍然存在一些行政限制和制度壁垒。例如，城市之间的户籍制度差异导致了人才流动的困难。同时，城市之间的社保和住房福利待遇的不平等也成为制约人才流动的因素。这些问题影响了人才的自由流动，阻碍了京津冀一体化的进一步发展。一是人才流动的机制仍不完善。虽然在京津冀一体化政策的推动下，各地政府加大了人才引进和培养的力度，但仍然存在人才流动机制不完善的问题。一方面，各地对于人才的需求和培养计划没有进行充分的沟通和协调，导致了人才的错位和浪费。另一方面，人才评价和选拔机制仍然存在一些问题，如过于注重学历和职称而忽视实际能力和创新潜力。这些问题制约了人才流动机制的健康发展，影响了人才流动的效益。二是人才流动的环境和氛围还需要进一步改善。不同城市的文化和社会习俗差异较大，导致了人才在适应新环境和融入新社会时面临一些困难。公共服务设施和基础设施的不完善也限制了人才流动的便利性。缺乏相关的政策和法规对于人才流动的保护和引导也是一个问题。需要通过改善人才流动的环境和氛围解决这些问题，促进京津冀一体化的人才流动。

三　对京津冀一体化背景下人才流动要素的深入研究

（一）人才流动的主要驱动因素

人才流动是指人才从一个地方迁移到另一个地方的现象。在京津冀一体化的背景下，人才流动成为推动区域经济发展的重要因素之一。

经济因素是人才流动的主要驱动因素之一。随着京津冀一体化的深入推进，区域经济的发展速度不断加快，各地的经济发展水平逐渐趋同。人才会根据经济发展水平的差异选择适合自己发展的地区。比如，北京作为国家政治、文化和经济中心，拥有丰富的资源和广阔的发展空间，吸引了大量的高端人才流动到这里。而天津和河北地区通过优化营商环境、加大产业转型升级等措施，积极吸引人才流动到这些地区。

教育因素也是人才流动的重要驱动因素。随着京津冀一体化的推进，三地的教育资源得到了有效整合和优化。优质的教育资源吸引了大量的学生和教育工作者流动到这些地区。例如，北京的高等教育资源丰富，各类高校在京津冀地区的合作交流不断加强，吸引了大量的学生和教师前往这里学习和工作。

政策因素也对人才流动起到了促进作用。随着京津冀一体化的推进，各地政府出台了一系列的人才政策，如优惠的税收政策、人才引进计划等，为人才流动提供了良好的政策环境。这些政策的出台吸引了大量人才流动到京津冀地区。例如，北京市政府出台了一系列人才引进政策，如人才住房补贴、创业担保贷款等，吸引了大量的创业者和高端人才流动到北京。

生活环境和社会因素也影响了人才流动。京津冀地区拥有较好的生活环境和丰富的社会资源，如完善的医疗、教育和文化设施，以及便捷的交通网络等。这些因素吸引了大量的人才流动到这些地区。

（二）人才流动的制约因素

人才流动是京津冀一体化背景下的重要问题之一。为了更好地研究人才流动的要素，我们需要探讨人才流动的制约因素。

一是区域差异与人才流动。在京津冀一体化的背景下，区域之间存在巨大的经济、社会和发展差异。这些差异直接影响了人才流动的程度和方向。首先，经济发展水平的差异导致了人才流动的不平衡。例如，北京市作为国家的政治、经济、文化中心，吸引了大量的高层次人才。河北省和天津市相对落后的经济发展水平则限制了人才的流动。其次，社会服务的差异也是制约人才流动的重要因素。例如，教育、医疗等社会服务资源在不同地区的分布不均衡，这也影响了人才流动的选择和决策。

二是政策与人才流动。政策对人才流动具有重要的影响力。在京津冀一体化的进程中，各级政府纷纷出台了一系列人才引进政策和人才流动政策，以促进人才的流动和合理配置。然而，一些政策的实施效果并不理想，制约了人才的流动。例如，户籍制度使人才流动受到了一定的限制。此外，地区之间的政策差异也影响了人才流动的顺畅性。因此，政策的制定和实施需要更加科学、合理，以推动人才流动的顺利进行。

三是职业发展与人才流动。人才流动与职业发展密切相关。在京津冀一体化的背景下，不同地区的职业发展机会和发展前景也不同，这直接影响了人才的流动。一方面，一线城市如北京的发展机会和待遇相对较好，吸引了大量的人才。另一方面，二线城市和农村地区的发展机会相对较少，人才流失问题比较突出。因此，提供更多的职业发展机会和公平的竞争环境，对于促进人才流动具有重要意义。

四是社会环境与人才流动。社会环境也是制约人才流动的重要因素之一。一方面，社会文化环境的差异会影响人才的选择和适应。例如，一些人才更喜欢生活在国际化、多元化的环境中，而一些人才则更适应传统、稳定的环境。另一方面，社会安全和生活品质的差异也会影响人才流动的意愿和决策。因此，创造良好的社会环境、提供舒适的生活条件和安全保障，对于促进人才流动至关重要。

四　结论及建议

本文通过对京津冀一体化背景下人才流动要素的研究，深入探讨了人才流动对经济社会发展的重要作用和影响。在分析现状和问题的基础上，对人才流动的主要驱动因素和制约因素进行了研究，揭示了人才流动在京津冀地区的产业结构调整、优化劳动力配置、促进科技创新等方面发挥的积极作用。本文的研究结果对于进一步加强京津冀一体化背景下人才流动具有重要意义。首先，明确了京津冀一体化的背景和重要性。其次，通过对现状与问题的分析，揭示了人才流动对经济社会发展的重要影响，以及人才流动在产业结构调整、劳动力配置和科技创新方面的作用。接着，本文深入研究了人才流动的主要驱动因素和制约因素，为进一步探索人才流动机制提供了参考。最后，本文在总结结论的基础上，强调了京津冀一体化背景下人才流动的重要性，并对进一步研究和政策制定提出了建议。

参考文献

朱冬雨：《京津冀协同发展背景下河北省冰雪小镇建设路径研究》，河北师范大学硕士学位论文，2020。

T. Shan，X. Li，F. Huang，et al.，“Research on Industrial Structure Transfer under the Coordinated Development of Beijing，Tianjin and Hebei”，*Journal of Physics Conference* 176 (2019).

刘映桦：《京津冀区域劳动要素配置扭曲研究》，首都经济贸易大学硕士学位论文，2019。

刘亚娜、董琦圆、谭晓婷：《京津冀协同发展背景下人才政策评估与反思——基于2013~2018年政策文本分析》，《天津行政学院学报》2019年第5期。

杨鸿海：《区域产业一体化背景下京津冀金融资本流动水平研究》，天津财经大学硕士学位论文，2019。

Z. Xie，Y. Lü，Y. Fang，et al.，“Research on the Seismic Activity of the Beijing-Tianjin-Hebei Region”，*Progress in Geophysics* 34 (2019).

杨栋楠：《基于哈肯模型的京津冀城市群产业协同创新驱动要素研究》，首都经济贸易大学硕士学位论文，2019。

鲁民卿：《京津冀协同背景下产业转移问题研究 ——基于要素资源禀赋视角》，《商业经济》2019年第4期。

张贵、刘雪芹：《京津冀人才一体化发展的合作机制与对策研究》，《中共天津市委党校学报》2017年第3期。

尹玉灿：《京津冀协同发展背景下的政府间协调机制构建研究》，中南财经政法大学硕士学位论文，2019。

卢同：《京津冀交通一体化发展的策略研究》，天津商业大学硕士学位论文，2020。

韩子烨、张颖、顾雪松：《京津冀地区金融发展对碳排放的影响研究——基于STIRPAT的空间杜宾模型》,《北京林业大学学报》(社会科学版) 2024年第1期。

陈鹏鑫、何金廖、曾刚等：《全球城市顶尖人才流动网络的空间格局与结构特征——基于AI顶尖人才成才流动轨迹数据》,《地理科学》2023年第12期。

首都经济文化与高质量发展

全球数字经济标杆城市建设助力首都高质量发展：现状、难点与发展思路[*]

王　鹏　周希娴　李史琛[**]

摘　要： 从“两区”建设到“五子”联动，北京以全球数字经济标杆城市建设助力首都高质量发展，在我国数字化发展中充当着重要角色。本文首先总结近年来北京市全球数字经济标杆城市建设情况，以及在推进创新、保障民生、协同发展、对外开放等方面取得的突出成效，分析其在助力首都高质量发展中的重难点，最后结合实际情况提出政策建议与未来发展思路。

关键词： 数字经济　高质量发展　数字治理

随着新一轮科技革命席卷全球，数字经济正成为重组全球资源、重塑全球经济结构、改变全球竞争格局的关键力量。党的十八大以来，以习近平同志为核心的党中央高度重视数字经济在增强经济发展动能、推动建设现代化经济体系、构筑国家优势等方面的重大意义，从顶层设计和细分领域构建做强做优做大数字经济的中国方案。

---

* 基金项目：北京市社会科学院一般课题（KY2024B0153）。

** 王鹏，北京市社会科学院管理研究所副研究员，主要研究方向为数字经济；周希娴，中央财经大学中国公共财政与政策研究院；李史琛，中央财经大学国际经济与贸易学院。

北京作为国家首都、国际科技创新中心，承担着数字经济创新引领者、产业先行者的重要角色。自2021年8月提出建设全球数字经济标杆城市并发布实施方案以来，北京始终致力打造中国数字经济发展“北京样板”、全球数字经济发展“北京标杆”，超前谋划、先行先试，高标准建设，发展水平居全国首位。作为新发展格局“五子”之一，数字经济在推进核心技术创新、现代化产业体系建设、城市孵化与保障民生、区域协调发展，以及高水平对外开放合作等方面取得突出成效，助力首都高质量发展。[①]

一　北京市全球数字经济标杆城市建设情况

（一）全方位落实政策引领，绘制目标建设蓝图

北京市高度重视数字经济系统发展，初步形成以地方数字经济立法为统领，以政策开放、标准创制和测度体系为支撑，以多个垂直领域示范为目标的制度框架体系。2022年5月，北京市经济和信息化局发布《北京市数字经济全产业链开放发展行动方案》，作为彻底贯彻落实市委、市政府关于加快建设全球数字经济标杆城市和“两区”建设全产业链开放发展、全环节改革的工作部署要求制定的行动方案，着力构建数字驱动未来产业发展的数字经济新体系。2023年1月，《北京市数字经济促进条例》（以下简称《条例》）正式实施，对北京市建设全球数字经济标杆城市提出了明确指导意见和具体要求。布局六个高地、八大标杆任务、六大标杆工程、四类标杆企业、六大保障措施。率先印发《关于更好发挥数据要素作用进一步加快发展数字经济的实施意见》，发布实施《北京市数据知识产权登记管理办法（试行）》，推进《数据交易通用要求》等五个北京市地方标准制定。

① 毕娟、王鹏：《推动京津冀数字经济协同发展》，《前线》2022年第6期，第62~64页。

（二）多角度深化数实融合，构筑标杆产业体系

数字标杆产业发展优势显著，创新引擎再添活力。2020~2022年，北京市数字经济核心产业新设企业共计3万余家，年均新设1万家，核心产业规模以上企业超8000家，居全国之首；集成电路装备产业集群全国规模最大，12英寸晶圆制造月产能居全国第一、全球第五。[①] 5G万人基站数、算力规模指数位列全国第一；5个人工智能大模型产品首批次通过中央网信办备案并正式上线，数量居全国之首。高新技术产业园区联动发展，充分发挥集聚资源优势。形成以中关村软件园为引领，自动驾驶、网络安全等新兴园区为亮点，各区差异化产业品牌园区多点协同的数字经济园区发展体系。建成全球首个网联云控式高级别自动驾驶示范区，启动3.0阶段100平方公里扩区工作，无人化示范运营迈入商业化试点新阶段。[②]

（三）集众智突破数字技术，稳固创新驱动优势

北京市集中力量攻克技术“卡脖子”难题，深入实施创新驱动战略。以国家级重点实验室、新型研发机构和产业创新中心为核心，形成了整体性、立体化、多层次发展格局。全国半数人工智能顶尖研究机构在京聚集，北京集成电路装备创新中心、微芯研究院、超弦研究院、开源芯片研究院高效产出原创性科研成果，人形机器人创新中心、工业软件创新中心组建完成。国家通用软硬件攻关适配中心建设加快推进，支持CPU、操作系统、数据库等自主软硬件研发和适配。自然语言、通用视觉、多模态交互等人工智能大模型等形成完整技术栈，关键算法技术达到国内领先、国际先进水平。

---

① 资料来源：《北京数字经济发展报告（2021—2022）——建设全球数字经济标杆城市》。

② 王锦辉：《北京建设全球数字经济标杆城市的实践和成效》，《北京党史》2022年第6期，第45~48页。

（四）加速数字基础设施升级，助力智慧城市建设

核心技术应用加快推进，创新基础设施迭代升级。国家工业互联网大数据中心和顶级节点指挥运营中心建设完成，工业互联网标识解析国家顶级节点数量位居全国第一。算力基础设施能级提升，信息网络基础设施夯实底座。截至 2023 年 11 月，全市累计建设 5G 基站 10.6 万个，当年新建约 3 万个，[①] 实现五环内全覆盖、五环外重点区域和典型场景精准覆盖。出台《“光网之都，万兆之城”行动计划（2023—2025 年）》，高效发挥光纤通信网络基础支撑和融合助推作用。智慧城市建设纵深发展，数字应用场景不断拓宽。全面步入智慧城市 2.0，“京通”“京办”“京智”成为智慧城市统一服务入口，“七通一平”构筑数字城市底座；建成全球最大规模城市级“5G+8K”立体播放体系，市级 98%、区级 97%政务服务事项实现全程网办。

（五）依托数字化发展，赋能高水平对外开放

借由数字经济发展优势，强化对外开放、深化国际合作交流。世界互联网大会国际组织总部等国际机构相继落地，世界机器人大会、5G 大会、智能网联大会引领行业发展，数字贸易试验区、大数据交易所和数据跨境流动监管三项建设持续推进。中关村论坛、服贸会、全球数字经济大会等国际合作交流平台影响力不断扩大，受邀嘉宾层级、参会人数、项目签约数持续增长，高位展示全球数字经济标杆城市建设风貌；北京国际大数据交易所迭代升级实现牌照落地，引入交易主体 591 家，数据产品 1624 个，累计备案数据交易 7901 笔，数据交易额超 15 亿元。[②]

---

① 《北京建设全球数字经济标杆城市取得积极成效》，北京市统计局，https://tjj.beijing.gov.cn/zxfbu/202401/t20240123_3542804.html。

② 《北京国际大数据交易所落地北京社会数据资产登记中心》，中国金融新闻网，https://www.financialnews.com.cn/jg/202311/t20231112_282146.html。

（六）数据制度先试先行，充分激活释放要素价值

持续完善数据新制度，探索数据要素流动和交易模式，数据登记、评估、流通、入表全链路打通。数据基础制度先行区建设顺利推进，以台湖地区为中心 68 平方公里的北京数据基础制度先行区创建方案编制完成；首席数据官制度试点方案正式发布，率先打造政产学研协同的数据官培育模式。引导数据资产登记中心通过登记平台累计发放 27 张数据资产登记凭证；开展 6 家市属医院医疗数据流通试点，安定医院脱密电子病历数据作价 500 万元赋能精卫大模型研发；推动开运联合完成首笔数据资产入表试点。国家数据出境安全评估制度落地，已有 32 家单位获得中央网信办数据出境批准。

（七）营商环境持续优化，支持政策多级联动

资金支持力度加大，市区政策与服务联结增强。全面贯彻落实《北京市“十四五”时期高精尖产业发展规划》，高精尖资金规模及企业覆盖面不断扩大，获得资金支持的企业数量持续攀升；梳理重点领域产业发展情况及人才需求，加大紧缺人才引进力度。一区一品建设稳步推进，海淀区、朝阳区、顺义区分别针对人工智能、互联网 3.0、智能制造领域出台专项产业促进政策，通州区、门头沟区基于元宇宙、“5G+8K”超高清产业规划建设数字经济特色产业园区，丰台区推动建立花卉产业五大数据平台。

二　北京市全球数字经济标杆城市建设的发展难点

（一）顶层设计和《条例》配套实施亟须细化落实

随着数字经济领域新业态新模式的不断涌现，北京市数字经济政策

体系仍需不断完善。一是尽管《北京市促进数字经济创新发展行动纲要（2020—2022年）》等短期发展规划相继出台，但这并非推进数实融合的专项规划，从长远看难以支撑其自上而下地助推城市数字化转型。二是两化融合、两业融合的相关政策并未形成体系化、系统性的提案，数字化转型推动力不足。三是数字经济标杆城市统计监测体系还有待深化，数字经济监测评价工作“数据孤岛”仍需破除。四是针对各区及委办局宣传培训工作已密集开展，但面向企业侧的培训尚显欠缺。[①]

（二）新型数字基础设施建设速度难以匹配需求

一是面对当下金融、通信等领域毫秒级时延场景计算需求的激增，现有通信网络、算力中心等的建设规模和速度存在无法满足未来发展需要的风险，供需差距进一步扩大。二是IPv6下一代互联网规模部署过程中存在应用改造缓慢、家庭智能终端支持度不够等典型问题。三是对于市场而言，新型基础设施建设运营模式和商业化模式仍是较新命题，其落地机制尚未真正破题。因此更多依赖于政府资金，难以吸引大规模社会投资。

（三）数字产业与绿色低碳发展需进一步协调

伴随数字化基础设施的快速发展，城市基础设施建设和运营、工业企业运行均更加依赖电力资源。预计未来将会消耗大量能源，尤其是高能耗的计算机和通信设备等的生产和使用。同时，技术创新和成本问题成为企业数字化转型和绿色低碳转型过程中的制约因素，尤其是部分中小企业在短期内难以平衡生产和环保。这对全球气候变暖以及我国实现“双碳”目标产生较大压力，因此数字产业面临的碳排放问题不容忽视。[②]

---

① 王鹏、张路阳、来秋伶：《数字经济标杆城市建设视域下北京市数字经济发展情况分析》，《科技智囊》2023年第5期，第25~32页。

② 王鹏、梁成媛：《数字产业驱动绿色低碳发展：理论机制与实践路径》，《治理现代化研究》2024年第1期，第91~96页。

（四）未能从根本上解决关键技术“卡脖子”问题

总体来看，北京市创新科技虽然取得了突破性进展，但集成电路、高端装备等关键科技领域相较于西方发达国家仍有不小差距。在国外技术专利壁垒高筑、数字经济发展需求迫切的背景下，核心技术缺乏竞争力和创新性，仍存在较大依赖。芯片技术、光刻机、人工智能、生物智能、软硬件等研发上仍存在短板，一定程度上钳制了产业升级进程。科技创新联合攻关的积极性、主动性等还未被全面调动，大量创新联合体仍基于原有的合作团队进行开拓；技术联合攻关中也存在资源配置及联合攻关后成果转化的问题。

（五）数据要素市场建设和完善有待持续推进

数据要素的高效配置是推动数字经济发展的关键环节，也是数字经济发展的重要基础。目前国家及北京数据要素领域相关促进举措已基本完备，但数据要素市场化交易与流通仍存在难点。一是数据管理缺乏统一标准，如国家和行业层面能源数据管理缺乏统一的规范化标准，各部门自建的信息化系统按照各自业务需求和标准建立，数据难以共享。二是存在数据泄露问题，导致一些企业开放共享数据的动力不足。三是企业数据的确权、入表尚未形成成熟统一的机制，数据资源优势尚未有效转化为产业优势和经济优势。四是共享数据实用性不足，与实际需求之间的匹配程度不高。此外，北京国际大数据交易所市场化运营能力以及场内数据交易规模仍需提升。

（六）数字人才队伍建设短板逐渐显现

北京市数字经济人才规模及质量虽在国内处于领先地位，但仍然难以满足数字经济高速发展需求，数字化创新人才、专业性复合型人才、领军型人才相对缺乏。在消费级互联网企业的竞争压力下，北京大量工业互联网企业面临招人难、留人难、育人更难的困境。数字经济人才专项规划、引进政策优势不明显，人才培养与引进流程政策的保障体系欠缺协同性，面向国际高端人才的激励政策吸引力不足。[①]

三 北京市全球数字经济标杆城市未来发展思路

结合北京数字经济发展现状以及以上难题，北京市需保持优势、弥补欠缺。加快打出数字经济建设“组合拳”，动态调整完善标杆城市建设任务，助力首都高质量发展。

（一）强化统筹法制保障，细化完善治理体系

一是深入贯彻实施《条例》，从统筹协调、数据治理、网络安全、个人信息保护等角度形成全面系统、针对性强的发展思路，提前布局2024年《条例》重点任务分工及全球数字经济标杆城市工作要点。二是加快完善对新兴领域立法的政策配套，围绕数据交易规则、激励措施、新技术新业务监管、数字政府协同发展等方面推动数字经济立法进程。规范差异化支持政策和运行管理机制，推进软件和信息服务业高质量发展政策、平台经济和电竞产业规范健康发展等细分领域政策落实。三是加强政策落实的组织规划，推进更具针对性、协调性的部门建设。设立专项领导小组综合统筹，完善数字经济治理体系；积极争取国家部委政策支持，探索沙盒监管等新型监管方式。

（二）拓展数字基础设施，夯实智慧城市底座

一是根据数据要素自身的定价确权增加估值，从而获得授信等金融相关支持，更好地服务实体经济，进一步释放数据潜能，提升产业

① 武红利：《本市数字经济增加值全年增长目标有望超额完成》，《北京日报》2023年11月24日，第2版。

链价值。鼓励、支持、引导数字赋能生产性、生活性服务业，参与交通、教育、医疗、物流、零售、房产交易等行业的产业互联网公共平台建设，探索工业数据在项目估值、企业融资、投后管理、信贷发放等领域的应用。二是从数据的确权、定价、入场、流通、评估、交易、监管以及信用等全环节、全流程来推动数据分级分类，产业链上下游企业携手共进探索数据资源化、资产化、资本化路径。三是适度超前部署数字基础设施建设，继续扩大5G覆盖范围和6G网络研发，推动新一代数字集群专网、高可靠低时延车联网和边缘算力体系等建设，加快感知体系建设和城市码应用，建成一批示范引领性强的数据原生基础设施。[①]

（三）构建可持续治理框架，数字驱动低碳转型

一是借助数字技术，推动传统产业，尤其是重污染制造业的生产转型。提升生产效率和能力，提升企业生产监测、产品检测、市场预测、销售决策以及全供应链运营能力，同时一定程度上降低材料浪费与污染排放。二是多维度构建数字产业治理体系。借助大数据、物联网等数字技术对碳排放量进行实时追踪，加强碳排放监测、预测和管理，强化政府对碳排放的治理和管制。在具体政策上，通过财政补贴、税收优惠或设立基金等方式鼓励企业进行绿色技术创新与转型，提升行业绿色创新能力。

（四）攻关核心技术创新，加快自主可控技术体系建设

围绕重点领域，从制度、设备、人才等诸多方面持续加大研发力度，力争成为国际领先的“北京队”。一是加强“从0到1”基础研究，持续开展核心技术领域以及学科融合技术攻关，支持人工智能大模型、

① 谢辉主编《北京数字经济发展报告（2022～2023）》，社会科学文献出版社，2023，第60～78页。

长安链等迭代升级，抢占数字技术制高点；推动构建 CPU、操作系统、数据库等基础软硬件技术体系，构建 RISC-V 开源创新生态。二是围绕逻辑、存储、第三代半导体、光电子等重点方向，大力支持研发机构、龙头企业等战略科技力量，推出和开放更多新型芯片应用场景，不断拓展新技术新产品迭代升级。

（五）根植数字经济特点，深化区域协同发展

一是充分利用产业特色优势，落实好数字经济行动方案，促进地区间产业资源流通和产业发展效率提升。打造标杆品牌，集中力量推进建设工业互联网产业示范基地、“5G+工业互联网”融合应用先导区、网络安全创新应用先进示范区等。二是在京津冀统筹数据中心布局，加强三地产业链和创新链有效衔接，争取北京的科研成果在京津冀区域内生产与转化；建立场景订单供需对接“揭榜挂帅”制度，构建“线上+线下”常态化供需对接会和公示栏机制，落实用好京津冀产业协同渠道，深度赋能津冀两地。三是以“东数西算”工程为契机，鼓励支持企业在全国布局算力网络体系，促进数字经济与资源协调可持续发展。全局统筹、优势互补，形成京津冀算力一体化协同发展格局，形成以智能算力为主、通用算力和超级算力多元协同的“一廊四极”首都地区算力供给体系。

（六）加强平台政策综合保障，统筹资源鼓励创新

全面深入实施数字经济发展战略部署，不断加大资金基金支持力度，强化数字经济薄弱环节投入，突破数字经济发展短板与瓶颈。一是为北京数字企业、初创企业在北交所上市汇聚更多资源，鼓励传统企业数字化转型后在北交所上市。建立健全多渠道投入机制，激发民间投资活力，通过专项资金、政府投资基金的引导、撬动，充分发挥社会资本在新型基础设施建设和运营方面的比较优势。二是动态完善“服务包”

“服务管家”等针对性服务制度，支持数字经济优势企业在京稳定、高质量发展。市、区、园区可分批分级发放“上云技改补贴券”，对专精特新“小巨人”企业给予适度补贴。三是鼓励产业链供应链核心企业、行业龙头企业、园区/产业集群等生态资源积极对接中小企业，引导龙头企业以技术入股形式全程深度参与、赋能有意愿的企业上网上云、智能化转型。四是推行相关金融政策，鼓励金融机构提供中小企业数字化转型相关的产品和服务，鼓励市属金融机构为中小微企业担保增信，提供专款专用的优惠信贷、贴息等支持。

（七）推进数据资产化工作，引领数据要素市场繁荣发展

北京作为国内最早提出通过推动数据资产入表等相关措施的出台助力数字经济发展的城市，应尽快建立一系列配套措施、大力推动数据资产化试点试错。一是加快数据基础制度先行区建设运营，探索打造国家数据训练基地。推动北京国际大数据交易所提升数据交易系统等可信基础设施的支撑能力，在大模型训练、医疗健康数据流通等领域先行先试。二是充分发挥政治资源、金融资源、专业机构较为集中的优势，在全国率先实施对数据资产化专业服务机构、专业服务人员的认证和行业监管模式，设立准入资质或者证照，以提高行业服务质量。三是尝试率先建立数据资产化行业协会，并通过行业自监管组织与各个垂直领域的行业协会建立起完善的业务协同机制，共同推进本领域的数据资产化工作高质量发展。

（八）优化多元化数字人才布局，打通数字产业要素供给

一是研究制定细分领域的“育才”“引智”促进政策，对支撑数字创新的人才实施定向培养和精准引入。充分利用自身高校、科研院所与平台企业集中的优势，产研结合，共建实践课堂，使人才培养与实际工作嵌入融合，为学生提供实战经验，为企业人才解答实践困惑。二是由

政府牵头，搭建数字型企业与实体企业交流论坛，通过专业技术人才库和交互平台管理模式，做好跨部门融合的人才储备和技术交流。三是完善数字经济专业技术人才职称评价体系，优化人力资源激励政策。推进“放管服”改革，加快构建适应数字经济发展的准入和监管制度，全力优化数字经济营商环境。

城镇化进程中的政府与市场关系

王瑞民[*]

摘　要：中国的城镇化进程中，土地、劳动力、资本等要素的配置从农村向城市快速集聚，政府的“有形之手”与市场的“无形之手”，在形成合力过程中经历了曲折的探索。政府与市场关系的动态调整中，政府尤其是中央政府具有主导地位，中央政府对地方政府的引导与激励，往往会进一步带来地方政府与市场关系的重大变化。重要的政策启示是，政府与市场关系的调整应坚持从实际出发与市场化取向，重视地方政府作为市场行动者的角色，城镇化中后期政府应积极补上市场短板。

关键词：城镇化　政府　市场

城镇化是一个复杂的经济社会过程，其本质是土地、劳动力和资本等生产要素从农村向城市转移和集聚[①]，从而实现资源配置效率的跃升。作为经济增长最重要的并行过程之一，经验数据表明，很少有国家

---

* 王瑞民，国务院发展研究中心市场经济研究所副研究员，经济学博士，主要研究方向为土地与住房政策、城镇化、公共财政。

① The United Nations. World Urbanization Prospects 2018.

在城镇化率达到60%之前人均收入达到10000美元[①]。

中国的城镇化进程举世瞩目。1949～2023年，城镇化率从10.6%增加到66.2%，人均GDP已接近12000美元，[②]政府的“有形之手”与市场的“无形之手”在形成合力过程中经历了曲折的探索。新中国成立初期，曾忽视市场的作用，完全由政府主导，实施重工业优先发展战略，快速的工业化并未带来与之相配的城镇化，城乡居民的收入也未能有效增长。改革开放后，政府开始注重发挥市场的“无形之手”在资源配置中的作用，逐步放松管制，通过渐进式改革推动了经济转轨，城镇化的活力伴随市场化而迸发。20世纪90年代告别短缺经济后，政府积极作为，推动工业园区建设，实现产业基础设施的集聚，有效降低了制造业成本，促进制造业的大发展，助推中国成为“世界工厂”。随着近年来中国经济进入高质量发展阶段，政府开始注重补足市场短板，推动“以人为本、共享繁荣”的新型城镇化。

随着经济发展阶段的变化，政府的“有形之手”与市场的“无形之手”，深刻影响了城镇化的形态与特征。本文尝试回答以下三个相互关联又递进的问题：每个发展阶段中国城镇化面临的问题是什么？为解决这些问题，中国在政府—市场关系安排上采取了哪些政策？这一阶段城镇化效果如何，呈现出哪些典型的特征？在此基础上提炼有价值的政策元素，以期为高质量发展阶段城镇化进程中政府与市场关系的协调与更好形成合力提供有益的启示。

---

① 〔美〕迈克尔·斯彭斯、〔美〕帕特里夏·克拉克·安妮兹、〔美〕罗伯特·M·巴克利编著《城镇化与增长：城市是发展中国家繁荣和发展的发动机吗?》，陈新译，中国人民大学出版社，2016。

② 资料来源：《中国统计年鉴2023》。

一　赶超战略、计划经济体制与城镇化起步

新中国成立初期，百废待兴。新中国领导人迫切渴望迅速地实现强国梦。考虑到当时的国际、国内政治环境，中国选择了重工业优先发展战略，将工业化目标置于城镇化目标之前。但是，重工业是资本密集型产业，周期长，投资巨大，大部分设备需要进口；而当时的中国资金短缺，外汇也短缺，经济仍然以传统的小农经济为主，资金动员能力弱。发展战略与资源禀赋的张力，使重工业优先发展不可能通过市场配置资源的方式自发实现，倒逼政府与市场关系的调整，政府的“有形之手”成为资源配置的主导力量，人口的乡城流动受到严格限制，城镇化进程较为缓慢。

（一）政府与市场关系：政府完全主导资源配置

在政府与市场关系的安排上，由于靠市场力量无法将资源配置到重工业，政府不得不人为压低汇率、利率、能源与原材料价格等，实施由政府直接掌控资源配置方式的计划体制①。而此前长期战争环境下形成的强大的组织动员能力，为执政党实施政府主导资源配置的计划经济体制提供了组织基础。政府在城市建立国有企业，在农村建立人民公社，人为压低粮食等农产品价格，为城市工人提供廉价食品。1953 年，中央政府启动第一个国民经济五年计划，并在五年内迅速完成了对农业、手工业和资本主义工商业的社会主义改造，国民经济的结构发生了重大变化，从市场配置资源逐步转向政府配置资源。到 1957 年，参加互助合作组织的农户比重达 97.5%，参加手工业合作社的从业人员比重达 90.2%，工业产值中社会主义工业产值比重为 68.2%，国家资本主义工

① 林毅夫、蔡昉、李周：《中国的奇迹：发展战略与经济改革》（增订版），格致出版社，2012。

业（包括公私合营与加工订货两类）产值比重为31.7%，两者合计高达99.9%[①]。

（二）城镇化特征：城镇化进程缓慢且滞后于工业化

政府主导资源配置的重工业优先发展战略，对这一时期的城镇化产生了深刻的影响，城镇化严重滞后于工业化。重工业优先发展战略使中国在一个非常落后的起点上把积累率提高到15%以上，并以较快的速度建立了比较完整的工业体系。但片面依赖重工业，并不能达到各产业协调条件下经济增长，并带动城镇化推进的效果。1949~1978年，虽然制造业的比重提升了27个百分点，但城镇化率仅提升了7个百分点。此外，这一时期，由于政府主导城市资源配置，国有企业普遍实施低工资政策，城市服务业的发展严重停滞，1952~1978年，服务业在国民经济中的占比下降了近4个百分点（见图1）。

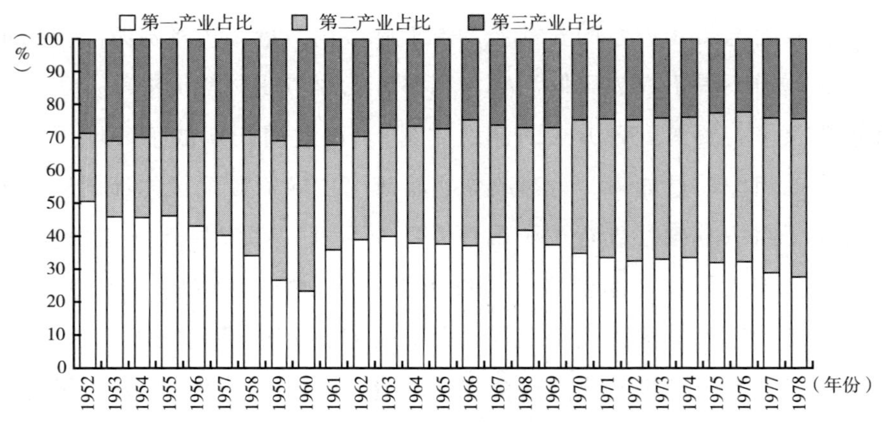

图1　1952~1978年中国产业结构变动情况

资料来源：国家统计局。

① 资源来源：国家统计局。

值得注意的是，这一时期一度出现“逆城市化”现象。与欧美等发达国家的逆城市化动因不同，中国的城市人口并非出于寻求更加舒适的生活环境等市场力量主动去往郊区，而是由资源配置扭曲带来的低效率导致城市承载力不足，尤其是食物供应不足，由行政力量强行推到乡村去。政府主导资源配置带来的重工业高速发展，并不能代表实质的经济增长，不仅难以吸收农村进城人口，甚至连城市自然增长的人口都难以完全吸纳，1965～1972 年，城镇化率从 18.3%下降到了 17.1%（见图 2）。

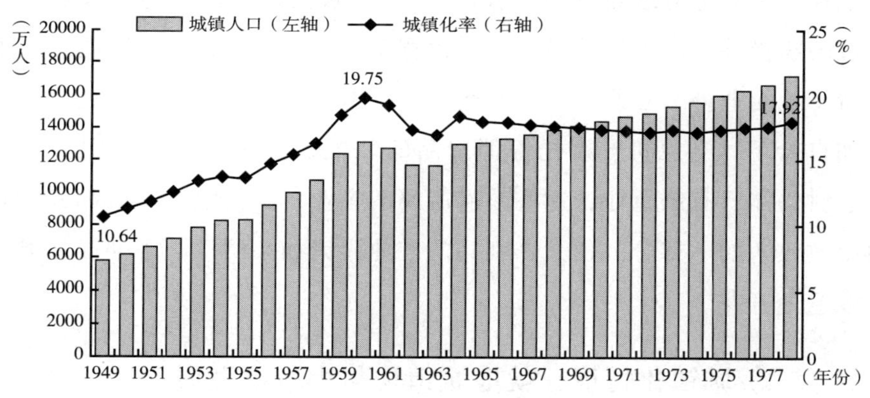

图 2　1949～1978 年中国城镇化率变动

资料来源：国家统计局。

二　经济转轨、市场化起步与就地城镇化

改革开放后，始于农村的家庭联产承包制改革，有效地解决了政府主导资源配置的人民公社时期劳动激励不足的问题，农业生产效率大幅度提升，粮食产量迅速增加，为释放的大量农村剩余劳动力就地从事非农产业提供了必要的食物保障。与此同时，面对城市新增劳动力的就业压力，政府进行经济体制改革，通过放活市场并创办轻工业企业吸纳就业。

（一）政府与市场关系：强政府、弱市场

从政府与市场关系的安排来看，这一阶段可称为“强政府、弱市场”，中国开始发挥劳动力丰富的比较优势，劳动力密集的消费品生产创造了大量就业机会与收入，既提升了消费品的生产能力，富裕起来的城乡居民也增加了对消费品的有效需求。需要指出的是，这一时期的政府与市场关系呈现出典型的渐进式的双轨制特征，市场配置资源的范围不断扩大，但仍然主要局限在下游的消费品行业。值得注意的是，经济转轨期中央和地方政府开始“分灶吃饭”，极大地调动了地方政府发展经济的积极性，加上短缺经济的时代背景，产品不愁销路，因此，除了扶持本地企业外，县及县以上的政府大办地方国有企业，特别是设立生产如自行车、电视机、摩托等消费品的装配线，而乡镇政府则大办乡镇、村集体所有制企业，这些政府所属的企业，其税收和利润都成为政府财政收入的一部分。税大、利高的产业，诸如小酒厂、小烟厂之类的企业遍地开花。

（二）城镇化特征：就地城镇化与小城镇发展

这一时期的城镇化以农民离土不离乡的就地城镇化为主，加上地方保护主义严重，跨区域的城乡人口流动并不普遍，城镇化尚未成为经济增长的主要动力。城市放活市场与新增的轻工业国有企业，以吸纳城市新增劳动力为主，农地上释放的劳动力主要只能靠乡村自身消化。如前所述，生产消费品等轻工业产品的乡镇企业异军突起，吸纳了大量农村剩余劳动力就地城镇化，1978~1991年，农村劳动力转移总量由3298万人增长到10623万人，农村非农就业人数从3150万人增长到8906万人。与此同时，政府也适当放松了小城市、镇的户籍限制，允许“自理口粮”的农村人口进城，小城镇中还集聚了大量户口未迁入的流动人口。东南沿海的不少地方，农民开始了自筹资金建设小城镇

的尝试[①]。温州市龙港镇采取土地有偿使用、农民自筹资金建房、乡镇企业集资建设城镇投资基础设施的方式，推动镇区建设快速发展，成为著名的农民第一城。市场中的企业承担了城镇化进程中本应政府承担的基础设施建设职能。

三　地方竞争、园区工业化与城镇化提速

20 世纪 90 年代后，中国开始告别短缺经济。特别是 1992 年邓小平南方谈话以后，中国逐步确立社会主义市场经济体制，新一轮市场化开始提速，产品市场竞争日益激烈，这些变化迅速压缩了地方国有企业和乡镇企业的发展空间，政府不得不通过改制将其推向市场。20 世纪 90 年代后期以来，地方政府特别是沿海地区的地方政府，开始大规模建设工业开发区。地区间招商引资竞争日益激烈，得益于政府补贴的工业用地与完善的园区基础设施，叠加劳动力低成本优势，制造业进入大发展时期。2001 年中国加入 WTO 以后，制造业产品行销全球，中国逐步成为“世界工厂”。与此同时，政府间财政关系的改革进一步影响了政府与市场关系的调整，土地与房地产制度的市场化改革，进一步释放了增长活力，城镇化成为经济增长的引擎，城市面貌与居民住房条件显著改善。

（一）政府与市场关系：强政府、大市场

从政府与市场关系安排来看，这一时期最显著的变化就是政府从国有企业的所有者向企业的征税者与服务者转变。20 世纪 80 年代各地重复建设导致产能相对过剩，导致地区间竞争加剧。卷入市场竞争中的本地企业都面临两难选择：既想到区外寻求新的市场，又希望得到本地政

① 刘守英、曹亚鹏：《中国农民的城市权利》，《比较》2018 年第 1 辑。

府的保护以避免受到外来企业的影响。1992 年邓小平南方谈话之后，私营企业大量增长，进一步加剧了产品市场竞争。地方政府直接控制并赖以获取相关财政资源的本地企业开始成为负资产。为此，一场大规模的国有和乡镇企业改制开始了，这一改制进程在 21 世纪初基本完成①。特别需要指出的是，这一时期中央政府推行的分税制改革，也深刻地影响了政府与市场关系。分税制显著地向上集中了财政收入，但并没有相应调整不同级政府间支出责任的划分。地方国有和乡镇企业的大规模改制、重组和破产极大地增加了社会保障支出的压力。收入上移和支出责任事实上的增加造成的收支缺口，迫使地方政府通过大规模招商引资寻求新的财源，其在经济发展中所扮演的角色也从企业的所有者转变为征税者②。

（二）城镇化特征：劳动力大规模跨区域迁移的城镇化

反映到城镇化模式上，通过土地资本化撬动了园区工业化与新城区建设，离土不离乡的就近城镇化向劳动力跨区域大规模流动的城镇化转变。在我国现行土地制度安排下，农村土地归集体所有，城市土地归国家所有，城市建设需要在国有建设用地上进行，当城市扩张需要占用农村土地时，则由地方政府征地。地方政府通过零地价甚至负地价吸引投资，并辅之以各种税收优惠。开发区遍地开花，几乎每个县级行政单位至少有两个开发区。乡镇企业的农村劳动力则涌向东南沿海的开发区，出现了“离土又离乡”的民工潮③。需要指出的是，与早期的工业化国

---

① Y. Qian, “The Process of China’s Market Transition (1978-98): The Evolutionary, Historical, and Comparative Perspectives”, *Journal of Institutional and Theoretical Economics* 156 (2000): 151-171.

② 陶然、陆曦、苏福兵等：《地区竞争格局演变下的中国转轨：财政激励和发展模式反思》，《经济研究》2009 年第 7 期，第 21~33 页。

③ 周飞舟、吴柳财、左雯敏、李松涛：《从工业城镇化、土地城镇化到人口城镇化：中国特色城镇化道路的社会学考察》，《社会发展研究》2018 年第 51 期，第 42~64、243 页。

家城镇化进程中基础设施滞后于产业发展与人口集聚不同，中国由政府而非市场主导土地要素配置的特定安排，即土地财政叠加土地金融的放大效应，使城市建设尤其是公共基础设施得以“先行”甚至远远超前。这一时期，随着人口的跨区域流动，城镇化的进程显著加快。每年从农村向城市迁移的人口超过1500万。人口城镇化率从2000年的36.2%上升到2012年的52.6%，进入城市社会，但7.1亿的城镇人口中城镇户籍人口仅有3.7亿。[①]

四　高质量发展与迈向以“人”为核心的新型城镇化

随着我国进入高质量发展阶段，产业升级、经济结构进行重大调整，城镇化进程也进入中后期，速度明显放缓。中央政府在政府与市场关系安排上鲜明地提出“必须更加尊重市场规律，更好发挥政府作用”，并对城镇化政策进行了及时调整，提出走以“人”为核心的新型城镇化道路。

（一）政府与市场关系：有为政府与有效市场渐进式形成合力

从政府与市场关系的安排来看，最为突出的变化是政府向公共服务提供者的转变。政府的服务对象由以企业为主转向城市居民与企业并重，除了依然为引资企业提供优惠的工业用地以及税收优惠外，开始注重解决城市化进程中新市民的公共服务提供问题。由于公共服务的非排他性，以价格机制为核心的市场难以使新市民的公共服务的供给达到最优，存在一定的“市场失灵”。与此同时，由于户籍制度改革滞后，流动人口流入地地方政府的公共服务提供仍然以户籍人口为主，缺乏为流动人口提供公共服务的激励与财力保障。针对上述困局，中央政府通过

① 资料来源：国家统计局。

推动城乡之间、地区之间的人地挂钩政策，为地方政府公共服务扩围提供激励。

（二）城镇化特征：城镇化质量与效率显著提升

高质量发展阶段，中央政府“以人为本”的城镇化方针带来了城镇化质量与效率的显著提升。首先，政府进一步放权，户籍制度改革加速，公共服务短板逐步补齐，促进了城乡要素流动，大城市以外的中小城市的户籍限制基本消除。2014 年 7 月，国务院出台《关于进一步推进户籍制度改革的意见》，指出进一步调整户口迁移政策，统一城乡户口登记制度。随后各省区市分别出台了具体的户籍改革方案。2018 年 9 月，中央印发《推动 1 亿非户籍人口在城市落户方案》，提出建立进城落户农民“三权”维护和自愿有偿退出机制，将进城落户农民完全纳入城镇住房保障体系。其次，一直由政府主导配置的土地要素市场化程度有所提升，集体建设用地进入市场取得较大突破。党的十八届三中全会提出，要建立城乡统一的建设用地市场，“在符合规划和用途管制前提下，允许农村集体经营性建设用地出让、租赁、入股，实行与国有土地同等入市、同权同价”。集体经营性建设用地以试点的方式进入工业用地市场。特别需要指出的是，高质量发展阶段更加注重城镇化的质量，更加注重城市的集聚效率提升，而不是继续强调城镇化的速度。2012 年以来，中央提出打造具有竞争力的城市群成为中国城市化发展目标和主要模式，把城市群作为主体形态，推动京津冀一体化①、长三角一体化等重大区域发展战略的实施，充分发挥北京、上海等超大城市的要素集聚能力，释放增长活力。截至 2023 年底，我国大型城市群的核心城市的城镇化率均已接近甚至超

① 2014 年 2 月 26 日，习近平总书记在听取京津冀协同发展工作汇报时强调，实现京津冀协同发展是一个重大国家战略，要坚持优势互补、互利共赢、扎实推进，加快走出一条科学持续的协同发展路子。

过70%，其中北京、上海及天津均超过85%。[①] 从发达国家的城市化实践来看，城镇化中后期人口向大城市与特大城市的集聚也仍在动态进行。

五 政策讨论与启示

（一）坚持从实际出发，动态调整政府与市场关系

政府与市场，都是配置资源的方式。政府与市场关系的安排，需要坚持问题导向，市场能够有效配置的要素与提供的产品、服务应由市场提供，市场无法有效供给的产品和服务则由政府提供。政府与市场的关系，还需要与特定阶段的比较优势相匹配。例如，新中国成立初期为实现赶超实施重工业优先发展战略，与我国当时劳动力充裕、资本稀缺的比较优势相悖，由政府主导资源配置，市场的作用无法发挥，城镇化止步不前，甚至还出现倒退。上述政府与市场关系安排无法推动经济增长与城镇化，应该进行动态调整。改革开放后，我国的城镇化进入快速发展轨道，并成为经济增长的引擎，实际上是正视了我国劳动力充裕的比较优势，政府放权于市场，发展劳动密集型产业，政府则通过土地要素的倾斜性配置，促进产业发展。

（二）坚持市场化取向，由政府渐进式推动市场化

市场化是城镇化的核心动力，城镇化进程应坚持市场化导向。从带动城镇化发展的产业演进规律来看，一般都遵循"轻工业—重化工业—服务业"的依次、缓慢跃迁，这是由市场配置资源的结果，因为从农业转向非农产业的过程中，剩余的农村劳动力大多进入生

① 资料来源：《中国统计年鉴2023》。

产消费品的轻工业，轻工业发展产生一定的资本积累后重化工业得以发展，并进而带动生产、生活服务业的发展。我国经历重化工业优先发展的赶超探索后，后期实际上又重新回到了上述产业演进轨道，改革开放后如雨后春笋般兴起的乡镇企业生产的主要是消费品，轻工业得到了极大发展，并有效地带动了对上游重化工行业产品的需求。但是，休克式的政府与市场关系调整模式并不可取，苏联、东欧休克式转轨导致经济增速快速下滑，城镇化失速，教训不可谓不沉痛。在城镇化进程中，应由政府渐进式推动市场化，通过政府与市场双轨制的制度安排逐步实现体制外市场化的突破，确保城镇化进程的平稳有序。

（三）重视地方政府作为市场行动者的角色

地方政府以地谋发展，作为市场行动者，在中国的城镇化进程中发挥了重要的作用。如果说中央政府在政府与市场关系调整中具有主导权，那么地方政府则是具体的执行者、行动者。改革开放后，中央和地方的财政体制调整为“分灶吃饭”，地方政府为了扩大收入来源，除了继续支持本地国有企业外，还激励举办新的国有企业与乡镇企业。在短缺经济背景下，产品只要生产出来就有销路，地方政府新办的国有企业、乡镇企业实际上加速了产能扩张，客观上加速了告别短缺经济的进程。1994 年中央推行分税制改革后，地方政府开启园区工业化道路，通过提供廉价的工业用地与完善的基础设施招商引资，促进了中国制造业的大发展、大繁荣，中国的地方政府也因此被称为“发展型政府”，甚至有学者认为是“地方政府公司化”，这恰恰是地方政府作为城镇化进程中的市场行动者的典型反映。

（四）城镇化中后期政府应积极补上市场短板

城镇化中后期，积极应对城镇化进程中积累的社会矛盾、补上市场无法有效提供的新市民的公共服务短板、平衡区域发展差距，是政府义不容辞的责任。城镇化进程中，市场扩大会带来新的就业机会，吸引农村人口向城市流动，但地方政府不会主动也无法有效提供公共服务。如20世纪90年代劳动力大规模跨区域流动进入工业园区就业，企业为这些仍然保留农民身份的产业工人提供工作机会与收入，但是不可能为其提供子女就学、住房保障等公共服务，导致了不完全的城市化与市民化，不利于新市民定居城市与扩大内需。2012年后中央政府开始推动"以人为本"的新型城镇化，通过人地挂钩等政策激励地方政府补上公共服务短板，提升城镇化的质量。

打造国际交往中心新亮点，夯实全球中心城市的发展基础*

包路林**

摘　要：《北京城市总体规划（2016年—2035年）》提出，到2050年北京市将建成全球中心城市。进入新发展阶段，首都国际交往中心建设除了更好地满足大国外交的服务保障功能之外，还应审时度势，加速国际交往中心建设在空间、维度、领域方面的创新，在集聚国际组织、集聚世界高端人才和创建全球治理新范式等方面持续发力，以第四使馆区等为重点打造国际交往中心新亮点，开拓首都国际交往中心发展新局面。

关键词：国际交往　第四使馆区　全球中心城市

国际交往中心是从国际视野展现中国影响力的首要窗口。在国际力量对比深刻调整、全球经济再平衡加速的形势下，需要从大国担当的视角积极应对世界体系变化的大局大势，树立“致广大而尽精微”的系

---

* 本文为北京市社会科学院课题“中国式现代化背景下超大城市国际化发展路径研究”成果（KY2024C0213）。

** 包路林，博士，北京市社会科学院城市问题研究所研究员，主要研究方向为城市规划、城市发展研究。

统思维，进一步加强北京在国际事务、国际交流中的活跃度，加快国际资源集聚的步伐，打造国际交往中心新亮点，夯实全球中心城市发展的基础。

一 成就不凡，国际交往水平持续提升

（一）国际交往中心格局初步形成

“十三五”以来，北京市立足迈向中华民族伟大复兴的大国首都的历史使命，积极谋划涉外设施和能力建设，持续优化涉外服务环境，拓展了对外开放的广度和深度。《北京推进国际交往中心功能建设专项规划》明确了首都功能核心区、中轴线及其延长线、长安街及其延长线以及城市东西南北四个区域的国际交往功能布局，以城市副中心、大兴国际机场、雁栖湖国际会都、第四使馆区、国家会议中心二期等为代表的一批高品质国际交往设施建设，为大国外交提供了更多空间保障，城市对外交往示范引领的作用进一步加强。[①]

（二）国际交往中心地位凸显

2000 年以来，北京在 GaWC 世界城市网络中排名总体上升，2020 年排名第六，仅次于伦敦、纽约、香港、新加坡、上海，全球影响力显著增强。国际大型活动的组织能力进一步增强，“十三五”以来，北京市圆满举办“一带一路”国际合作高峰论坛、中非合作论坛北京峰会、亚洲文明对话大会、北京世园会等重大国事活动，高水平举办北京国际电影节、北京国际设计周等系列节庆活动，积极培育中国网球公开赛、北京马拉松等国际赛事品牌。中国国际服务贸易交易会成为国家级对外

① 《北京市国民经济和社会发展第十四个五年规划和二〇三五年远景目标纲要》。

开放三大展会平台之一，中关村论坛、金融街论坛影响力不断扩大。与世界多个城市保持高频率联系，截至2023年，北京的友好城市达到55个，遍布6大洲，分布在美国、日本、澳大利亚、俄罗斯等50个国家。[①]

（三）“五子联动”加速对外合作交流

从举办具有历史标志性意义的重大庆典活动，到建设国家服务业扩大开放综合示范区、自贸试验区，再到全球数字经济标杆城市、国际消费中心城市建设，首都发展不断取得新的历史性成就，不负党中央赋予的重大机遇和使命。北京市在一系列政策红利中积极开拓国际交往功能建设，2023年，全市新设外资企业1729家，主要集中在科学研究和技术服务业，租赁和商务服务业，批发和零售业，以及文化、体育和娱乐业。与世界各国的商贸往来规模加大，2023年北京进出口总值达3.65万亿元，占全国进出口总值的8.7%，连续3年超过3万亿元。[②]

二　审视差距，补足国际交往中心建设短板

（一）国际组织规模与大国首都地位还不匹配

国际组织包括全球性组织和区域性组织，目前全世界各类国际组织约7万个。国内外很多城市的经验表明，具有影响力的国际组织入驻可以吸引更多科技、文化类跨国企业和国际机构，带来相关领域发展的最新国际资源，为地区注入源源不断的发展活力。当前，国际组织、跨国公司等机构数量已经成为衡量一个地方国际化水平和国

① 资料来源：北京市人民政府外事办公室。

② 《2023年北京地区进出口3.65万亿元　外贸规模连续3年突破3万亿元》，中华人民共和国北京海关，http://beijing.customs.gov.cn/beijing_customs/434766/434767/5646963/index.html。

际竞争力的重要指标。例如，法国巴黎的国际化水平很大程度上体现在拥有众多的国际组织和国际机构。巴黎有包括联合国教科文组织、经济合作与发展组织等在内的136个国际组织，为巴黎带来了持续不断的国际会议活动，促进了经济社会的持续繁荣。我国外交部官网上发布的权威国际组织有115个，其中只有32家有驻华机构，北京市常驻的重要国际组织仅有1个（上海合作组织），这与大国首都地位还不匹配。

（二）国际人才资源的吸引力还不足

纽约等国际化大都市外籍人口占比通常在10%左右。北京常住外籍人口占比约1%，其中获得永久居住权的外籍高层次人才仅4000余人，与建设国际一流人才高地还存在明显差距。需要加大人才引进方面的机制创新，使外国学生来京留学、外籍人士在京定居、国际高层次人才落户等方面的渠道更加畅通。与上海市相比，在对外人力资源合作交流的规模和频率、国际创业空间和人才港建设、国际人才服务平台、产业资源对接机制、国际人才公寓供给、国际医疗结算服务等方面都缺乏可操作性较强的制度和措施安排。此外，围绕国际组织和国际人才的公共服务，如国际人员往来便利化服务、国际教育医疗服务、国际化旅游商务环境等方面还存在明显的短板。

（三）全球治理体系和能力还有待增强

宏观治理层面，自党的十八大以来，我国提出了一系列新理念、新举措和新方案，在国际社会实现了由“韬光养晦”向“奋发有为”的转变，参与全球治理的程度不断深化。这一转变过程客观上对我国的治理能力建设起到了提速作用，但下一步深度参与全球治理必将对国际化治理体系和能力建设提出更高要求。围绕我国的发展观、文明观、安全观、人权观、生态观、国际秩序观和全球治理观，需要加强全球资源配置能力，在大国竞争中以系统化思维将国际化治理理念和实践进一步深度结合。微观治理层面，目前北京市在国际社区治理、国际营商环境、国际交流合作平台等方面根基较弱，配置国际化要素、鼓励国际化参与、引领国际化议题方面的机制还不完善，国际化治理理念、治理要素、治理标准、治理手段还有待建章立制，国际人才参与治理程度还不够。

三　精准发力，大力提升首都国际交往水平

（一）创新外交形式，建设国际组织聚集之都

推进城市外交、民间外交和公共外交。秉承服务国家外交大局的精神，积极跟进外交发展新需求和新动态，加强与中央相关外事部门的沟通联系，广泛开展丰富多彩的公共外交和民间外交活动，调动社会各界参与各类民间外交活动，增强我国的文化吸引力和政治影响力，进而提升首都国际影响力。

打造首都国际组织聚集区。随着世界格局演变，外交组织形式也逐渐多样化，国际组织具有将没有建立双边外交关系的国家相连接的独特纽带作用。应积极争取政府间国际组织落户，争取税收减免、放宽市场准入度、放宽户籍管理和优先办理护照等措施，推动符合首都高质量发展需求的国际行业协会、产业联盟、国际知名企业总部、科技研发中心等落户北京，同时自主创建和发起新型国际组织，推动全球服务贸易联盟等一批国际组织在京设立。

（二）提升服务水平，打造世界高端人才聚集之都

完善国际人才引进机制和途径。进一步优化外籍人才流动的营商环境，简化进京申请程序、缩短审批流程，在永久居留、签证办理、

亲属探亲等方面提供最大便利，试点创建外籍优秀杰出人才办理永久居留“直通车”、归国创业外籍华人认定机制等。进一步拓宽渠道，加强与国外知名高校、科研院所、科技企业等的联系，搭建面向世界的人才服务平台，为人才信息采集、人才引进、人才交流提供良好的互动媒介。

推进国际化教育和医疗体系建设。推动国际化教育、医疗、公共文化等配套设施建设是完善国际化城市功能的重要内容。在教育领域，建立语种齐全的国际教育体系，择优引进一流的海外国际教育机构，提供多种高品质国际课程。在医疗领域，按照国际医疗机构和国际医疗保险机构“双认证”标准，不断完善区域国际医疗水平，提供就近就便、系统全面的国际化医疗服务。

完善国际化公共服务水平。进一步提升在国际交流信息发布、商业洽谈、投资服务、会议会展等方面的公共服务保障能力。优化国际化公共服务营商环境，建设多语种的特色化公共服务大厅，推进公共服务便利化、优质化、智能化。完善外籍人士出入境、就业、留学、旅游等服务管理制度，为外籍人员提供“一站式”便利服务。在城市道路、景点和主要公共场所设置多语种标识，方便外籍人员生活。

（三）贡献中国智慧和方案，创建全球新范式治理之都

形成贡献中国智慧与中国方案的策源地。在当今世界格局动荡的情境下，我国以“大国担当”的使命感，作为世界经济增长的主要稳定器和动力源，用中国智慧和中国方案不断为全球治理提供新思维和新动能。应充分挖掘文化资源，强化首都国际交往的文化标识，从国际交往视角将文化资源转化为文化交流、文化体验和文化消费，在深层次交流中进一步扩大和深化中国智慧与中国方案的国际辐射力和影响力，形成更大层面的观念和意识的认同。

探索国际化治理新路径。深度消除内外制度分割，扫除畅通双循环

的观念、制度、技术和利益障碍，不断提高制度型开放和融合水平，在加快构建高水平社会主义市场经济体制、推动形成更加公正合理有效的国际经济秩序和全球治理体系中发挥引领作用。从国际社区入手，将更多的涉外职能下沉到国际社区，赋予国际社区多种多样的服务主动权，以社区为文化交流和创新创业的平台，通过大量优质的社区国际交流活动加强人才的归属感。积极引导相关社会组织、大中院校学生志愿者等加入社区治理中。

北京推进全国文化中心建设：成效、挑战与政策建议

牛家儒　董欣蕾*

摘　要： 建设全国文化中心是党中央赋予北京的重要职责。2013~2023年，全国文化中心建设取得显著成效，古都魅力充分彰显，城市文明程度明显提高。以中国式现代化推进中华民族伟大复兴的新时代新征程，北京全国文化中心建设仍面临辐射带动能力有待增强、文化产品和服务国际竞争力有待提高、文化市场主体创新发展能力有待强化、文化发展平台和载体支撑能力有待提升等问题。建议发挥文化和旅游融合发展新优势，通过打造全国文明典范城市和具有国际影响力的文化产业发展引领区，建设国家现代公共文化服务体系示范区，拓展新时代中华文化走出去新路径。

关键词： 全国文化中心　北京　文化软实力

"四个中心"是党中央赋予北京的城市战略定位，全国文化中心是北京"四个中心"功能定位之一。党的十八大以来，北京把全国文化

* 牛家儒，博士，国研经济研究院文化和旅游研究中心主任，副研究员，主要研究方向为文化政策、文旅产业等；董欣蕾，国研经济研究院文化和旅游研究中心副主任，助理研究员，主要研究方向为数字经济、文旅产业等。

中心建设摆在新时代首都发展突出位置，全国文化中心示范作用不断增强。党的二十大报告对建设社会主义文化强国作出了战略部署，明确要推进文化自信自强，铸就社会主义文化新辉煌。在全面建成社会主义现代化强国、实现第二个百年奋斗目标新征程中，北京市需把扎实推进全国文化中心建设，作为不断提升国家文化软实力和中华文化影响力的重要内容。

一　全国文化中心影响力显著增强

（一）以老城整体保护与复兴涵养历史文化底蕴，古都魅力不断彰显

北京立足“老城不能再拆”总体要求，对中轴线遗产核心构成要素等进行整体性保护，推动中轴线申遗、“三条文化带”资源发掘、琉璃河遗址考古挖掘，历史文化景观空间秩序持续优化。古都文化、红色文化、京味文化和创新文化传承发展与城市品质提升有效结合，深入推进以“一城三带”为核心的历史文化名城保护，北大红楼、京报馆旧址、《新青年》编辑部旧址等红色文化地标，八大处传说、六郎庄五虎棍、北京果脯传统制作技艺等非遗代表，隆福寺、天桥剧场、北京坊等场所的精彩文化活动及演出，充分彰显了古都历史文化风貌和独特的城市魅力。截至 2022 年底，北京拥有明清皇家陵寝、故宫、长城、周口店北京人遗址、颐和园、天坛、大运河 7 处世界文化遗产，是世界上拥有文化遗产项目数量最多的城市；登录国有可移动文物 501 万件（套），不可移动文物 3840 处，新发现、新认定文物藏品总数 160 万件（套），均居全国首位。“十三五”期间，北京完成考古勘探项目 937 项，占全国比重为 21.9%；发掘面积 41 万平方米，占全国比重为 11.9%，考古项目数量和面积均位居全国前列。海淀“三山五

园”列入首批国家文物保护利用示范区创建名单，文物保护利用对经济社会发展的促进作用不断增强。[①]

（二）以社会主义核心价值观引领首都文化建设，城市文明程度持续提高

北京始终走在学理化阐释党的创新理论最前列，马克思主义理论研究和建设工程深入实施，北京市习近平新时代中国特色社会主义思想研究中心建设稳步推进。以背街小巷、城中村等薄弱环节整治为抓手，发放《让我们的北京更美丽》公开信，组织“我家街巷最好看”推选活动，举办“小巷有我更美丽”论坛、“美丽的街巷我的家”摄影展，推出《向前一步》背街小巷电视专题，拍摄《小巷管家》电影，评选“首都文明街巷”“首都文明商户”“优秀街巷长”“优秀小巷管家”“优秀责任规划师”“优秀网格员”“优秀设计单位”等，文明城区建设成效显著。城市文明程度和市民文明素养不断提高，“文明驾车 礼让行人”被列入2022北京冬奥会文化遗产。积极向上、乐于助人，来自各行各业的“北京榜样”影响力显著增强，已成为推动北京社会主义核心价值观建设的知名品牌。

（三）以提高公共文化产品和服务供给能力繁荣发展公共文化事业，人民精神文化生活日益丰富

坚持社会效益优先、社会效益和经济效益相统一，文化市场体系不断健全，市民文化获得感幸福感日益增强。建立文化精品重点项目征集、评审、扶持和发布机制，健全艺术创作全链条扶持引导机制，设立全国首个省级文化艺术基金，文艺精品不断涌现。实施文化产业园区公共服务资金、演出惠民低价票、实体书店补贴等政策，引导社会资本积

---

① 徐蔚冰：《北京应有序活化文化遗产 增强全国文化中心示范作用》，《中国经济时报》2023年11月1日，第2版。

极打造业态多元、体验丰富的文化场所。截至2022年底，北京共有备案博物馆215家，年均接待观众超过5000万人次；实体书店超过2000家，万人拥有书店数0.9个；共有演出场所经营单位近200个。“十三五”期间，共有18部作品获“五个一”工程奖，版权登记数保持年均新增10万件高速增长态势。2022年，北京著作权登记量为104.7万件，占全国的23.2%，居各省区市首位。

（四）以文化产业发展引领区建设推动高质量发展，文化产业发展迈入新阶段

北京积极构建1+N+X文化产业政策体系，推动“文化+”融合发展，积极培育优质文化企业，聚焦文化产业园区高质量发展，文化产业整体实力保持全国领先。“十三五”期末，北京文化及相关产业实现增加值3770.2亿元，占地区生产总值比重达到10.5%[①]，稳居全国第一。2020~2022年，北京规模以上文化及相关产业企业实现营收年均增长12.5%，表现出较强的抗冲击、抗风险能力。其中，北京文化产业增加值为4700.3亿元，占GDP比重达11.3%，2023年实现营收20638亿元，占全国比重为15.9%，文化核心领域营收18721.9亿元，占全国规模以上文化及相关产业核心领域营收比重达到22.3%（见表1），高质量发展引领全国。2023年底，105家园区获评市级文化产业园区，园区内入驻的文化相关单位总收入已突破1万亿元，纳税总额超过445亿元，入驻企业不局限于百度、腾讯、蓝色光标等龙头企业，也有众多成长型企业和小微企业，比如猫眼、当红齐天、锋尚世纪等，这些园区共建设剧场、实体书店、艺术馆等660余个文化空间，满足市民文化需求，2023年共举办艺术展览、文艺演出、文创市集等文化活动近6000场，成为周边居民的“文化会客厅”以及城市文化生活的重要承载地。

① 资料来源：北京市统计局。

表 1　2018~2023 年北京规模以上文化及相关产业营收及占全国比重情况

单位：亿元，%

指标	2018 年	2019 年	2020 年	2021 年	2022 年	2023 年
营收	10703	12850	14209	17564	17997	20638
营收占全国比重	12.0	14.8	14.4	14.8	14.8	15.9
核心领域营收占全国比重	18.8	22.7	21.5	21.2	21.9	22.3

资料来源：国家统计局、北京市统计局。

（五）以服务国家对外文化交流和文化贸易搭建宣传展示平台，大国首都文化国际影响力不断提升

北京坚持“四个中心”城市战略定位，履行“四个服务”[①] 首都基本职责，有力保障了国家外交大局和国家重大活动，首都文化和旅游国际影响力显著提升。周口店北京人遗址博物馆先后在意大利、埃及、马来西亚、韩国等国家举办展览，北京的世界文化遗产实现“走出去”。在提升文旅国际影响力方面，成功打造了一批对外文化交流品牌活动，北京国际设计周、北京国际电影节、北京惠民文化消费季、北京国际图书节、北京国际音乐节等文化品牌活动精彩纷呈，策划举办第二届“中国—中东欧国家文化艺术嘉年华”、昆曲非遗二十周年展演，开展“长城好汉”系列全球营销推广活动，国际影响力不断增强。动漫游戏企业出口产值居全国首位。举办 2023 世界旅游城市联合会香山旅游峰会、2023 世界旅游合作与发展大会、服贸会文旅专题旅游服务展等，旅游国际化程度显著增强，“入境旅游全球战略合作伙伴计划”深入实施，世界旅游城市联合会成为具有影响力的国际旅游组织，文化和旅游对提升中华文化软实力的支撑和带动作用持续增强。

① 指为中央党、政、军领导机关的工作服务，为国家的国际交往服务，为科技和教育发展服务，为改善人民群众生活服务。

二　全国文化中心建设面临的问题和挑战

（一）全国文化中心辐射带动能力有待增强

北京全国文化中心对京津冀乃至全国文化协同发展的辐射带动效应尚未充分发挥。除受三地在资源禀赋、发展基础、政策环境方面差异的影响外，《京津冀三地文化领域协同发展战略框架协议》等合作协议偏宏观，缺少具体的合作方向和方式，三地在文化园区和设施共建、文化人才流动、文化资源共享等方面尚未形成明确思路和成熟经验。以文化产业为例，京津冀三地举办的展览展示论坛活动多，兼具经济效益和社会效益的产业项目少。2021 年，天津、河北文化产业增加值仅为北京的 15%和 28%。从促进区域协调发展看，北京全国文化中心建设可复制可推广经验做法在全国范围内总结宣传较少，与长三角地区、粤港澳大湾区、成渝地区等的文化交流合作有待进一步加强。①

（二）文化产品和服务国际竞争力有待提高

文化领域相关改革试点政策效应尚未充分释放，对北京文化贸易引领带动作用不明显。北京拥有国家服务业扩大开放综合示范区、中国（北京）自由贸易试验区、国家对外文化贸易基地（北京）、国家文化出口基地、国家文化产业创新实验区、国家文化与金融合作示范区等多个文化领域改革试点，但由于缺乏可操作性实施细则和引导性措施，不少试点效果一般，文化产品和服务国际竞争力与大国首都地位还不匹配。2021 年，北京文化产品进出口总额 61.3 亿美元，仅为上海的 55.7%、香港的 3.2%②，占全国文化产品进出口总额

① 王波：《推进北京全国文化中心建设》，《北京观察》2023 年第 7 期，第 50 页。

② 资料来源：上海市统计局；《香港的文化及创意产业》，《香港统计月刊》2023 年 6 月。

比重仅为 3.9%，对外文化贸易在助力全国文化中心建设中的作用有待增强。

（三）文化市场主体创新发展能力有待强化

北京国有文化企业仍存在“散、弱、小”问题，战略新兴高端产业布局还不完善，存量文化资源还未得到全面有效利用。文化和科技融合效应尚未得到有效释放，如 2020 年北京规模以上高技术文化制造业企业 18 家，其中文化智能制造企业仅 2 家，营收仅有 2.8 亿元，而数字文化产业发展较为成熟的江苏省拥有文化智能制造企业 55 家，营收864.5 亿元[①]。调研中发现，文化科技人才（主要是技术开发类、产品经理类和复合类）短缺是北京文化产业高质量发展的主要短板，户籍、教育、医疗等人才配套政策落地效果有待增强，人才流动性较大。[②]

（四）文化发展平台和载体支撑能力有待提升

从市域层面看，作为统筹文化产业和文化事业发展的重要抓手，北京文化产业园区建设仍面临园区品牌化彰显不够、智慧化消费场景设置有待优化、园区建设标准化和规范化水平有待提高等问题。特别是当前文化产业园区建设发展已进入存量增效、扩容升级新阶段，文化产业园区与区域公共文化服务体系建设融合发展不足，园区基本公共服务和专业服务与公共文化服务、旅游公共服务融合发展仍需增强，具有公益属性和文化特色的公共空间建设较少，本地社区居民文化参与积极性还不高。另外，优质文化产业园区多集中在中心城区，园区区域发展不平衡，园区之间协同发展机制有待健全。

---

① 资料来源：北京市委宣传部。

② 王晓慧：《论新时代北京全国文化中心建设》，《中国名城》2022 年第 2 期，第 1~6 页。

三　高水平扎实推进全国文化中心建设

（一）打造全国文明典范城市

提升马克思主义理论研究和对外交流水平，依托首都知名高校，重点建设若干重点马克思主义学院，打造全国一流马克思主义教学、研究、思想阵地。深化和创新社会主义精神文明建设，推动新时代文明实践中心、党群服务中心、社区文化活动中心融合发展。建立市、区、街（乡）、社区（村）志愿服务体系，探索建立志愿者积分制激励制度，完善招募注册、学习培训、保险保障等制度，推动志愿服务制度化规范化。优化提升新型主流媒体格局，健全中央媒体服务对接机制，深化市属媒体改革，推动媒体融合发展。总结提炼推介北京加强全国文化中心建设重大举措、明显成效和成功经验，展示北京和新时代中国发展成就。

（二）建设国家现代公共文化服务体系示范区

打造引领全国艺术繁荣发展新格局，聚焦重大时间节点及党和国家中心任务搞好主题创作，持续推进文化精品工程，不断推出具有中国气派、首都水准、北京特色的文艺精品。擦亮北京文化演出地标名片，支持国有文艺院团与国家大剧院、长安街演艺区等地标性演出场所合作开展驻场演出，打造天桥演艺区、台湖演艺小镇等区域性演出中心，支持国际知名演艺集团和演艺经纪机构落户北京。探索建立具有中国特色权威公信的舞台艺术评论评价体系，发挥风向标作用，保持引领全国艺术创作格局。建设布局合理、展陈丰富、特色鲜明的世界一流博物馆名城，深化与国际博物馆组织交流合作，打造一批中国故事、国际表达的文物外展品牌。

（三）打造具有国际影响力的文化产业发展引领区

推动京津冀文化产业协同发展，北京城市副中心推动宋庄艺术小镇、张家湾设计小镇、台湖演艺小镇和北京环球度假区与河北省三河、大厂、香河三县市实现文化产业一体化发展。加强与雄安新区共建文化产业园区，打造国际文化交流基地。以建设全球数字经济标杆城市目标为导向，发展数字文化产业总部经济。深化国家级文化科技融合示范基地建设，完善文化科技创新体系，建设文化产业领域重点实验室、技术创新中心，推动数字前沿技术在文化产业领域转化应用。加强虚拟现实、交互娱乐等重点领域标准研制，积极参与文化产业国际标准制定和应用推广。发挥国家文化与金融合作示范区、国家文化产业创新实验区先行先试作用，创新文化金融产品和服务。

（四）拓展文化和旅游融合发展优势

高水平推动大运河、长城、西山永定河三条文化带和大运河、长城两个国家文化公园建设，用好世界文化遗产及历史文化旅游资源，建设一批富有京味文化和中华优秀传统文化底蕴的世界级旅游景区和度假区，精心打造一批国际精品文化旅游主题线路。提升京津冀文化和旅游一体化水平，建设世界级文化旅游圈。依托中国世界遗产旅游推广联盟，探索中国世界遗产资源文化旅游利用新模式。发挥世界旅游城市联合会作用，推进旅游领域国际规则、标准在京制定，形成更多“北京宣言”。优化国际化公共服务环境，发挥北京旅游作为对外展现大国首都文化自信的重要窗口作用。

（五）打造中国对外文化贸易新高地

加强与共建“一带一路”国家在文化资源数字化保护与开发、文化和旅游融合等领域开展深度合作。组建国家文化产品和服务出口联盟，加快建设“一站式”文化贸易服务平台，发挥国家文化出口重点企业和项目带动作用，扩大核心文化产品和服务出口。提升中国国际服务贸易交易会、中关村论坛等国家级、国际性展会交易平台在促进文化贸易中的作用。发挥中国（北京）自由贸易试验区、国家服务业扩大开放综合示范区先行先试作用，探索落实放宽文化领域限制性措施，落实允许外商投资文艺表演团体（需由中方控股）政策，允许符合条件的外资企业在宋庄艺术小镇开展面向全球的文化艺术品（非文物）展示、拍卖、交易业务，在艺术品领域探索开展优化审批流程改革试点。

北京早期历史文化遗迹保护与开发研究

张文彪*

摘　要： 北京有约3000年的建城史，历史悠久，城市文化源远流长。本文在系统梳理北京早期城市历史文化遗存及保护开发成果的基础上，通过实地走访和系统梳理，提出保护开发过程中存在的问题与不足，并给出了遗迹保护与开发的针对性对策建议，旨在提升北京早期历史文化的居民及游客感知，增强北京历史厚度，提升北京作为我国文化中心和历史文化名城的内涵。

关键词： 文化遗迹　文化形象　遗址公园

一　引言

北京建城于西周时期，距今已有约3000年的历史，是驰名中外的历史文化名城，各个历史时期均有丰富的历史文化遗迹。但是由于历史上城址的变迁、后期历史更加辉煌，以及文旅宣传等因素，元代以来成为全国性首都后的历史文化遗迹成为保护利用的重点，而早期历史则能见度较低，一定程度上造成了市民及游客对北京早期历史文化认知的缺

* 张文彪，博士，北京市社会科学院城市问题研究所助理研究员，主要研究方向为区域生态经济。

失，从而降低了北京历史的厚重感。

历史文化遗迹是历史文化在空间上的集中体现，它们反映了人类在历史发展进程中的社会、经济文化变迁。只有把它置于历史时空当中，才能生动系统地展现相关历史文化，表达遗址的整体价值。习近平总书记指出："要让文物说话，让历史说话，让文化说话。要加强文物保护和利用，加强历史研究和传承，使中华优秀传统文化不断发扬光大。"[①] 我国对文化遗址保护工作非常重视，早在21世纪初，就出台了《中国文物古迹保护准则》及其附则。国家文物局连续颁布了"十二五""十三五""十四五"时期大遗址保护专项规划，旨在"推动更高水平展示使用"，旨在推动大遗址的合理利用，提高其维护管理和利用程度，传承考古和历史信息，深度发掘文化的内涵和意义，以期实现更高的社会效益[②]。因此，本文通过系统整理北京早期历史文化遗迹，理清保护现状与存在的不足，结合城市发展做好相应的开发展示，有利于形成更为深厚完整的北京城市历史文化氛围，提升北京文化中心形象，增强人民群众的历史自豪感和爱国情怀。

二　北京早期历史文化遗迹概述

北京建城历史悠久，西周时期，燕国在今房山区琉璃河镇一带定都，在不晚于东周早期迁往今西城区南部，北京市区第一次成为诸侯国的都城。秦汉时期，北京先后成为广阳郡、燕国、幽州治所，长期成为王朝东北边境的中心城市。魏晋南北朝时期由于战乱频发，城市人口减少，并且可能是为躲避洪水，城址向西略移。隋唐时期由于国力的恢复

① 《习近平谈世界遗产》，人民网，2019年6月6日，http://politics.people.com.cn/n1/2019/0606/c1001-31123685.html。

② 卢嘉美：《大遗址利用导向下的金中都城墙遗址丽泽商务区段展示设计研究》，西安建筑科技大学硕士学位论文，2023，第10页。

和大运河的通航，作为幽州治所的中古北京城市规模显著扩大，空前繁荣。到辽金时期，城市规模在唐幽州城基础上继续扩大，先后成为王朝的陪都、首都。蒙古灭金后，由于原有城址为战争所破坏，元朝放弃了北京早期城址，选择以金中都东北郊外的琼华岛（在今北海公园）为中心营建新城，从此开启了北京作为大一统王朝首都的近古时代。

（一）北京上古时期历史文化遗迹

1. 中心城市遗址

北京最早的城市遗址是西周时期的燕国都城遗址，位于今天北京市房山区琉璃河镇董家林村，琉璃河遗址东西长 3.5 千米、南北宽 1.5 千米，面积 5.25 平方千米。城内发现有宫殿区、祭祀区、手工业作坊区和平民生活区。出土的青铜器大多铸有铭文，其中十余件带有“匽侯”铭文字样。遗址外围尚有墓葬区，出土了较为丰富的陶器、玉器、车马等重要文物①。

东周时期，燕国迁都于蓟，一般认为在今天北京城区西南。侯仁之认为蓟城在“约当今北京外城之广安门内外一带”②，韩光辉认为“北城墙大致位于西长安街一线，南城墙则在法源寺东西一线以北，东城墙则在前门大街一线，西城墙则在白云观东侧南北一线”③。新中国成立以来，在西城区南部白纸坊桥附近发现了密集的东周至汉代陶井遗址，显示当时这一带应该是人口密集的城市地，今天在广安桥附近立有蓟城纪念柱。

2. 其他遗址

除中心城市遗址外，在北京市域内还发现了窦店故城、广阳故城、

---

① 袁梦阳：《燕国都城迁徙、制度考》，《中国古都研究》（第三十六辑），2019，第 142~151 页。

② 侯仁之：《历史地理研究——侯仁之自选集》，首都师范大学出版社，2010，第 61 页。

③ 韩光辉：《蓟聚落起源与蓟城兴起》，《中国历史地理论丛》1998 年第 1 期，第 111 页。

军都故城、渔阳故城、安乐故城、路县故城等古城址。

窦店故城位于房山区窦店镇，存在年代为战国至汉朝，内城东西长1100米、南北宽860米，外郭东西长约1200米、南北宽约960米，该城址曾是汉良乡县城，但其规模大于普通县城，据宋《太平寰宇记》记载，该城址为战国时期燕中都遗址，可能是从燕上都蓟城到燕下都易的节点城市。目前土城保存尚比较完整。

广阳故城位于房山区城阳镇广阳城村，毗邻良乡大学城，城址呈方形，边长约为670米，为汉代广阳县城，目前正进行遗址公园建设。

军都故城位于昌平区马池口镇土城村，城为长方形，南北约750米，东西约500米，是汉代军都县的县城，也是太行八陉之首的军都陉的起点。目前该地正在拆迁，未来有条件建设遗址公园。

渔阳故城位于怀柔区北房镇梨园庄村附近，遗址东西长300~400米、南北宽200~300米，是燕国至西汉的渔阳郡治所在，历史地位重要，出土文物较多。现地面已无遗址，目前仅在梨园庄村南设有遗址标志。

安乐故城位于顺义区后沙峪乡古城村。遗址仅存在东西向土岗，宽约7米，为汉代安乐县城。

路县故城位于通州区潞城镇，遗址北墙基址长约606米、东墙基址长约589米、南墙基址长约575米、西墙基址长约555米，城墙保存较为完好，是汉代路县县城，现已开发为遗址公园。

此外，北京地区尚有大葆台汉墓、老山汉墓等重要墓葬遗址。

（二）北京中古时期历史文化遗迹

1. 中心城市遗址

魏晋南北朝时期，由于社会动荡，北京地区人口锐减。同时可能由于洪水，城市向西略有移动。1974年，在海淀区会城门村附近的“蓟丘”发现了魏晋时期夯土城墙基址，应为魏晋幽州城的城墙西北角。

到隋唐时期，随着大运河的通航，北京地区政治经济地位显著提升，幽州城进行了较大规模的扩建，成为东北亚地区首屈一指的中心城市。城墙周长达到32唐里（约合23公里），有主要用作政治军事功能的子城和围绕子城用于居民和商业活动的母城。根据相关记载及出土墓志铭推测，唐幽州城的城墙西北仍依托魏晋城墙，在今会城门村东侧，东至烂漫胡同到新文化街一线，南至白纸坊东西街至陶然亭一带。唐幽州城空前繁荣，街市寺庙甚多，今天北京南城的知名寺庙如法源寺、天宁寺、白云观等都始建于唐朝幽州城内①。

辽代获得幽云十六州后，以幽州为南京，北京第一次成为王朝都城。辽南京城基本沿用了唐朝城址，在唐幽州子城基础上兴建皇城，大体位于今天西二环南段两侧。宫殿主要分布于皇城东侧，建有元和殿、昭庆殿、嘉宁殿、弘政殿、紫宸殿等，西侧则为皇家园林区。

金国占领北京后继续作为陪都，直到1153年迁都北京，改名中都，这是北京成为王朝首都的开端。金中都经济文化全面兴盛，是北京中古城市发展的巅峰，在辽南京城基础上进行了大规模扩建，城垣西界在海淀区北蜂窝至丰台区凤凰嘴村一线，现凤凰嘴一带地面尚残存部分城墙遗址，地下尚有城门及附属防御设施基址；南界在凤凰嘴村到四路通村一线，现存辽金水关遗址；东城墙北城墙位于四路通到宣武门内翠花街一线，北城墙则位于会城门村东、白云观以北一线②，现辽金水关遗址已建成遗址博物馆，凤凰嘴西南城墙遗址正在建设金中都城遗址公园。金中都的皇城规模宏大，是在唐子城、辽南京皇城基础上扩建而成，今天在原址分布有金中都公园及北京建都870年纪念馆、大安殿及鱼藻池遗址。

---

① 北京市文物研究所编《北京考古四十年》，北京燕山出版社，1990，第52、142、160~162页。

② 北京市文物研究所编《北京考古四十年》，北京燕山出版社，1990，第52、142、160~162页。

2. 其他遗址

中古时期北京城内外分布有较多寺庙建筑遗址，如上文所述法源寺、天宁寺、白云观，以及城外的潭柘寺、云居寺、良乡塔、银山塔林等多处，寺庙建筑的兴盛，侧面反映了中古北京城市经济的繁荣。此外北京高梁河、萧太后河、法源寺等历史遗迹分别见证了高梁河之战、辽金水运、徽钦北迁等重大历史事件。北京尚有贾岛衣冠冢、史思明墓、唐幽州节度使刘济墓、金代皇陵等名人遗迹。

（三）北京早期无形文化遗产

1. 上古时期文化形象

根据历史记载，战国时期以北京为中心的燕国发生了燕昭王求贤、五国伐齐、荆轲刺秦等历史事件，形成了以招贤纳士和侠义为主题的“燕赵多慷慨悲歌之士”的文化形象。可以结合蓟城遗址、金台夕照遗址等进行综合宣传展示。

2. 中古时期文化形象

中古时期的幽州城始终是王朝东北边境的军事重镇，见证了五胡内迁、隋唐兴亡、宋辽金军事斗争等历史事件。幽州城是历代诗人关于“边塞”想象的核心意象，反映幽州军旅生涯的诗篇浩如烟海，陈子昂、卢照邻、李白、高适、贾岛等知名诗人先后活动于幽州，并留下了流传千古的名篇。此外，两宋出使辽金的历任使者，留下了较多关于辽金时期北京城市形象的记载。

三　北京早期历史文化保护存在的问题

北京成为全国性都城以来历史极其辉煌，相关物质文化遗产留存密集、影响深远，客观上对城市早期历史文化形成了“遮蔽”。作为历史名城，北京是在燕国蓟城、汉唐幽州城基础上延续发展而来，幽燕文化是城市历史的底色，3000 年的建城史是城市的根脉，燕昭求贤、荆轲刺秦、幽并游侠、边塞诗风的文化传统夯筑了城市文化的历史厚度。在城市文旅宣传中，往往侧重于建都史而忽略早期城市发展历史，对燕国争雄、唐太宗东征、安史之乱、宋辽金时期的战争与文化交流等发生于北京的重大历史事件缺乏叙述，对于司马懿、李世民、陈子昂、卢照邻、李白、高适、贾岛、安禄山、史思明、赵光义、赵佶、完颜亮等曾活动于此的历代名人也少有提及，从而造成一种城市历史渊源的缺失感。因此，2024 年初笔者实地走访了北京地区的重要早期历史文化遗迹，发现了若干在保护、开发、展示、宣传尚存在的问题。包括以下几个方面。

（一）燕国蓟城历史文化宣传展示力度弱

虽然燕国最早定都于琉璃河一带，但是见于记载、有较大影响的燕国历史活动，多数是在定都蓟城的时候进行的，因此蓟城在燕国历史上有着不可替代的地位。由于中心城区考古工作尚不充分，蓟城城市边界尚不完全确定，但是几十年来在西城区南部已经发现了丰富的文物遗存。然而在展示方面，仅在广安桥外立有“蓟城纪念柱”及文字说明，无从展开阐述该阶段城市历史，亦未提及相关考古成果。

（二）魏晋至唐幽州城历史文化受到忽略

唐幽州城在北京历史发展中有着承前启后的历史地位，辽金城垣均发展自唐幽州城，重要古建筑如法源寺、天宁寺、白云观等往往始建于隋唐时期，辽金皇城也是在唐子城基础上扩建，然而无论是在金中都公园还是在辽金城垣遗址博物馆，均没有关于唐幽州城的说明，会城门村是魏晋至唐的幽州西北城垣遗址所在地，现地面亦未见任何标记。

（三）辽金皇城遗址开发展示不足

辽金皇城位于今西二环南路两侧，是北京早期历史高峰的体现，现有金中都公园、大安殿与鱼藻池遗址。金中都公园内有北京建都 870 周年纪念馆，但是仅叙述了有金一代的历史，对城市历史演变叙述的展览缺乏，大安殿与鱼藻池则无任何地面标记与宣传展示。

（四）周边古城址保护力度参差不齐

中心城区周边重要古城址的保护与开发程度差别明显。路县故城遗址公园已经建成，广阳城遗址公园正在建设，其余如军都故城、渔阳故城、窦店故城等有着较高历史文化价值的故城址则尚未开发，也缺乏对其历史文化价值的文字描述，部分城址有建筑或生活垃圾堆放情况。

四　北京早期历史文化遗迹保护开发对策建议

在加强保护基础上，增建北京燕国、唐辽金历史主题的博物馆，系统展示北京上古、中古时期城市发展历史。加强古城址、重大历史事件及名人遗迹保护，丰富古城历史文化内涵。加强宣传阐释，增强公众对于北京早期历史文化的感知度，提升北京城市历史文化厚度。

（一）北京上古历史文化遗迹保护开发建议

建立西城区燕国历史文化陈列馆。在蓟城纪念柱基础上，在广安门桥一带建立陈列馆，系统展示燕国迁都蓟城后的历史文化，以及近几十年西城区南部战国陶井、墓葬、陶瓷文物等考古成果。待未来发现更多城址考古成果后，升级为蓟城博物馆。加强周边古城址保护开发。实施路县古城遗址公园二期工程，推进广阳城遗址公园建设。结合怀柔科学城建设古渔阳城遗址公园，系统展示古渔阳城历史文化，以及历代关于幽州与长城意象的边塞诗歌作品，使之成为长城文化带的重要节点。结合昌平区村落拆迁建设，建设军都故城遗址公园，展示军都故城及太行军都陉历史文化内涵。保护窦店故城、安乐故城等古城遗址。加强金台夕照遗址保护及开发。金台夕照为清代“燕京八景”之一，位于东三环中央商务区，现存乾隆题诗碑。历史上燕昭王所筑黄金台具体位置已不可考，但是金台夕照已经成为历代文人凭吊燕国历史、抒发尊贤重士之情的精神寄托。清乾隆皇帝题诗“要在好贤传以久，何妨托古存其中”正是此意。因此建议以乾隆帝金台夕照题诗碑为中心，在紧邻的金台夕照地铁站及东三环等附近街道设立路灯形式的历代黄金台题材诗歌展示平台，体现北京悠久的城市历史和尊贤求贤的文化传统。

（二）北京中古历史文化遗迹保护开发建议

建立北京辽金历史博物馆。在金中都公园北京建都870周年纪念馆基础上，补充唐代、辽代北京城市历史及相应考古成果展示，打通城市历史发展脉络，系统展示中古时期北京城市发展历程。保护北京中古城垣遗址。在大安殿、鱼藻池遗址等辽金皇城遗址设立地面标志及说明文字，加强相关地下遗址保护。保护会城门村“蓟丘”魏晋—唐城垣遗址，建立地面标志及相应说明文字。结合丽泽商务区建设，加快推进金中都城遗址公园建设，切实保护金代城垣遗址。加强重点历史事件与人物遗迹保护与展示。加强高粱河、萧太后河遗址保护，增加高粱河之战、辽金城市水运等相关历史事件说明。加强贾岛衣冠冢保护，在史思明墓原址设立标志文字。

（三）北京早期历史文化开发宣传建议

拍摄北京早期城市系列纪录片，充分展示燕国蓟城、汉唐幽州城的历史面貌及文化内涵，梳理城市重大历史事件，讲述活动于北京地区的历史名人事迹与功过，立体呈现北京悠久的城市历史和深厚的文化积淀。利用新媒体矩阵，加强历史文化宣传，集中力量推介重点博物馆与重要遗址公园，讲解相关历史事件与人物，通过文旅宣传，增强北京早期历史文化的能见度，提升北京历史厚重感。

基于空间思维的国土空间规划支撑“双碳”目标路径研究

崔丽娜　黄智君*

摘　要： 本文紧扣党和国家提出有关“碳达峰碳中和”战略，重点研究国土空间规划背景下基于空间思维如何支撑促进绿色低碳发展，在区域、城市、街区等不同尺度构建国土空间规划和绿色低碳发展之间的研究框架，逐步实现“双碳”目标。以期在绿色低碳发展贯穿落实在不同尺度的国土空间规划方面作有益探索。

关键词： 空间思维　国土空间规划　“双碳”

建设生态文明是中华民族永续发展的千年大计。随着全球气候问题的加剧，推动碳排放减排计划应对气候变化带来的挑战，持续推进生态文明建设，已经是主流科学界的共识。2020 年 9 月，在第七十五届联合国大会上中国政府郑重承诺，二氧化碳排放力争于 2030 年前达到峰值，努力争取 2060 年前实现碳中和。2021 年 3 月，习近平总书记在中

* 崔丽娜，自然资源部国土空间规划研究中心副研究员，国家注册城市规划师，主要研究方向为国土空间规划相关政策标准；黄智君，博士，深圳市城市规划设计研究院股份有限公司高级工程师。

央财经委会议上指出，要把碳达峰碳中和纳入生态文明建设整体格局[①]。同时，2021 年 9 月 22 日《中共中央 国务院关于完整准确全面贯彻新发展理念做好碳达峰碳中和工作的意见》中提出要强化绿色低碳发展规划引领，优化绿色低碳发展区域布局，加快形成绿色生产生活方式。2021 年 10 月 24 日《国务院关于印发 2030 年前碳达峰行动方案的通知》（国发〔2021〕23 号）指出将碳达峰贯穿于经济社会发展全过程和各方面，在城市更新和乡村振兴、交通运输等方面落实绿色低碳要求，提出在国土空间规划编制和实施中构建有利于碳达峰碳中和的国土空间开发保护格局。

国土空间是人类赖以生存、生活的根本，也是碳排和碳汇的主要场所，国土空间规划是落实国土空间全域全要素管控的中长期统筹安排。目前，我国国土空间规划体系也形成了国家、省、市、县、乡镇的“五级”目标传导机制，将国土空间规划、国土空间治理和“双碳”目标统筹考虑，形成基于空间思维的国土空间规划支撑“双碳”目标路径研究，解决“双碳”中的空间性问题，围绕不同尺度为“双碳”目标的实现提供空间支撑[②]。

一　研究依据和必要性

（一）生态城市是城市可持续发展的唯一路径

城市是国家碳排放的主要贡献者和主场所，城市碳排放占中国的

① 《习近平出席领导人气候峰会并发表重要讲话》，http：//www.gov.cn/xinwen/2021-04/22/content_ 5601535.htm。

② 崔金丽、朱德宝：《“双碳”目标下的国土空间规划施策：逻辑关系与实现路径》，《规划师》2022 年第 1 期，第 5~11 页。

70%以上，承载着中国60%的常住人口①。其中能源、工业、交通、建筑等是中国碳排放的主要领域。未来20年，城镇化率还会有所提高，城市是中国实现碳中和目标的主战场。因此，生态城市的建设是城市可持续发展的唯一路径。

（二）以低碳为目标已成为生态城市建设共识

碳约束已经成为生态城市建设的重要考核指标和实现目标。落实国土空间规划的城市对能源结构、产业结构、基础设施、用地布局、交通出行的调整完善，都将成为以减碳为目标的生态城市的解决策略。以低碳为实现目标已经成为生态城市建设的共识。

（三）国土空间规划是落实生态城市建设、实现绿色低碳发展的重要载体

在生态文明的背景下，满足人民对于美好生活的需求，需要高品质的国土空间。新时代的国土空间规划以充分体现新发展理念，注重创新和共享，实现高质量发展和高品质生活，注重生态优先、实现绿色发展，注重开放和协同、实现协调发展为导向。因此，实现绿色低碳发展、强化国土空间规划，是保质保量完成国家碳达峰碳中和目标的重要支撑②。

（四）国土空间规划是实现绿色低碳发展的重要措施和手段

国土空间规划是以推动生态文明建设、实现“多规合一”为重要目标的一次规划体制机制变革，本质是将空间要素等进行科学配

---

① 《王克：碳中和下的低碳城市之路》，《中国改革》2021年第1期，第26~29页。

② 胡利哲、张杨、宋家宁：《国土空间规划体系构建“后半程”中的“三线”划定问题》，《中国土地》2021年第12期，第21~23页。

置，优化城乡用地结构，盘活存量低效用地，鼓励土地混合开发和空间复合利用，引导城市有机更新，促进城乡和区域走内涵式、集约型、绿色化的高质量发展道路，是实现绿色低碳发展的重要措施和手段。

（五）在“多规合一”的背景下，将绿色低碳理念融入国土空间规划体系是行之有效的方法

目前，我国处在资源环境紧约束、总人口规模下降及结构变化的新周期，规模驱动的老发展路子不能再走，如何更好发挥规划引领作用，将绿色低碳发展的理念全面融入“五级三类”的国土空间规划体系，走可持续发展的新路，是现阶段亟须重点解决的问题①。同时，面对当前国土空间规划新阶段面临的静态化、碎片化的新问题，要发挥规划学科的优势，聚焦空间，强化规划对达成“双碳”目标的支撑作用。

二　主体功能区规划、土地利用规划、城乡规划碳约束研究

传统的多规在低碳城市规划中贡献了丰富的研究、规划技术和方法，但是不同规划的主管部门、规划手段、标准等存在差异导致不同空间规划之间难以协同，并且存在一定的矛盾。“多规合一”提出之后，从一定层面上解决了不同空间规划之间存在的壁垒，但是在规划的协同上的阻碍依然存在，难以形成完整的体系，为了进一步优化空间规划，推进规划之间的协同和衔接，推动空间规划更好地指导城市建设、管

① 陈川、徐宁、王朝宇等：《市县国土空间总体规划与详细规划分层传导体系研究》，《规划师》2021年第15期，第75~81页。

理，需要具有“要素”“区域”“权域”等三重属性的国土空间规划形成空间治理的逻辑基础①。

（一）主体功能区规划

主体功能区规划主要涉及国家和省级宏观层面，明确不同区域的开发政策和模式，明确各个区域的开发方向、控制开发强度、规范开发秩序、完善开发政策，形成可持续的国土空间开发格局，推动国土空间开发格局可持续发展，但是在主体功能区规划宏观的规划属性导致“双碳”目标难以在空间中落实。

（二）土地利用规划

土地利用规划在全国、省、市、县、村庄各个层级依据土地自然特点、经济条件和国民经济社会发展用地需求等对国土开发利用进行了管制，强化了土地利用的管控措施，同时也提出了土地利用低碳化的相关研究，但是在土地利用规划中，缺少规划实施管理过程中土地利用效率和碳排放的监测，忽略了土地利用变化对碳排放的影响，导致“双碳”目标在空间中的落实受到影响。

（三）城乡规划

城乡规划重点关注空间构成要素的合理安排，通过空间要素的组织和安排推动空间结构优化，减少空间碳排放，提出了不同空间组织形态的低碳规划方法和建设指导，但是在城乡规划中缺少导向性和科学性的低碳指标系统，低碳城市缺乏量化支撑，同时规划与实施管理之间存在差距，导致“双碳”目标无法落实（见表 1）。

---

① 张赫、王睿、于丁一等：《基于差异化控碳思路的县级国土空间低碳规划方法探索》，《城市规划学刊》2021 年第 5 期，第 58~65 页。

表1　多规在“双碳”发展方面的功能和不足

规划名称	低碳发展研究	原有规划落实低碳不足	国土空间的集成与延展
主体功能区规划	①财政政策:生态环境补偿 ②投资政策:生态建设和环境保护投资 ③土地政策:严禁改变生态用地用途 ④环境保护政策:分类管理环境保护 ⑤绩效评价和政绩考核	①缺乏低碳相关的内容 ②缺少对碳排放相关的评价和评估 ③范围相对宏观,低碳理念难以落实	①明确主体功能,落实“双碳”目标与要求 ②明确主体功能区与碳排放的关系 ③将“双碳”目标作为主体功能区划分的依据之一
土地利用规划	①土地利用碳核算 ②低碳土地利用方式 ③土地节约利用 ④空间碳平衡与碳补偿 ⑤建设用低碳排放差异及效率 ⑥土地利用结构碳排放 ⑦三生空间碳代谢	①土地利用动态变化的过程中忽略了土地利用变化对碳排放的影响 ②缺乏碳排放监测系统 ③缺少对土地利用效率的约束性内容 ④缺乏土地混合利用标准,空间碳平衡与碳补偿难以落实	①将基于耕地特殊保护的土地用途管制和建设集成到国土空间用途管制中 ②用地空间管制的思路进一步延展到国土空间用途管制领域 ③构建碳排放监测系统,推动土地利用规划动态变化监测与碳排放监测协同 ④定期对批复土地的利用效率进行评估,提升土地利用效率,控制土地利用碳排放 ⑤完善土地混合利用,构建弹性土地开发模式,落实空间碳平衡与碳补偿
城乡规划	①低碳空间规划策略 ②空间形态结构与碳排放 ③低碳导向的空间结构优化 ④低碳城市总体规划量化 ⑤建成环境对碳排放的影响 ⑥低碳空间结构 ⑦城市功能结构布局对碳排放影响 ⑧低碳城市、低碳城区、生态住区、低碳工业园区、低碳建筑 ⑨生态低碳城市建设导则	①注重空间安排与组织,缺乏碳排放控制相关措施 ②城市规划实施存在偏差,导致规划与实际存在差距,无法落实相关理念 ③缺乏相关导向性和科学性的低碳指标体系,在规划中缺乏量的支撑 ④缺乏定量的评估平台对城市碳排放进行监测反馈 ⑤缺乏碳平衡机制,推动“地块—单元—地类—建成区”的整体低碳目标 ⑥与土地利用规划的用地分类不一致,衔接不畅	①将“双碳”目标与不同尺度(地块—单元—地类)结合,从而实现整体的“双碳”目标 ②统一土地利用分类标准,强化土地利用规划与城市规划之间的衔接,提升土地的高效利用 ③将“双碳”目标融入城市规划指标体系中,优化不同尺度的碳核算模型,推动“双碳”目标落地 ④强化“双碳”目标在城市规划、实施、管理等各个层面的传导,推动“双碳”目标在各个层面的落实 ⑤将低碳城市建设导则等进一步拓展形成相关指标融入国土空间规划指标体系中 ⑥将城市设计与国土空间规划进一步衔接,强化国土空间规划“双碳”目标在城市设计中落实

资料来源：作者自制。

（四）国土空间规划

空间规划体系既是国家治理体系的重要组成部分，也是国家实现治理体系与治理能力现代化的重要手段。从推进国家治理体系和治理能力现代化建设的角度看，国土空间具有“要素”“区域”“权域”（行政指向）三重属性，资源要素、地域空间与权域空间构成了开展国土空间统一治理的逻辑基础[①]。

三　不同尺度下国土空间绿色低碳发展方向

新时期的国土空间规划应对国土空间全域全要素进行整体考虑，充分融合生态、农业、城镇、海洋等各类空间和要素，并做出系统性的规划安排。聚焦空间思维，国土空间规划支撑“双碳”研究应在区域空间层面、城市空间层面、街区层面等不同尺度下，建立国土空间规划响应“双碳”体系。

（一）区域空间层面

1. 构建多中心网络化集约型的区域空间开发保护格局

规划引导城市组团发展，一方面形成多中心、多层级、多节点的城市群结构，推进区域重大基础设施和产业、公共服务设施共建共享，形成城乡融合发展的区域空间格局，防止城市“摊大饼”。另一方面，区域中的部分城市也要优化用地布局和功能结构，打造综合低碳的交通廊道、全覆盖的生态廊道，构建区域空间开发保护格局，支撑国土低碳发展的基础骨架，探索绿色低碳发展之路。

---

① 陈美球、严格：《构建低碳型国土空间格局的思考》，《中国土地》2021 年第 11 期，第 9~11 页。

2. 建立健康稳定高效的自然保护地体系

在国土空间规划中统筹划定生态保护红线，优化调整自然保护地，加强对生物多样性保护优先区域的保护监管，构建相对稳定的生物多样性保护空间格局，与城镇空间协调布局，形成有序增长、绿色低碳的区域空间。一是自然保护地体系方面，摸清现状，强化保护和生态修复，增加生态资源的碳汇能力，以专项规划构建起自然保护地体系[①]。二是碳增汇方面，通过生态修复等手段，加强生态保护、生态治理，构建城市群或者都市圈的生态廊道规划、生态空间格局发展以及生物多样性框架，形成健康稳定高效的自然保护地体系。

3. 保障农业生产空间

以资源环境承载能力和国土空间开发适宜性评价为基础，科学有序统筹布局生态、农业、城镇等功能空间，在区域协调的基础上，实行严格管控。永久基本农田要保障适度合理的规模和稳定性，确保数量不减少、质量不降低。科学布局城市周边的农业空间，加强农业生产空间和城镇空间的融合，形成保障粮食生产空间的天然屏障，防止城市无序蔓延。

4. 加强水资源刚性约束

坚持以水定城、以水定地、以水定人、以水定产，坚定走绿色可持续的高质量发展之路，建立水资源刚性约束制度，建设与资源环境承载能力相匹配、重大风险防控相结合的空间布局。以自然资源承载能力和生态环境容量为基础，合理布局城市规模和用地结构，提高区域空间利用效率。

（二）城市空间层面

1. 集约的城市空间结构

围绕贯彻新发展理念、实现高质量发展的目标，城市空间层面是国

---

① 邓明君、罗文兵、尹立娟：《国外碳中和理论研究与实践发展述评》，《资源科学》2013年第5期，第1084~1094页。

土空间实现绿色低碳发展的最重要的层级。构建与资源环境承载能力、城市功能能级相适应的空间结构，科学确定各类用地比例，从根本上提升资源能源利用效率和城市集约节约、绿色低碳发展水平。提高中心城市综合承载能力，推动城市多中心、组团式、多核心模式发展，构建城市功能区和产城融合、职住平衡、生态宜居、交通便利的郊区卫星城融合发展的模式。持续推进以县城为载体的城镇化建设，培育特色功能、发展特色产业，引导县域走绿色低碳建设之路。

2. 复合利用的空间、城市更新

加强城市功能和土地利用的一体化考虑，完善地下空间多元复合利用，在城市部分区域构建城市综合体，使城市部分功能相互融合，提高城市集约化程度，有效改变单一的土地利用方式。在空间规划中，明确有机更新的重点区域和更新单元，优化空间布局①。特别是在城市已建区域，通过城市低效用地再开发，实施再开发、整治改善和有效保护，推进城市更新，减少城市发展对新增建设用地的需求。一方面空间的复合利用可以实现国土空间利用的降碳、提质增效。在以往的国土空间规划中，可能存在低效的用地模式导致城市“摊大饼”、盲目扩张的现象，导致原本可能是碳汇空间向碳排放转变。因此需要复合利用空间有效解决这一问题，如平面上的 TOD 开发利用、工业上楼以便节约用地，立体的生态空间营造等手段。另一方面，运用城市更新，在存量时代加强低碳引导，增加空间的复合利用、品质提升，降低城市的碳排，增加碳汇。

3. 健康的安全韧性城市

强化城市运行的功能韧性、过程韧性和系统韧性，建立以防为主、防抗救相结合的综合防灾减灾体制机制，增强城市自然灾害综合防治能力。强化城市运行风险综合防控，从保障城市生命体、有机体健康的角

① 王灿、张雅欣：《碳中和愿景的实现路径与政策体系》，《中国环境管理》2020 年第 6 期，第 58~64 页。

度，探索风险综合防控的制度，完善城市运行安全的全生命周期管理。围绕安全生产、消防安全、防灾减灾等领域，加强监测预警、评估论证，切实增强城市安全韧性。

4. 完善高效的综合交通体系

通过推动产城融合布局等策略，加强职住平衡，着眼提升土地资源利用效率、城市综合交通体系内涵和绿色发展。突出轨道交通对城市发展格局的引领作用，实施集约高效的综合开发，加强交通功能和城市功能的融合发展。大力发展以铁路、水路为骨干的多式联运，推进工矿企业、港口、物流园区等铁路专用线建设。打造高效衔接、快捷舒适的公共交通服务体系，积极引导公众选择绿色低碳交通方式。加快绿色交通基础设施建设，完善城市慢行交通网络，将绿色低碳理念贯穿于规划、建设、运营和维护全过程。

（三）街区层面

按照绿色低碳发展的要求，考虑街区空间尺度，着眼于开发强度、建筑密度，规划好高度、强度分区，进一步完善低碳交通。通过打造低碳产业，构建街区 15 分钟生活圈，提升社区公共服务设施品质，满足生活圈功能需求的就近可达，建立“小街区规制”导向的道路路网模式，形成良好的街区层面低碳出行环境，将绿色低碳发展理念在国土空间规划中贯彻落实。

（四）有效的实施监督

要建立国土空间规划的“一张图”实施监督信息系统，将绿色低碳理念严格落实在国土空间规划、编制、审批修改和实施监督全周期管理，特别是严格生态保护红线、永久基本农田、城镇开发边界管控。建立落实绿色低碳发展的约束性指标和刚性管控要求，切实做好国土空间规划的实施监督。

四　结论与展望

国土空间规划是国家空间发展的指南、可持续发展的空间蓝图，是各类开发建设活动的基本依据。在生态文明的背景下，新时代的国土空间规划充分体现新发展理念，注重创新和共享，实现高质量发展和高品质生活；注重生态优先，实现绿色发展；注重开放和协同，实现协调发展①。本文以全面构建绿色的国土规划框架为目标，开展区域、城市、街区等不同尺度国土空间规划的策略研究，是深入贯彻落实党中央、国务院有关绿色低碳发展的重要决策部署有益尝试，也是强化国土空间规划和用途管制，加快形成节约资源和保护环境的空间格局，促进城乡和区域集约型、绿色化发展，将绿色低碳发展作为国土空间规划的基本导向的有效探索。

① 《中共中央 国务院关于完整准确全面贯彻新发展理念做好碳达峰碳中和工作的意见》。

“双碳”背景下北京市绿色发展动力研究

——基于扎根理论的分析

胡　睿*

摘　要：“双碳”目标是我国作为负责任的大国向全世界做出的庄严承诺。北京在“双碳”领域已经取得了一定的成果。本文以扎根理论为方法论，探讨了北京在低碳可持续发展领域的动力机制，总结了“政策”“赛事”“需求”“技术”四大内驱因素，并对其在北京绿色发展中发挥的作用进行了分析。基于此，研究提出了进一步强化这四方面驱动力的对策建议，希望能为北京未来的绿色发展提供支撑，也能为其他大城市提供借鉴。

关键词：“双碳”　北京市　绿色发展

一　研究背景

“双碳”目标即“3060”目标，是我国在 2020 年 9 月联合国气候大会上做出的庄严承诺，是我们作为有担当的大国的责任使命，也是构建环境领域人类命运共同体的重要路径，更是“十四五”时期经济社

* 胡睿，博士，首都经济贸易大学城市经济与公共管理学院博士后，讲师。

会发展的主要目标之一。为了实现这一目标，城市低碳发展的重要性逐渐凸显。2021 年底，中国的城镇化率已经达到了 64.72%[①]。城市已经成为“双碳”落实的主要战场。

北京作为首都城市，也是人口超过 2000 万的超大城市，一直以来都在积极践行低碳发展的理念。作为国家低碳试点，北京早在 2016 年，就提出了 2020 年二氧化碳排放达到峰值的目标，达峰时间比国家目标早 10 年。北京 2021 年万元 GDP 二氧化碳排放量、万元 GDP 能耗较十年前分别累计下降 48%和 38%，碳效、能效水平始终保持全国省级地区最优水平。

鉴于北京在“双碳”方面取得的成效，本文针对近年来北京的节能减排案例，利用定性分析中的经典方法扎根分析，挖掘北京实现绿色发展的内驱动力，为北京未来绿色发展的进一步深入提供智力支持，也为国内其他城市提供参考借鉴。

二 北京市绿色发展内驱动力研究

（一）研究设计

扎根理论（Grounded Theory）是格拉瑟与施特劳斯在《扎根理论的发现》中提出的。扎根理论架起了经验研究与理论研究之间的桥梁[②]。扎根理论的分析过程一般包括针对各类文本资料的开放性编码、主轴编码和范畴提取编码等几个步骤。在国内，扎根理论普遍被用于因

① 国家统计局：《中华人民共和国 2021 年国民经济和社会发展统计公报》，http：//www.stats.gov.cn/xxgk/sjfb/zxfb2020/202202/t20220228_ 1827971.html。

② Glaser B G，Strauss A，Strntzel E，“The Discovery of Grounded Theory：Strategies for Qualitative Research”，*Nursing Research* 17（1968）：364.

素识别、解读过程、情况复杂和新生事物探索这四类问题[①]。本文的研究属于因素识别领域。

在扎根分析资料选取上，主要选择具体做法类资料。因此主要的数据来源为案例和新闻报道。时间限定为“双碳”目标提出之后，即2020年9月至2022年12月。为保证数据的权威性和全面性，主要的数据来源为以下几方面：一是首都之窗网站的各类新闻报道，约375篇；二是各类官媒，例如新华网、新京报、北京日报、发展北京、新浪财经、人民网北京频道等，约1280篇；三是期刊发布的针对北京市绿色发展的研究，约为143篇。由于新闻是通过爬虫软件利用关键词抓取的，存在同一篇文章多次转载的问题，因此后期又对题目相同的新闻进行了过滤。最终得到685篇文字资料，共计约200万字。

（二）描述统计

针对收集到的文本资料，本文对词频、语义、情绪倾向等进行了初步的分析。

根据文本的主题抽取，共提取到34个热门主题，其中前18位如图1所示。其中，最受关注的是生态文明建设方面的主题。其次是“双碳”政策提出以来，热度不断攀升的“碳中和”。第三热门词汇则是伴随着数据要素的作用不断发挥，影响城市绿色发展带来的“数字经济”。此外，京津冀的协同发展、科技创新带来的环境变化、北京城市环境的时空演变等都是近年来备受关注的热点。

对收集到的文本进行情绪分析显示，情绪分布呈现倒U形，即鼓励的情绪和控制的情绪较多，中立的情绪较少。在所有情绪类型中，鼓励类情绪分布占到了绝对优势。这一分布说明无论是学术研究还是

① 贾哲敏：《扎根理论在公共管理研究中的应用：方法与实践》，《中国行政管理》2015年第3期。

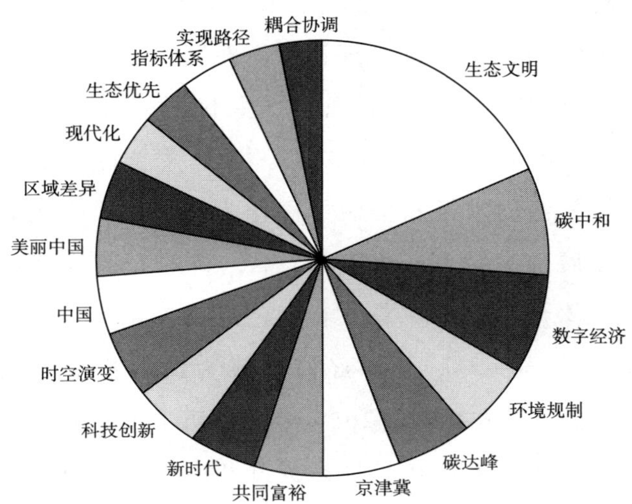

图 1　北京绿色发展相关研究主题分布

新闻报道，对北京市的绿色发展都持肯定和认可的态度。而控制类的负面情绪词主要集中在排放治理领域。正是这些严格的环境治理措施，才为北京市的城市环境换来了积极的口碑和市民正面的肯定（见图 2）。

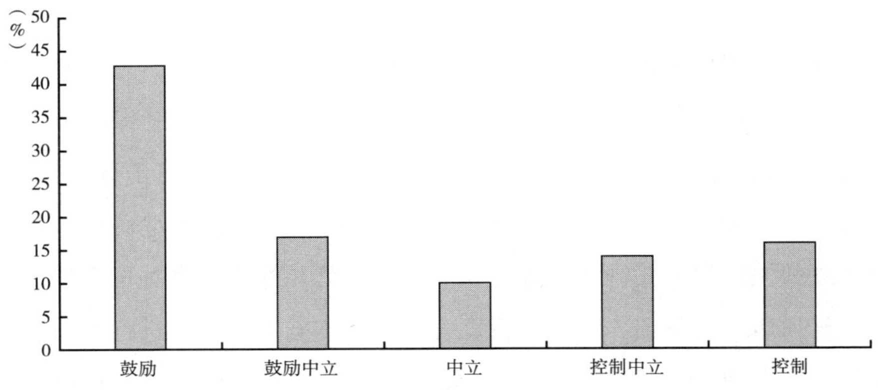

图 2　北京绿色发展相关文本情绪分布

文本资料显示，2020 年是近年来北京绿色发展受到爆发式关注的一年。大量的新闻报道、科学研究在这一年出现。这一年关注的热点主要是生态文明、环境规制、乡村振兴和共享发展。2021 年，“双碳”是这一领域关注的热点。另外关于区域的协调发展也成为热点之一，共同富裕和美丽中国作为环境建设的大背景，也成为首都绿色发展的高频词。到 2022 年，新的研究高峰出现。尤其是冬奥会后，体育管理这一看似和绿色发展关系不大的关键词成了 2022 年的焦点。同一年，数字经济也成为助力首都绿色发展的核心之一。在最近的 2023 年和 2024 年，经历了前期的集中实践和探索后，更多的关注点被放在了理论提升和内涵挖掘方面，例如理论逻辑、演进历程、民本思想等，都在近两年引起了学届和新闻界的思考。

（三）范畴提炼与模式构建

在基础的描述统计后，北京的绿色发展脉络已经初步明朗。本部分利用扎根分析的方法对其发展内驱动力进行挖掘。

1. 开放式编码

开放式编码是将原有的具有一定体例格式的文字资料分解，并重新赋予概念内涵进行整合的过程。扎根分析用到的工具主要是 Nvivo 分析平台。本文将收集到的资料进行了分类，其中的 600 篇用于分析素材，85 篇用于验证。利用软件的节点和树节点功能进行自由编码后，再根据生成的关键词、关键语句等进行人工的提炼。在进行合并同义项、剔除重复项后，共得到 126 个初始概念；在此基础上进一步进行概念抽取和提炼，得到 35 个初始范畴。部分原始资料—初始概念化—初始范畴的提炼示意见表 1。

表 1　部分原始资料的初始概念化和初始范畴提炼过程

原始资料	初始概念化	初始范畴
关于奥运会，国际奥委会可持续发展战略提出以下四点要求：奥运会组委会和主办城市尽量减少奥运会的碳排放；组委会补偿其"直接"/"自有"排放；奥组委和主办城市在主办国为奥运会并通过奥运会推广低碳解决方案；候选城市、奥组委和主办城市在选择奥运会举办地点时应考虑气候变化的潜在后果	明确的低碳要求	赛事主办方要求
（2022 北京冬奥）是（全球范围内）践行奥林匹克 2020 议程的第一届奥运会，我们是人类历史上第一次把可持续性融入申办、筹办到举办奥运的全过程	赛事全周期可持续理念	赛事中开创性成果
圆满兑现北京冬奥会实现碳中和的承诺，北京冬奥会成为迄今为止第一个"碳中和"的冬奥会……	赛事实现碳中和	
……取代普通的机械轴承，制冷系统运行时无油、无摩擦、能效更高、噪声更低，在保证功效的同时最大程度实现节能减排	赛事创新性减排技术	赛事中技术创新
北京冬奥开创性利用二氧化碳大面积制冰技术，不仅实现了20%～30%的能源节约，"最快的冰"还助力奥运健儿们屡创新纪录，也为未来各种大型冰雪赛事活动应对气候变化降低碳排放提供了样本	赛事创新性节能技术	
……到 2035 年，北京将在 554.8 公里的河道长度内建设 1109.6 公里的城市滨水慢行系统……	滨水慢行系统	城市慢行系统建设
根据北京"绿色出行宣传月"首场"自行车回归城市"主题活动中公布的数据，北京中心城区慢行交通出行比例已达 47.8%，创近 10 年来新高，市民慢行出行意愿持续提升……	慢行出行意愿	
为每个市民建立了个人碳账本，让市民绿色低碳行为及时"兑现"奖励，让绿色生活的好处"看得见，摸得着"	低碳正向激励活动	市民的满足感

2. 主轴编码

所谓主轴编码是指发现并建立概念之间的各种关系，通过对开放式编码获得的初始范畴进行凝练和分类，来持续挖掘各范畴之间的潜在逻辑关系，从而提取主导其他范畴的主范畴①。在前文 35 个初始范畴的基础上，进一步进行归纳提取，总结了 11 个副范畴。这 11 个副范畴向

① Pandit N R, "The Creation of Theory: A Recent Application of the Grounded Theory Method", *The Qualitative Repor* 2 (1996).

上汇总，形成了政策驱动、事件驱动、需求驱动和技术驱动四大主范畴（见表 2）。

表 2　主轴编码结果

主范畴	副范畴	初始范畴
政策驱动	总体实施方案类政策	《北京市碳达峰实施方案》,《北京市进一步强化节能实施方案(2023 年版)》,“碳中和行动纲要”
	行业专业领域政策	制造业《北京市“十四五”时期制造业绿色低碳发展行动方案》,建筑行业《北京市发展绿色建筑推动生态城市建设实施方案》,楼宇行业《绿色低碳行动倡议》,金融行业《“两区”建设绿色金融改革开放发展行动方案》,能源行业《北京市“十四五”时期能源发展规划》,交通行业《北京市“十四五”时期交通发展建设规划》
	区域政策	城市副中心绿色发展,经开区绿色发展《北京经济技术开发区 2021 年度绿色发展资金支持政策(征求意见稿)》
事件驱动	被动提升	赛事主办方要求,赛事固定标准
	主动提升	赛事中开创性成果,赛事中技术创新,赛事中理念创新
需求驱动	市民的出行需求	城市慢行系统建设,出行最后一公里,公共交通密度提升,新能源汽车出行,停车场错峰使用
	市民的休闲需求	森林覆盖率提升,生态公园建设
	市民的环境需求	实施垃圾分类,城市社区微更新,能源结构调整
	市民的精神需求	市民的满足感,市民的归属感
技术驱动	信息化技术	智慧民生,智慧政务,智慧产业,城市大脑
	节能减排技术	生产工艺和设备节能技术改造,新工艺开发,绿色应用场景

3. 饱和度验证

利用未参与编码分析的 85 篇资料进行解码、编码、范畴化，结果显示并未出现新的范畴，目前的主范畴分析已经较为全面。

（四）内驱动力分析

本文研究的核心概念是“北京绿色发展的内驱动力”，经过扎根分析的三层编码，可见北京市在“双碳”概念提出的两年多时间来，主要的绿色发展内驱动力有四个方面：政策驱动、赛事驱动、需求驱动和技术驱动。

1. 政策驱动

政策驱动是自上而下的动力。一直以来，政策驱动都是重要的推行动力。“双碳”目标是我国最高领导人在世界面前做出的承诺，是国家层面的大事。作为首都，北京自然应当快速反应，在顶层设计上给出总体指导。北京的政策驱动主要有三大类，第一类是总体实施方案类政策，第二类是行业专业领域政策，第三类是区域政策。

总体实施方案类政策中针对性最强的是《北京市碳达峰实施方案》。该方案是 2022 年 10 月正式印发的，提出了 7 个方面 28 项任务措施，是“十四五”和“十五五”期间北京市绿色发展的总体指导。针对更细节的节能降碳工作，北京市在 2022 年 12 月又印发了《北京市进一步强化节能实施方案（2023 版）》。同时，北京市的“碳中和行动纲要”也正在制定中。

为了响应总体的实施方案，北京市的各主要行业，尤其是高能耗高污染行业也纷纷以规划的形式出台了各类控碳降碳的政策，例如制造业的《北京市“十四五”时期制造业绿色低碳发展行动方案》、建筑行业的《北京市发展绿色建筑推动生态城市建设实施方案》、楼宇行业的《绿色低碳行动倡议》、金融行业的《“两区”建设绿色金融改革开放发展行动方案》、能源行业的《北京市“十四五”时期能源发展规划》、交通行业的《北京市“十四五”时期交通发展建设规划》等。

此外，北京城市副中心和经开区也有各自的绿色发展规划，尤其是北京城市副中心，在建设之初就将绿色可持续的理念贯穿其中，有望成为未来北京市绿色发展的龙头。

2. 赛事驱动

在 2022 年初，北京成功举办了冬奥会，成为第一座“双奥”之城。本届冬奥会为北京留下了非常珍贵的绿色发展经验。这些绿色发展措施中，有些是国际奥委会的标准要求或是冬季运动本身的特性决定的，但更多的是北京的创新。北京在本届冬奥会中实现了低碳领域的多个“第一”。可见承办大型国际赛事对提高城市的绿色发展水平是非常有效的正向反馈和强大的内驱动力。

冬奥会为北京留下了大量的“绿色奥运遗产”。例如全部奥运场馆均达到绿色建筑标准，常规能源100%使用绿电；一大批绿色技术得以突破；生态环境大幅好转，被誉为“北京奇迹”；建立了政府与企业合作共同实现碳减排的良性关系等。这些共同造就了迄今为止第一届“碳中和”奥运会。可以说北京成就了这届冬奥会，冬奥会也提升了北京的绿色发展水平。

3. 需求驱动

“城，所以盛民也。”“以人为本”是城市发展的基本导向。北京市民具有结构多元、受教育水平较高、性格洒脱、责任感很强的特点。因此，北京市民对城市的发展有较高的要求，也对参与城市治理有很高的热情。对于北京的绿色发展，市民的需求驱动主要体现在四个方面，分别是出行需求、休闲需求、环境需求和精神需求。

交通一直是北京大城市病最集中的体现，北京市的“两会”议案，很多都是关于市民出行需求的建议。近两年来，结合“双碳”的总体要求，北京市响应市民对便捷、绿色出行的需求，出台了《北京市慢行系统规划（2020年—2035年）》，表示到2035年将慢行系统与城市发展深度融合，形成“公交+慢行”绿色出行模式，建成步行和自行车友好城市。除了慢行系统外，北京经过多年的引导，新能源乘用车保有量超过50万辆，渗透率达到22%；清洁能源公交车占比为91.7%。

休闲需求也是市民享受美好城市生活的重要方面。为了满足市民休憩放松、亲近自然的需求，北京市2021年新建26处公园绿地，城市绿化覆盖率达到49%。北京市正在从雾霾笼罩的首都变为翠绿葱茏的公园城市。

环境需求是居民对美好生活的向往的表达。北京市近年来从生态环境和生活环境两方面入手，不断提升市民的环境体验。生态环境提升方面主要是能源结构调整。北京自 2013 年以来，举全市之力实施压减燃煤工程，能源结构实现历史性调整。尤其是在燃煤锅炉清洁能源替代方面，已经实现了平原区基本无煤化。截至 2021 年底，全市清洁能源比重为 69.9%，煤炭消费量占全市能源消费的 1.4%，天然气、调入电力占能源消费比重达到 36.2%和 28.7%。生活环境提升方面主要是生活垃圾分类。从 2020 年 5 月 1 日开始，新版《北京市生活垃圾管理条例》正式实施。根据统计局的统计数据，在 2022 年 5 月，北京市居民生活垃圾分类满意度超过了 92%，整体生活环境有了很大的提升。另外，北京市也通过城市社区微更新，逐步推进老旧建筑节能改造，降低建筑能耗，提高可再生能源利用水平。

精神需求是物质发展到一定阶段的产物，集中体现在市民的满足感和归属感上。北京市建立了“碳账本”“绿色积分”等制度，让绿色转变为实实在在的优惠，让市民在践行低碳生活的同时获得实际和心理的双重满足。另外，北京市不仅是国家的首都，更是 2000 余万人的家园。天蓝树绿水清的环境更能增加市民的归属感和对家园的认同感，让城市更有魅力。

4. 技术驱动

在促进城市绿色低碳发展方面，信息化技术和节能减排技术做出了杰出贡献。信息化技术对碳减排的作用主要体现在驱动数据要素集聚及优化产业结构，减少线下人员、物资流动带来的碳排放。2022 年，北京市出台了《北京市数字经济促进条例（草案）》，进一步规范信息技术的发展。另外诸多科研院所和研究机构也提出了北京绿色智慧发展的建议。相信这些构想很快就能够成为现实，为北京绿色发展构建实施路径。信息化技术的作用机制是间接的，而节能减排技术的作用机制更为直接。例如分布式能源技术、高效高压支流技术、二氧化碳跨临界直冷制冰技术等，这些技术突破能够直接提升能源效率，促进碳减排。

三　北京市未来绿色发展建议

（一）继续完善绿色发展顶层设计

绿色发展要与首都城市功能定位紧密结合。落实“二十大”精神和北京市十三次党代会的要求，从顶层设计上进一步持续推动绿色发展，进一步改善生态环境质量。除了文件中已有的要求外，以下几点也可作为未来的突破点。

首先，完善绿色指标考核体系。“十三五”时期，北京已将二氧化碳强度下降率和碳排放总量达峰目标纳入规划约束性指标体系，将年度减排目标分解到各区，压实责任。2022 年植树节，习近平总书记指出森林是“碳库”，就是对碳汇能力的重视。因此，建议将城市系统碳汇能力也纳入考核指标体系，充分从系统性、整体性角度入手，考虑“碳产出”端和“碳汇集”端的协同运作，以定量指标从末端入手，控制建筑、交通、生活等产出端的排放水平；同时强化生态涵养区、城市绿地等汇集端的建设，做好碳产出与碳汇集的动态平衡。

其次，从城市治理角度加强首都低碳治理。最重要的是要突出低碳治理的精细化。对排放责任进行分级分类管理，促进多元主体参与低碳治理；强化城市管理、生态环境、园林绿化、水务等相关专业部门的合作，建立横向贯通的低碳联动体系；借助 12345 平台构建及时反馈的低碳管理流程，利用现有的城市网格、环卫工人等终端发现环境相关问题；增强环保类企业参与治理尤其是参与前期规划制定的意愿，鼓励社会组织在宣传、组织等方面发挥作用。

最后，加强区域协同合力。环境治理不受行政边界的限制，更多体现"一荣俱荣，一损俱损"的特性。这就要求相邻区域协同合作、形成合力。北京所在的华北地区在环境上不具有先天优势，冬春季节扩散条件较差。因此，京津冀协同发展尤为重要。北京作为首都，也是京津冀城市圈的领头城市，要充分发挥技术、案例等的外溢效应，让先进的理念和前沿的技术成为京津冀地区绿色发展的示范，这也是本研究的意义之一。

（二）深度挖掘冬奥赛事绿色遗产

早在2001年，北京申办第29届夏季奥运会时，就已经将"绿色奥运"的理念作为核心概念。目前，北京已经成为"双奥之城"，也是首届实现了碳中和的奥运会。让北京冬奥会给世界留下宝贵的绿色低碳遗产，是北京冬奥会的价值之一。《北京2022年冬奥会和冬残奥会环境遗产报告（2022）》介绍，北京冬奥会环境遗产主要包括生态环境的保护与持续改善、低碳奥运的措施与机制、可持续性管理的政策与体系等方面[①]。

在生态环境保护方面，联合国环境署将北京的做法评价为"北京奇迹"。在已有的成果基础上，北京应当继续开展"一微克"行动，推动空气质量持续向好。重点抓好重点领域的排放总量和排放强度"双控"，例如在交通领域推进大宗货物运输"公转铁"，抓好机动车"油换电"；在能源结构优化领域继续推行"煤改电"和"煤改气"；在建筑领域充分利用已建成的奥运场馆，并要求未来的绿色建筑以此为标杆看齐。尤其是已有的冬奥场馆，一定要充分发挥其价值，切不可在奥运会结束后就荒废浪费。北京冬奥会结束后比赛场馆不仅可以举办体育赛事，更应当成为开展群众娱乐文化活动的场所。这些场馆在设计之初就遵循了可持续、多用途的理念，如五棵松体育馆可以转化为篮球场地；

---

① 《北京冬奥组委发布〈北京2022年冬奥会和冬残奥会遗产案例报告集（2022）〉》，http://www.gov.cn/xinwen/2022-02/11/content_5673167.htm。

延庆赛区和张家口赛区可以转变为滑雪休闲度假区，形成冰雪特色小镇，带动体育旅游产业的发展。

（三）充分尊重市民对美好生活的需求

城市是人民的城市，市民对城市的需求是城市成长的动力。随着物质生活水平的提升，北京市民对青山绿水、顺畅呼吸、自在生活的需求与日俱增。2021 年第 4 季度，北京市统计局开展了绿色低碳生活方式的调查，对象是 1000 名 18~74 周岁的常住居民，超 8 成居民对践行绿色低碳生活情况表示认可。

首先，政府要充分掌握市民对环境的需求。要先行一步，了解市民的需求，引导市民参与环境建设。目前北京市接诉即办机制为市民的诉求表达提供了很好的渠道。另外，北京市正在积极开展的社区更新、城市体检，以及近年来开展的疏整促行动等，都是政府积极作为的体现。未来政府应引入更多的社会力量，从“家长”转变为“管家”和“导师”，做到满足需求甚至引领需求。

其次，为市民提供更加完善的亲近自然、休闲游憩的城市空间。例如，背街小巷改造为特色街区，温榆河等水系的滨水空间打造，城市口袋公园建设，厨余垃圾的生态化处理，老人、残疾人友好的公园改造等。

最后，对市民的行为进行规范引导。一方面是继续加强宣传，让节能减排理念深入人心。节约是中华民族的传统美德。近年来，随着物质生活的提升，一些铺张浪费的行为也有冒头迹象。政府，尤其是基层治理主体，应当通过亲切、科学、密集的宣传，宣传鼓励节电、节约粮食、减少外卖等产生的包装垃圾等行为，让绿色、可持续代替“囤货”“攀比”等成为新的时尚。另一方面也要建立覆盖面更广的激励体系，利用成就感和满足感来引导市民。例如，鼓励商户每天上传“两张图”——自己店面的环境图和自己店面所在的街道路面图，以实现

“云上城市环境监测”，减少 12345 电话拨打量，建立分布式的城市环境反馈闭环。在激励机制方面，采用“打卡”的方式，如坚持连续固定时间周期的打卡，则可申请政府奖金，或在来年的行政服务中予以一定的优先办理权。以此激励机制鼓励社会参与治理。同时，将按照规定完成垃圾分类获取的奖励积分与实际利益挂钩，例如，可在政府的便民菜车或永辉超市等大型商超，认可垃圾分类积分并将其兑换为折扣券或返现，以鼓励正确、积极地分类，实现垃圾的减量化和资源化利用。

（四）增加绿色技术创新的支持力度

与其他技术创新不同，绿色节能降碳技术可能无法做到立竿见影产生经济效益，因此更需要政府的引领和支持。

第一，要创新政府管理方式，优化生态环境。着力补齐技术创新制度保障的短板，重点强化基础性和增值性服务制度“双重供给”，从营商环境、要素供给、市场准入、文化建设等方面建立全链条、全方位的服务体系，构筑政府、企业、社会共建共享的技术创新环境。例如，针对专精于低碳技术研发的企业，进一步放宽企业登记形式和程序；推行商标网上申请，拓展商标网上申请主体范围和申请业务范围；工业用地、科研用地在不改变结构情况下转变为研发载体空间；深化推进实行市场准入负面清单制度；建立健全容错和免责机制等。

第二，要拓展企业融资渠道，服务价值创造。聚焦政策引导、资源投入、条件支撑、利益分配等关键环节，系统谋划、精准发力，着力健全金融和财税支撑体系，理顺中小微绿色技术研发企业的融资、担保渠道，创新金融产品和服务，完善社会资本参与创新创业的多种联动运营模式，发挥政府创投引导基金的带动作用，优化股权和财税的激励机制，充分发挥知识产权的市场价值，有效释放市场活力，提高资源配置效率，推动技术创新主体的价值提升。

第三，完善流动激励机制，集聚人才资源。积极鼓励相关专业的科研人员创业带动创新，吸引海外人才创业培育新业态。创新人才全链条式供给模式，更加注重为人才带来实实在在的价值获得感，完善人才引进、激励、发展、培育和评价等机制，实现全周期、全方位、组团式人才发展新模式。

第四，推动成果转移转化，实现创新引领。加快高等院校和科研院所管理体制改革，对绿色低碳相关科技成果转移转化收益分配和激励奖励机制进行完善，鼓励创新要素和创新成果的开放共享，完善知识产权保护制度，加速形成科技创新引领发展的新局面。

首都养老服务与社会发展

京津冀老年教育服务需求及影响因素研究

王永梅　刘今维*

摘　要： 为探讨京津冀老年教育服务需求与资源供给，采用2020年中国老年社会追踪调查（CLASS）数据与北京抽样调查数据和负二项回归（nbreg）模型进行分析。分析结果表明：与长三角相比，京津冀老年教育服务发展相对不足，而且老年教育服务的体系性、规范化和专业化比较欠缺，与国际化大都市不相匹配；京津冀特别是北京地区老年人对于高质量老年教育服务有较强的需求；目前京津冀地区老年教育服务需求与资源供给不匹配。针对以上分析结果，本文建议京津冀联合打造老年教育服务高质量发展的先行区，多渠道、多层次增加老年教育的机会与途径。

关键词： 京津冀　老年教育服务　高质量发展

一　引言

在我国人口老龄化愈发严峻的背景下，无论是从老年人自身的需求

* 王永梅，首都经济贸易大学劳动经济学院副教授、硕士生导师，主要研究方向为老年社会学、养老服务保障、老年教育；刘今维，首都经济贸易大学劳动经济学院，主要研究方向为养老保障。

还是充分利用低龄老年人这一庞大的人力资本的角度来看，大力发展老年教育的紧迫性更加凸显。2021 年国务院发布的《关于加强新时代老龄工作的意见》中将“扩大老年教育资源供给”单独分节布局，在党的二十大报告中也提出要“推进教育数字化，建设全民终身学习的学习型社会、学习型大国”，老年教育迎来新的发展时期。2024 年 1 月 15 日，国务院颁发的《关于发展银发经济增进老年人福祉的意见》中也提出“丰富老年文体服务，依托国家老年大学搭建全国老年教育公共服务平台，建立老年教育资源库和师资库”。而且，随着社会经济的不断发展，老年人的受教育程度不断提高，老年人物质层面的需求已得到基本满足，转而追求精神层面的满足，而老年教育在老年人精神文化服务产业中占据重要地位，老年人对老年教育的需求日益增强。

尽管北京人口老龄化水平并不在第一梯队，但是北京市老年人的人均受教育水平是全国最高的，他们对于老年教育服务的发展有较高的诉求。2020 年中国老年社会追踪调查（CLASS）数据统计显示，北京市老年人的学习动机（49%）显著高于全国平均水平（40%）。根据第七次人口普查数据，京津冀地区 60 岁及以上的老年人已有 1535 万人①，CLASS 数据显示，京津冀老年人老年大学参与率仅为 14. 71%，同时根据课题组 2021 年对北京市 621 位老年人的问卷调研发现，35. 1%的老年人希望参加老年大学等教育培训，供需不匹配情况突出。总之，北京市老年人日益增长的对于教育服务的需求与不充分不均衡的供给之间的矛盾日益凸显，亟待政府和社会各界破局。本文对京津冀地区老年人对于教育服务的需求进行摸底，通过与长三角地区老年人老年大学参与程度对比，利用 CLASS 2020 年数据、北京抽样调查数据，采用负二项回归分析方法进行分析，考察京津冀地区老年教育的供需问题，积极推进京津冀地区养老服务一体化发展。

① 第七次全国人口普查数据，https：//www. stats. gov. cn/sj/pcsj/rkpc/7rp/indexch. htm。

二　文献与理论基础

（一）文献回顾

1. 概念界定

教育是人类社会发展中重要的成果之一，在之前的传统观念中，认为少年或儿童才是教育的对象，人过中年后就不需要接受教育了。一些欧美国家也将教育定义为少年或儿童之教养，将成人屏蔽在教育对象之外。但是从教育的含义来看，只将少年或儿童作为教育的对象是不合适的[①]。联合国教科文组织对教育的定义为："有组织且持续性的教学以传授生活中的各种知识、技能和价值的活动。"[②] 教育广义上指影响人身心发展的社会实践活动，狭义上指专门组织的学校教育。无论是从广义还是狭义上，都没有从年龄方面排除一个人接受教育的权利。20 世纪 60 年代，终身教育理论、终身学习理念盛行，无论对年轻人还是老人，学习都是终身性的活动。以及在老龄化程度不断加剧的情况下，老年人的教育问题也和其他老龄问题一样备受关注，老年教育也是积极应对人口老龄化的一种被动选择，在实现积极老龄化的过程中的作用不容小觑[③]。

"老年教育"一词在不同国家和地区有不同的名称，常见的有"长者教育""老人教育""终身教育""第三年龄教育""银发族教育""资深公民教育"等，指以提高老年人生活质量和生命质量为目标的教

---

① 周德荣：《老年教育的理论与实践——以台湾地区为例》，华东师范大学博士学位论文，2005。

② Jarvis, P., *An International Dictionary of Adult and Continuting Education* (London and New York: Routledge, 1990).

③ 杨庆芳、邬沧萍：《老年教育是中国积极应对人口老龄化不可或缺的》，《兰州学刊》2014 年第 1 期，第 68~72 页。

育。目前，许多专家学者从老年教育的对象、目的、性质对老年教育进行定义。从对象看，老年教育是以老年人为对象的教育体系，是成人教育的组成部分，是终身教育体系的最后阶段[①]。从目的看，《新编老年学辞典》中将老年教育定义为由特定组织提供的教育活动，目的是提高老年人的文化素质、生活技能、道德品质，从而促进老年人的全面发展。老年教育可以帮助老年人完善自我，是一种有目的的学习活动，是有助于他们为社会服务的一种教育形式。老年大学应该进一步更新课程内容，开展多样化的教学活动，满足老年人需求[②]。从性质看，老年教育是按老年人和社会发展的需要，有目的、有组织地为所属社会承认的老年人所提供非传统的、具有老年特色的终身教育活动[③]。目前，国际上权威的《老年学百科全书》中尚没有“老年教育”一词（只有“成人教育”“教育与老龄化”），我国的相关政策中也未对“老年教育”一词给出明确的定义[④]。

2. 我国老年人参与老年教育服务的现状

发达国家经济水平较高并且较早进入老龄化社会，社会保障制度已相对成熟，老年教育的发展具备坚实基础。法国是第一个进入老龄化社会的国家，也是第一个创办第三年龄大学的国家，1973 年皮埃尔·维拉在法国图卢兹大学创办了首个第三年龄大学，其特点是第三年龄大学附属于大学，并且主要由大学教师来完成教学。继法国老年大学开办以来，其他国家也相继开办老年大学，如 1975 年美国开办长者游学营以及老年人寄宿学校，1981 年英国也开办了第一所第三

① 熊必俊：《中国人口老龄化与老年人力资源的开发利用》，《老年学杂志》1990 年第 5 期，第 257~259 页。

② 于忠慧：《中外老年教育比较研究》，《中国成人教育》2016 年第 3 期，第 19~22 页。

③ 叶忠海：《老年教育若干基本理论问题》，《现代远程教育研究》2013 年第 6 期，第 11~16、23 页。

④ 于凌云、黄渺萍：《积极应对人口老龄化背景下老年教育政策优化路径研究——基于政策文本计量分析》，《成人教育》2022 年第 422 期，第 22~30 页。

年龄大学，至1986年，英国已有115所第三年龄大学。进入20世纪90年代，在欧美国家，各种老年大学、第三年龄大学已经蓬勃发展[①]。

我国老年教育的发展经历了起步、推进、深化和繁荣四个阶段。我国的老年教育是在改革开放以及强制性退休制度的背景下产生的，1983年山东省建立了中国第一所老年大学——山东省红十字会老年大学，标志着中国的老年大学迈出了第一步。1984年金陵老年大学等老年大学相继建立。1988年我国成立了第一个民间性老年大学协会，老年教育开始步入正轨。我国老年大学模式主要分为四类，即老年大学（学校）、社区老年教育、远程老年教育、农村老年教育。也有学者将老年大学分为正规老年教育以及非正规老年教育，亦有学者指出还有依托大学、图书馆开办的老年教育。

根据《中国老年教育发展报告（2019-2020）》，截至2019年末，我国老年大学（学校）数量约为76296所，在校学员数约为1088.2万人，60岁及以上老年人老年大学参与率为4.12%。我国老年大学总量持续增长，但数量却分布不均，东部沿海城市占比较大。并且我国老年大学办学性质也呈多元化发展，办学层次以县级及以下为主。

针对老年人参与老年教育的意愿与行为，吴遵民等在2018年11月至2019年10月期间，对北京、上海、四川、广西的部分地区开展问卷调查，对55岁及以上人群的976份问卷进行分析，调查发现仍有33.3%的老年人表示要坚持学习，“活到老，学到老”[②]。基于2018年CLASS的分析发现：60岁及以上老年人参加老年教育的人数共237人，仅占总样本的2.4%，其中参加老年大学或培训活动的为229人，参与

① 王英、谭琳：《“非正规”老年教育与老年人社会参与》，《人口学刊》2009年第4期，第41~46页。

② 吴遵民、王丽佳、邓璐等：《老龄社会背景下老年教育体系构建的策略研究：四省市老年学习现状的调研报告》，《华东师范大学学报》（教育科学版）2023年第6期，第78~91页。

网络远程教育的为 8 人。基于 2010 年中国城乡老年人生活状况调查数据的分析显示，城市退休老年人参加老年大学的比例为 18.72%，具有性别、年龄、经济状况等的异质性①。

针对我国老年教育发展中出现的问题，许多学者也做了深入的研究。现在主要聚焦于老年教育供需矛盾突出，老年教育的规模满足不了老年人的需求，社会资源尚未被充分开发②③④⑤、老年教育还存在区域、群体以及城乡之间的教育不公平现象⑥⑦、老年教育的师资水平不高⑧、老年教育的机制体制不完善和行政主体不一⑨，以及没有充分关注性别差异等问题⑩。

3. 影响老年人参与老年教育服务的因素

目前，国内对老年人参与老年教育的影响因素的系统研究数量较少，主要是从人口学因素、健康因素、环境因素、家庭支持等方面进行研究。在人口学方面，性别和年龄以及学历对于老年人参与社区教育的

① 曹杨、王记文：《中国城市退休老人参与老年大学的影响因素研究》，《人口与发展》2016 年第 5 期，第 98~104 页。

② 李学书：《中外老年教育发展和研究的反思与借鉴》，《比较教育研究》2014 年第 11 期，第 54~59+68 页。

③ 申喜连、张云：《农村精神养老的困境及对策》，《中国行政管理》2017 年第 1 期，第 109~113 页。

④ 丁哲学：《老年大学发展现状、问题及对策——以黑龙江省为例》，《现代远距离教育》2017 年第 4 期，第 70~74 页。

⑤ 张春燕：《老龄化背景下我国老年教育发展对策研究》，《成人教育》2018 年第 10 期，第 46~48 页。

⑥ 王国婧：《中国老年教育存在的问题及若干应对建议》，《继续教育研究》2015 年第 3 期，第 16~17 页。

⑦ 张忠：《我国老年教育服务供给的困境、准则与路径研究》，《职教论坛》2020 年第 12 期，第 139~142 页。

⑧ 王中华、王娟、贾颖：《我国老年教育的回顾、反思与展望》，《现代教育管理》2020 年第 12 期，第 42~48 页。

⑨ 杨庆芳、邬沧萍：《老年教育是中国积极应对人口老龄化不可或缺的》，《兰州学刊》2014 年第 1 期，第 68~72 页。

⑩ 张昊：《我国老年大学教育的成就、问题及对策》，《中国成人教育》2016 年第 14 期，第 121~124 页。

意愿影响显著，特别是女性、低龄老年人以及学历较高的老年人对老年教育的参与率较高[①][②]。在健康方面，大多数老年大学的学员身体状况较好、精力充沛[③][④]，生理障碍是影响老年人参与老年大学的重要因素[⑤]。在环境方面，安稳的经济环境与健康和谐的社会环境都对老年人参与学习具有显著的促进作用[⑥]。并且家庭成员的支持以及家务负担，也会影响老年人老年大学的参与[⑦][⑧]。

我国的老年教育研究主要是以政策分析、国内外经验启示为主，实证研究较少，本文将结合数据以及访谈、实地调研来研究京津冀地区老年教育需求与资源供给现状，分析老年教育存在的问题，提出相关建议，以满足广大老年人的教育需求、协调京津冀地区老年教育资源的平衡性、推进京津冀地区养老服务一体化。

（二）理论基础

1. 新公共服务理论

新公共服务理论是出现在 20 世纪 90 年代中期，以民主、服务为基础，强调公民权利和公民利益的一种新的理论。20 世纪末，美国学者

---

① 贾云竹：《中国老年教育参与者性别失衡研究——基于社会性别视角的分析》，中国人民大学博士学位论文，2009。

② 王正东、琚向红：《老年人参与社区教育影响因素的实证研究》，《中国远程教育》2016 年第 5 期，第 50~56 页。

③ 岳瑛、暴桦：《关于老年大学学员学习需求情况的调查报告》，《天津市教科院学报》2003 年第 6 期，第 50~55 页。

④ 叶和旭、刘彩梅、高林等：《老年大学学员学历教育参与意愿及相关因素分析》，《中国职业技术教育》2022 年第 13 期，第 50~57、74 页。

⑤ 刘颂：《积极老龄化框架下老年社会参与的难点及对策》，《南京人口管理干部学院学报》2006 年第 4 期，第 5~9 页。

⑥ 李琦、王颖：《活到老学到老：老年人参与学习现状及影响因素研究》，《中国职业技术教育》2021 年第 33 期，第 89~96 页。

⑦ 曹杨、王记文：《中国城市退休老人参与老年大学的影响因素研究》，《人口与发展》2016 年第 5 期，第 98~104 页。

⑧ Cross, K. P., "Adults as learners. increasing participation and facilitating learning", *Journal of Higher Education* 54 (1983): 300.

珍妮特·登哈特以及罗伯特·登哈特根据大量的研究在最终形成的《新公共服务：服务而不是掌舵》一书中提出了新公共服务这个理论，这一理论的核心思想是政府利用民主的手段和思维框架服务大众，政府要站在服务的角度帮助居民实现他们的共同利益[①]。大力发展老年教育是政府基本公共服务的重要内容，老年事业的蓬勃发展需要政府充分发挥其公共职能。老年教育发展的好坏是政府是否充分发挥公共职能的表现，老年教育资源的不平衡不充分需要政府运用公共手段来协调，政府应该遵循新公共服务民主化以及服务全体公民的原则，认真协调各地区、各群体之间老年教育资源，满足老年人群体对老年教育的需求，积极应对人口老龄化。

2. 积极老龄化理论

积极老龄化理论是在人口老龄化不断加剧的背景下提出的，积极老龄化第一次出现在1996年世界卫生组织的工作目标中，2002年在第二届世界老龄大会中通过了《积极老龄化——政策框架》，把积极老龄化确定为应对人口老龄化的政策框架。积极老龄化理论有三大理论支柱，分别是“健康”“参与”“保障”，其中“参与”是其最核心的观点。“参与”是指老年人虽然脱离了工作岗位，但其与社会并未脱节，也并非是社会的负担，老年人还可以“老有所为”，继续参与社会建设。老年人应该摒弃“老而无用”的思想，积极参与到各种精神文化活动中去。老年人对继续接受教育的需求就是践行积极老龄化的体现，老年人希望在其晚年生活中还能实现其价值，低龄老年人也可通过老年教育继续参与到社会劳动中来。老年教育缓解人口老龄化带来的压力，推动积极老龄社会建设，努力实现“老有所教、老有所学、老有所为、老有所乐”。

① 顾丽梅：《新公共服务理论及其对我国公共服务改革之启示》，《南京社会科学》2005年第1期，第38页。

3. 终身教育理论

“终身教育”是由保罗·朗格朗在1965年召开的成人教育促进国际会议期间正式提出的，随后联合国教科文组织出版的《学会生存——教育世界的今天和明天》中正式确认了保罗·朗格朗的终身教育理论①。终身教育理论得到了大多数学者的认同，从纵向来说，该理论认为教育应该贯穿于一个人的全生命周期，从婴儿阶段到老年都应该接受教育，这也与我国的“活到老、学到老”思想不谋而合②。从横向来说，教育存在于不同的场合，既包括正规教育又包括非正规教育，既要有传统学校的参与，也要有社区、社会等的助力。随着我国老龄化程度的加深、社会经济的持续发展，老年人不再局限于物质层面的满足，而更注重于“有尊严”地养老，老年人的学习需求日益增加，应将终身教育理论作为关注老年人学习需求的理论依据。老年教育是终身教育的重要组成部分，要积极发展老年教育、重视老年人的学习需求。

三 数据与方法

（一）数据来源

本文数据来自2020年的CLASS调查，这是一个全国性、连续性的大型社会追踪调查项目，调查对象为年满60周岁的中国公民，调查范围覆盖中国大陆的28个省（自治区、直辖市），收集了老年人婚姻、健康、社会经济情况和养老规划等多方面的信息。由于本文重点关注京

① 孙兴美：《基于积极老龄化理论的城市老年人学习需求及其教育政策意义》，江南大学硕士学位论文，2015。

② 王中华、王娟、贾颖：《我国老年教育的回顾、反思与展望》，《现代教育管理》2020年第12期，第42~48页。

津冀地区老年教育的需求与供给情况，因而选取调查数据中的京津冀地区样本进行分析，最终获得有效样本 1203 个。并对北京市老年人进行抽样调查，最终抽取了 807 位 55 岁及以上的老年人，了解其生活状况，也为本文的研究提供了数据基础。本研究首先使用北京抽样调查数据对 60 岁及以上老年人对老年大学的参与意愿进行描述性分析，并且通过 2020 年 CLASS 数据描述京津冀老年教育的参与现状，最后通过《中国老年教育发展报告（2019－2020）》描述截至 2019 年老年大学的供给状况。

（二）变量设置

1. 因变量

老年人老年大学的参与程度用 2020 年 CLASS 个人调查问卷中“在过去一年中，您参加老年大学或者参加培训课程的情况是?”进行测量，问题共设有五个答案：没有参加、一年几次、每月至少一次、每周至少一次、几乎每天。对答案赋值 0~4 分，分值越大，老年人老年大学参与程度越高。

2. 自变量

依据已有文献，本文将自变量分为人口学因素、健康因素、主观心理因素、社会支持/社会资本因素四个维度。其中人口学因素包括性别、年龄、受教育程度、婚姻状况、宗教信仰、政治面貌、城乡、健在子女数量。健康因素包括健康自评状况、是否有身体疼痛、是否患有慢性疾病、基本生活能力、日常活动能力。主观心理因素包括生活满意度、抑郁程度、老化态度、自我价值。社会支持/社会资本因素包括年收入水平、社会支持、子女交往、经济依赖性、是否有照料负担。具体的变量定义及样本描述如表 1 所示。

表 1　变量定义及描述性统计结果

变量		变量含义	均值/百分比	标准差
老年大学参与		老年人老年大学的参与程度	14.71%	—
人口学因素	性别	男性=1,女性=0	47.13%	—
	年龄	被调查者年龄,按高低分为4组	69.86	6.51
	受教育程度	文盲为0,小学为1,中学为2,大专及以上为3	1.66	0.7
	婚姻状况	已婚有配偶为1,未婚/离婚/丧偶为0	78.64%	—
	宗教信仰	是=1,否=0	2.33%	—
	政治面貌	共产党员为1,其他党派和群众为0	12.88%	—
	城乡	城镇=1,农村=0	77.06%	—
	健在子女数量	健在儿子和女儿数量之和	1.74	1.01
健康因素	健康自评状况	赋值1~5分,得分越高,健康自评状况越好	3.31	0.91
	是否有身体疼痛	是=1,否=0	54.90%	—
	是否患有慢性疾病	是=1,否=0	86.37%	—
	基本生活能力	赋值1~3分,得分越高,基本生活能力越差	1.1	0.24
	日常活动能力	赋值1~3分,得分越高,日常活动能力越差	1.12	0.29
主观心理因素	生活满意度	赋值1~5分,得分越高,生活满意度越高	3.8	0.95
	抑郁程度	赋值9~27分,得分越高抑郁程度越高(9题合成)	15.45	2.99
	老化态度	赋值0~14分,得分越高,老化态度越消极(7题合成)	7.33	2.72
	自我价值	赋值0~16分,得分越高,自我价值越积极(8题合成)	8.62	2.88
社会支持/社会资本因素	年收入水平	将老年人收入由低到高分为5个档次	3.51	1.47
	社会支持	赋值0~5分,得分越高,社会支持越多(6题合成)	2.57	0.76
	子女交往	赋值1~9分,得分越高,子女交往越频繁(2题合成)	6.52	1.26
	经济依赖性	来源自己=0,来源配偶和子女=1,来源其他=2	0.57	0.25
	是否有照料负担	是=1,否=0	11.97%	—

（三）分析方法

利用 2020 年 CLASS 数据，以老年大学参与程度为因变量，以人口学因素、健康因素、主观心理因素、社会支持/社会资本因素为自变量，采用负二项回归模型，以考察人口学因素、健康因素、主观心理因素、社会支持/社会资本因素对京津冀老年人参与老年大学的作用。

由于因变量是一个计数变量，从 2020 年 CLASS 数据的简单描述性分析可知，没有上过老年大学或者参加培训课程的老年人超过 85%，这就导致因变量是一个包含多个零值的数值型变量，难以满足传统的线性回归模型或 probit 回归模型的前提假设，因此采用负二项回归（nbreg）进行分析。该模型可以较好地解决计数变量的期望与方差不等的现象。模型表达式设计如下：

$$Log(\mu) = intercept + b_1X_1 + b_2X_2 + \cdots b_mX_m$$
$$\mu = exp(intercept + b_1X_1 + b_2X_2 + \cdots b_mX_m)$$

其中，μ 是自变量的指数函数，应用最大似然法估计离散参数和回归方程 $Log(\mu)$ 中的相关参数。

四　主要研究结果

（一）京津冀老年人老年教育参与意愿的现状

北京市抽样调查数据显示，有 39.41%的老年人退休后愿意参加老年大学（含远程教育等各类教育培训班），但是其中只有 2.48%的老年人参加过老年大学（含远程教育等各类教育培训班），老年大学存在需求与供给不匹配现象。通过分析 2020 年 CLASS 数据，京津冀地区有 14.71%的老年人参与了老年大学，而长三角地区只有 9.51%的老年人参与了老年大学（见表 2）。

表 2　2020 年 CLASS 调查京津冀、长三角地区老年大学参与程度

参与程度	京津冀		长三角	
	频数	百分比（%）	频数	百分比（%）
没有参加	1026	85.29	1351	90.49
一年几次	62	5.15	81	5.43

续表

参与程度	京津冀		长三角	
	频数	百分比(%)	频数	百分比(%)
每月至少一次	16	1. 33	24	1. 61
每周至少一次	33	2. 74	25	1. 67
几乎每天	66	5. 49	12	0. 80
合　计	1203	100. 00	1493	100. 00

由于各省（自治区、直辖市）老龄人口数量不同，可以通过计算每万名 65 岁及以上老龄人口所拥有老年大学（学校）的数量来衡量不同省份老年学校的发展状况（见图 1）。经计算，我国每万名 65 岁以上老龄人口所拥有的老年大学（学校）平均数量为 4. 3 所，中位数为 2. 0 所，这说明我国不同省份的老年大学（学校）发展存在比较大的差异。京津冀地区生均老年大学低于长三角地区，每万名老年人 7. 17 所，在全国处于中等偏上水平[①]。

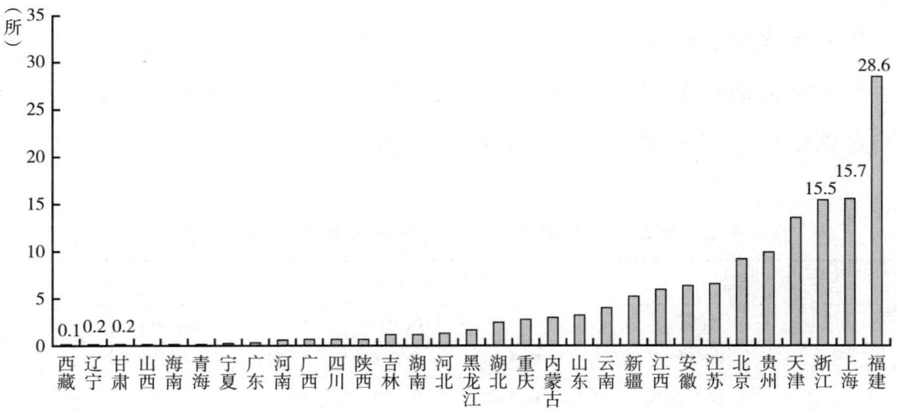

图 1　各省（自治区、直辖市）每万名 65 岁及以上老年人拥有老年大学（学校）数量

① 资料来源：《中国老年教育发展报告（2019-2020）》。

（二）老年人参与老年教育服务的影响因素分析

本部分以老年大学参与程度为因变量，以人口学因素、健康因素、主观心理因素、社会支持/社会资本因素为自变量，采用负二项回归模型，分析京津冀老年人参与老年大学的影响因素。

人口学因素中，性别、年龄、受教育程度、婚姻状况、宗教信仰、政治面貌以及城乡都对老年大学参与程度没有显著影响，而老年人健在子女数量对老年大学参与程度有显著影响，健在子女越少的老年人老年大学参与程度更高。

主观心理因素中，除了生活满意度外，抑郁程度、老化态度、自我价值都对老年大学参与程度有显著影响。其中，抑郁程度越高的老年人越不参加老年大学，老化态度消极、自我价值积极的老年人更倾向于参与老年大学。

社会支持/社会资本因素中，经济依赖性、是否有照料负担对老年大学参与程度影响不显著。年收入水平、社会支持和子女交往对老年人参与老年大学影响显著。其中，年收入水平越高的老年人越倾向于参与老年大学，而社会支持越弱，即亲戚朋友交往越不亲密的老人，以及与子女见面少、亲密度低的老年人越不参加老年大学。

表3　老年人参与老年大学的影响因素的负二项回归分析

变量		回归系数	标准误	p值	95%CI	
人口学因素	性别	-0.319	-0.302	0.29	-0.911	0.272
	年龄	0.373	-0.339	0.272	-0.292	1.038
	受教育程度	0.359	-0.317	0.258	-0.263	0.981
	婚姻状况	-0.576	-0.445	0.195	-1.448	0.296
	宗教信仰	-0.378	-1.013	0.709	-2.363	1.607
	政治面貌	0.417	-0.462	0.367	-0.489	1.322
	城乡	0.879	-0.657	0.181	-0.409	2.168
	健在子女数量	-0.790**	-0.337	0.019	-1.450	-0.130

续表

变量		回归系数	标准误	p值	95%CI	
健康因素	健康自评状况	-0.0425	-0.285	0.882	-0.601	0.516
	是否有身体疼痛	-0.155	-0.371	0.677	-0.882	0.572
	是否患有慢性疾病	0.202	-0.474	0.670	-0.727	1.132
	基本生活能力	-0.699	-2.178	0.748	-4.969	3.570
	日常活动能力	-2.262	-1.702	0.184	-5.597	1.073
主观心理因素	生活满意度	-0.303	-0.224	0.176	-0.743	0.136
	抑郁程度	-0.162**	-0.064	0.012	-0.288	-0.035
	老化态度	0.163***	-0.06	0.007	0.457	0.281
	自我价值	0.160**	-0.072	0.025	0.199	0.300
社会支持/社会资本因素	年收入水平	0.546***	-0.141	0.007	0.269	0.823
	社会支持	-0.460*	-0.262	0.079	-0.974	0.527
	子女交往	-0.346**	-0.143	0.015	-0.626	0.664
	经济依赖性	-0.0272	-0.768	0.972	-1.533	1.478
	是否有照料负担	0.458	-0.431	0.287	-0.386	1.302
常数项		3.598	-3.839	0.349	-3.925	11.122

注：*** $p<0.01$，** $p<0.05$，* $p<0.1$。

五　结论和建议

本文基于2020年CLASS数据以及北京抽样调查数据，考察了京津冀地区老年教育服务的需求与资源供给情况，在研究方法上，创新地采用了可以克服多零值的负二项回归模型。

第一，与长三角相比，京津冀老年教育服务发展相对不足，而且老年教育服务的体系性、规范化和专业化比较欠缺，与国际化大都市不相匹配。生均老年大学数量较少，而且大多处于“休眠”状态。老年教育服务的均等化程度面临严峻挑战，单位型、机关型老年大学活跃，但面向普通居民的老年大学，服务内容和形式比较单一，难以满意居民的需求。

第二，京津冀特别是北京地区老年人对于高质量老年教育服务有较强的需求。收入水平较高、健在子女数量较少、孤独感越强、社会适应较好的个体参与意愿较高。

第三，京津冀地区老年教育服务需求与资源供给不匹配。目前老年教育供不应求，供需矛盾突出。老年教育规模与老年教育需求相差甚远，老年教育普及率严重滞后于老年教育适龄人口增长率。

虽然京津冀地区老年教育还在不断发展，但是服务体系的完善还需要多方面的努力，本文通过对京津冀地区老年教育的需求以及资源供给进行有效性探讨，提出以下两点建议。

一是京津冀应联合打造老年教育服务高质量发展的先行区。利用京津冀地区丰富的教育资源以及老年人受教育程度较高等因素联合打造老年教育服务高质量发展的先行区。激活各个老年大学，使老年大学真正地运行起来。

二是多渠道、多层次地增加老年教育的机会与途径。目前，大多数老年大学都是由政府办学，可以将政府办学与社会办学相结合。通过引入社会的力量，实现老年大学在数量上的增加，弥补政府办学的不足。并且可以大力发展远程教育和网络教育，间接解决老年大学数量不足的问题，使更多的老年人参与到老年教育中来，为老年人提供时时学习的机会。

北京市发展银发经济的现状与建议

王莉莉*

摘　要： 北京市目前正在进入快速发展的人口老龄化社会，老年人对老龄用品、医疗健康、养老服务、文化娱乐、宜居环境等产业的需求愈加凸显，银发经济的发展迎来新的战略机遇期。本文分析了北京市目前银发经济相关产业的发展现状，并针对目前存在的主要问题，提出了出台新时期首都银发经济发展专项规划、引导繁荣银发经济消费市场、丰富扩大银发经济产业供给、扶持形成“首都品牌”、科技助力银发经济等相关建议。

关键词： 北京　银发经济　老龄产业

一　背景

北京市作为中国的首都，在经济发展水平处于全国领先地位的同时，其人口老龄化程度也排在全国前列。北京市自20世纪90年代就开始进入老龄化时代，老龄化程度远高于全国平均水平。截至2022年底，北京市60岁及以上常住人口为465.1万人，占常住总人口的21.3%；

---

* 王莉莉，博士，中国老龄科学研究中心老龄产业研究室主任，研究员，主要研究方向为老龄产业、老龄经济、老龄政策。

65 岁及以上常住人口为 330.1 万人，占常住总人口的 15.1%。[①] 未来随着人口规模调控和京津冀协同发展战略实施，外来人口区域分散，稀释作用减弱，老龄社会甚至超老龄社会将有可能成为北京市人口的基本常态。[②] 伴随着人口老龄化程度的提高和老年人口规模的增大，老年人在生活、照料、文化、娱乐、社会参与与交往等方面的产品和服务需求将不断扩大，对于老龄用品、医疗健康、养老服务、文化娱乐、宜居环境等产业的需求也将愈加凸显。近年来，北京市出台各项政策，大力发展银发经济相关产业，很好地满足了首都人民日益增长的晚年生活需求，随着党中央和国务院对银发经济发展的重视，北京市银发经济的发展也将迎来新的战略机遇期。

二　北京市银发经济相关产业发展现状

（一）老龄金融产业

老龄金融产业是指从事老龄金融服务的企业和部门的集合，是老龄产业中最重要的板块。近年来，北京市通过优化老龄产业营商环境，加大对第三支柱养老事业的支持力度，同时积极参与各项试点，打造北京特色。具体表现在以下几个方面。

一是稳步推进专属商业养老保险试点，丰富养老产品供给。2022 年 3 月 1 日，北京市正式开展专属商业养老保险试点。到 2022 年末，北京市共有 11 家保险公司推出了 12 款专属商业养老保险产品。[③] 在发

① 《2022 年北京 60 岁及以上常住人口为 465.1 万人，增幅五年来最高》，https：//baijiahao.baidu.com/s？id=1770025520981868926&wfr=spider&for=pc。

② 王永梅、江华、张立龙等：《北京养老服务发展报告（2020~2021）》，社会科学文献出版社，2021。

③ 《2022 年北京专属商业养老险保费规模达 7.54 亿 七成投保人为新产业新业态人员》，https：//baijiahao.baidu.com/s？id=1758605456322340480&wfr=spider&for=pc。

展专属商业养老保险的过程中，北京市积极引导试点公司推出专属产品，为新产业、新业态从业人员创新商业养老保险产品。

二是积极开展个人养老金业务试点。截至 2023 年 2 月，北京地区辖内已有 22 家银行机构上线个人养老金产品，累计开立个人养老金账户约 190 万户，缴存资金超 38 亿元。①

三是不断发挥商业保险优势。如开发的“北京普惠健康保”，2022 年度总承保人数超过 300 万。② 且在石景山区开展长期护理保险试点，截至 2022 年末，试点已覆盖 46.19 万人。③

（二）老龄健康产业

北京市在深入推进老年健康服务体系中推进老龄健康产业的发展，老年健康产业的规模和总容量不断扩大，主要表现在以下方面。

一是强化国有经济在老龄健康产业领域的有效供给。2022 年，成立北京康养集团，着力发展普惠型养老服务，积极构建居家社区机构相协调、医养康养相结合的事业、产业体系。

二是加快推进医养结合，发挥保险公司在医养服务能力方面的优势，探索将健康服务、养老服务和保险产业积极融合。并且大力发展养老服务人才培训，鼓励职业院校建设老年服务和管理、康复、护理等相关专业。

（三）老龄服务产业

老龄服务产业一直是我国老龄产业中的重要产业，是所有产业板块

---

① 《北京地区已开立个人养老金账户约 190 万户！5 款商业养老金试点产品辖内销售》，https：//baijiahao. baidu. com/s？ id = 1758614328389414632&wfr = spider&for = pc。

② 《北京银保监局：“北京普惠健康保” 2022 年度总承保人数超过 300 万》，https：//baijiahao. baidu. com/s？ id = 1736842709265448827&wfr = spider&for = pc。

③ 《北京银保监局：截至 2022 年末，石景山区长护险试点累计为 3731 名重度失能人员提供服务》，https：//baijiahao. baidu. com/s？ id = 1758604406089252599&wfr = spider&for = pc。

中发展最早、最快的产业。近年来，北京市指导企业不断创新居家养老服务模式，完善产业链条，丰富产业内容。[①] 北京社区居家养老服务的发展，先后经历了老年社区活动站、老年服务中心、老年餐桌、社区托老所、日间照料中心、养老照料中心、养老驿站等阶段。[②] 目前，北京在养老服务顾问、“物业+养老”等方面都有了积极探索，养老机构、照料中心、养老服务驿站等相互支撑，构建起比较完善的社会服务网络。

（四）老龄用品产业

近年来，北京市在老龄用品产业方面积极推动康复辅具及产品技术研发。如在辅助器具方面，中国残疾人辅助器具中心是全国残疾人用品用具供应服务的资源中心和服务中心；国家康复器械质量监督检验中心是专业从事康复器械产品质量监督检验的机构；北京市假肢中心在产品研发方面也处于国内领先地位。这都为北京市的老龄用品市场提供了很好的技术支撑和重要基础。

（五）老龄文化产业

北京市聚焦活跃老年群体的多样化需求，推动促进老年休闲娱乐产业高质量发展。具体包括老年旅游、老年购物、老年休闲娱乐等方面。特别是在老年旅游方面，北京市积极推动相关产业发展，鼓励老年旅游创新发展，推出候鸟养生、专列邮轮等老年旅游方式，在节假日推介各种温泉度假、农事体验等旅游线路，包括京郊民宿、景区、农产品等，不断满足活力老年人的休闲娱乐需求。

---

① 刘妮娜、朱茜茜：《回归与成长：中国城市居家社区养老服务体系构建——以北京市为例》，《老龄科学研究》2021 年第 3 期，第 29~41 页。

② 施巍巍、任志宏：《北京市居家养老服务制度的变迁与走向——以新制度经济学为视角》，《北京行政学院学报》2020 年第 5 期，第 73~80 页。

（六）老龄宜居产业

我国老龄宜居产业进入了快速发展机遇期，北京市积极推动老龄宜居环境、老龄宜居社区的规划、设计、建筑、开发、改造等一系列产业延伸。

一是养老型社区发展继续加快。出现了许多综合性的养老型社区，保利、万科、远洋、绿地、万达、泰康等 80 多家著名企业集团进入养老社区行业。二是积极发展适老宜居产业。以适老化改造为主要产品的相关产业发展迅速，并吸引了许多企业进军，是目前关注度很高的老龄产业板块之一。

（七）智能化老龄产业

一是通过推进人工智能、物联网、大数据等智慧化技术赋能养老领域。二是推进智慧化适老环境设计与建筑。满足居家适老化改造智能化、个性化、可视化等需求。三是大力发展智慧健康管理和服务。不断提高老年人健康服务产品的智慧化和人工智能水平。同时，自 2022 年起，北京市发布了 10 个智慧应用场景“揭榜挂帅”榜单，许多智慧养老建设试点和建设方案等相继上榜。

三　北京市发展银发经济现存主要问题

（一）缺乏银发经济专项发展规划

北京市委、市政府高度重视老龄事业和产业发展，出台了一系列政策引导、扶持老龄产业发展。但银发经济的发展仍然处在边探索边发展的阶段，在指导实践的过程中，依然存在一些现实性问题。特别是还没有专项的银发经济发展规划，还不能从整体协调统一的角度对首都银发经济发展制定明确的发展目标、发展重点和任务等。

（二）扩大消费需求依然不足

老年人的整体收入水平虽然明显增加，但在有效消费支出上，依然以生活基本开支、看病医疗等为主要支出项目，消费观念整体相对保守，还未有效形成花钱购买服务的意愿和消费习惯，这依然是现阶段制约首都银发经济发展的主要因素。

（三）市场集中度与品牌企业依然不足

从市场集中度来看，目前的产业类型中依然存在明显的结构问题，大部分产业集中在老龄健康、老龄服务产业，老龄制造、老龄文化等产业发展相对滞后，且经营主体相对分散，难以形成集中效应与品牌意识。此外，就目前的市场情况来看，还没有形成有效的品牌带动效应，向外辐射的能力有限，不能形成以点带面、区域联动的规模效应。

（四）产业研发创新能力还需加强

还需进一步提高研发创新力度，包括老龄产品的产品种类、适老化设计以及人性化设计等。另外，在产业发展的模式创新方面依然不足，特别是符合北京市居民生活、文化特点与环境的服务模式、运营模式还需创新。在邻里互助、物业+养老、医养结合、远郊区县农村养老等模式的创新与拓展上还需要进一步加强，需要在结合地方特色和兼顾各区发展的基础上，进一步探索能够长期稳定运行的运营模式。

四　未来发展北京市银发经济的主要建议

（一）出台新时期首都银发经济发展专项规划

明确发展首都银发经济的目标、任务、主要发展内容、优先发展领域以及重点项目等。在目前优势产业的基础上，带动和推进相关产业的整体发展，并进一步优化产业结构，引导、扶持不同板块的老龄产业，加快发展。同时，进一步完善相关政策，特别是扶持银发经济发展的投融资政策、优化营商环境的具体措施等，使首都老龄产业的发展迸发新的活力。

（二）引导繁荣银发经济消费市场

完善保证老年人消费的制度环境，提高老年人的有效支出水平。可以在现有试点的基础上，总结已有试点经验，完善长期护理保险制度设计，建立全市统一的长期护理保险体系，为银发经济发展提供制度基础。进一步优化老龄产业的消费环境，可以在重大节日期间开展“银发无忧”购物节活动，集中展示、销售老年用品等。此外，还要从监管和权益保障方面，确保老年人的消费权益，优化老年人的消费体验，引导和帮助老年人的消费习惯养成。

（三）丰富扩大银发经济产业供给

在老龄健康方面，可以进一步围绕老年人的健康教育、疾病预防、健康体检、康复照护等拓宽服务内容，提升服务水平。在老龄服务方面，可以进一步加强老年人生活圈附近的服务供给。在老龄用品方面，进一步丰富产品种类。在老龄文化方面，进一步鼓励社会力量进入老龄文化、娱乐、健身休闲等产业领域，拓宽服务内容和服务层次，加快发展老龄文化娱乐休闲产业。

（四）扶持形成“首都品牌”

在现有产业发展的基础上，通过选取发展基础好、有效需求旺盛、具有一定发展经验的企业品牌，形成龙头企业，带动、促进相关产业的共同发展。形成银发经济发展的“首都品牌”，并带领其他相关产业同步发展。形成品牌效应，取得市场优势。

（五）科技助力银发经济

在银发经济发展过程中，加快科技助力。培育发展“互联网+”银发经济生态体系，促进业态创新与升级。包括推动人工智能技术在银发经济的应用；运用先进的科技手段，形成“互联网+健康管理”的“智慧医疗”体系；借助高科技、信息化等手段，提高为老年人服务的效率；提升老龄用品，特别是康复辅具的智能化和适老化水平，满足老年人安全性、舒适性和实用性的需求等。

低生育背景下北京户籍人口与流动人口婚育状况分析

马小红　郭雅宁*

摘　要：北京长期处在超低生育水平，内生性低生育格局凸显，少子老龄化成为影响北京城市人口可持续发展的关键因素。北京作为超大城市的典范，科学精准研究其人口发展及走向具有重要意义。基于此，本文使用第六次和第七次全国人口普查以及历年《北京统计年鉴》数据，对比分析北京市常住人口、户籍人口的规模结构、婚姻状况与生育特征。在对比以往研究及政策实践的基础上，从经济支持、时间支持、服务支持、文化环境支持等方面提出政策建议，助力实现首都人口高质量发展。

关键词：北京市　户籍人口　流动人口　婚育现状

中国式现代化是人口规模巨大的现代化，我国人口规模庞大，结构复杂，以人口高质量发展推进中国式现代化具有中国特色、符合中国实

---

* 马小红，博士，中共北京市委党校（北京行政学院）北京市情研究中心主任，北京人口与社会发展研究中心教授，主要研究方向为人口与社会发展、北京人口问题；郭雅宁，中共北京市委党校（北京行政学院）社会学教研部，主要研究方向为人口学、生育研究。

际。第七次全国人口普查数据显示，2020 年我国出生人口规模为 1200 万人，总和生育率仅为 1.3，已处于极低生育率水平，对人口结构产生了不可忽视的影响。从公布的统计数据不难发现，北京长期处于超低生育水平，加之近年来老龄化问题凸显，少子老龄化成为影响北京城市人口可持续发展的关键因素。北京作为超大城市和发达城市，流动人口占比长期稳定在 35%以上，对户籍人口与流动人口的婚育状况进行分析比较，对科学精准地研究人口发展及其走向具有重要意义。为了应对人口负增长的新形势，满足首都人口高质量发展的新要求，本文使用第六次和第七次全国人口普查（以下简称“六普”和“七普”）① 及 2010~2023 年《北京统计年鉴》② 的相关数据，对北京市常住人口、户籍人口的规模结构、婚姻状况与生育特征进行详细分析，以期掌握北京户籍人口与流动人口特别是育龄人群的具体画像，助力实现首都人口高质量发展。

关于统计口径，按照北京市第七次人口普查公报的定义，本文中的常住人口是指：居住在本乡镇街道且户口在本乡镇街道或户口待定的人；居住在本乡镇街道且离开户口登记地所在的乡镇街道半年以上的人；户口在本乡镇街道且外出不满半年或在境外工作学习的人。本文中流动人口即常住外来人口，根据《北京统计年鉴 2023》的界定，是指不具有本市户籍户口，来自北京市行政区划以外的省、自治区、直辖市，且在京居住半年以上的人口。本文中的户籍人口是指户籍常住人口，根据《北京统计年鉴》相关数据推算得出，具体是由常住人口规模减去常住外来人口规模得出。

① 资料来源：第六次、第七次全国人口普查长表数据。

② 资料来源：《北京统计年鉴》。

一　北京市户籍人口与流动人口现状

（一）户籍人口与流动人口规模特征

常住人口与流动人口规模持续降低，户籍人口稳定增长。根据《北京统计年鉴 2023》，北京市常住人口规模自 2016 年起连续六年呈下降态势，流动人口规模自 2015 年起连续七年降低，户籍人口在 2017 年出现小幅下降，随后持续五年增长。截至 2022 年，北京市常住人口为 2184.3 万人，流动人口为 825.1 万人，占常住人口的 37.8%，较 2021 年减少 9.7 万人，占比降低了 0.4 个百分点；户籍人口在 2022 年达到 1359.2 万人，占全市常住人口的 62.2%（见图 1）。

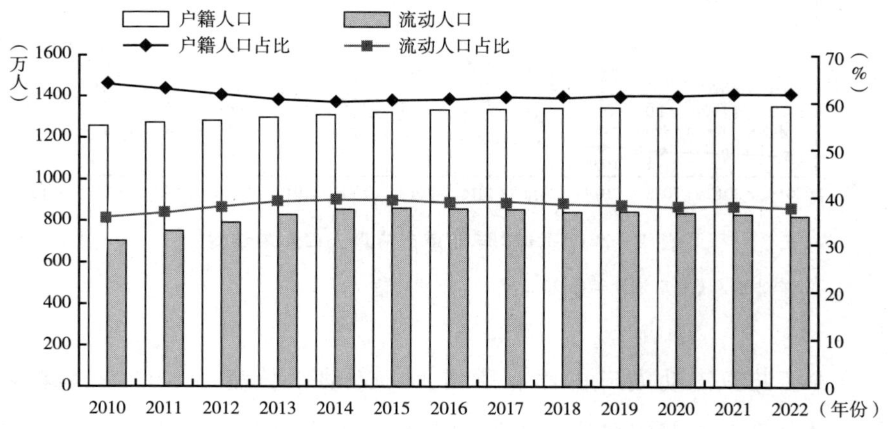

图 1　2010~2022 年北京市户籍人口与流动人口规模占比

资料来源：由《北京统计年鉴 2023》数据推算得出。

（二）户籍人口与流动人口年龄结构

处在婚育旺盛期（15~59 岁）的户籍人口占比连续下降，60 岁及以上老年人口占比明显提升。对《北京统计年鉴 2023》的数据分析发现，2022 年 60 岁及以上户籍人口高达 414.4 万人，占比较 10 年前增长了近 10 个百分点。而 15~59 岁的劳动年龄人口在 2022 年为 810.4 万，占比仅过半数，较上一年减少了约 10 万人。此外，0~14 岁少年儿童规模自 2011 年持续小幅度提升，但在 2022 年首次出现回落（14.2%），较上一年减少了约 1.5 万人（见图 2）。

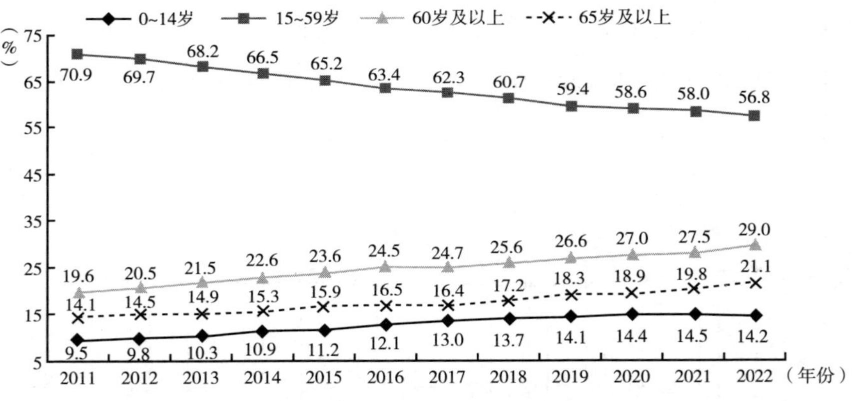

图 2　2011~2022 年北京市户籍人口年龄结构

资料来源：《北京统计年鉴 2023》。

少年儿童流动人口占比有所增加，劳动年龄流动人口占比减少。通过对六普与七普的对比可以发现，北京市流动人口同样表现出 60 岁及以上人口占比增长明显。七普显示，2020 年北京 60 岁及以上人口占比高达 8.2%，较 10 年前增加了 4.8 个百分点。此外，生育旺盛期（15~59 岁）流动人口中女性占比较低，而在老年人口中女性老年流动人口日益增多（见表 1）。

表 1　2010 年、2020 年北京市流动人口性别年龄结构

单位：%

年龄	2010 年六普			2020 年七普		
	男	女	合计	男	女	合计
0~14 岁	3.8	3.1	6.9	3.9	3.5	7.4
15~59 岁	48.8	41.0	89.8	46.2	38.2	84.4
60 岁及以上	1.7	1.7	3.4	3.8	4.3	8.2
65 岁及以上	0.9	0.9	1.8	2.2	2.6	4.8
合　计	54.3	45.7	100.0	54.0	46.0	100.0

资料来源：《北京市人口普查年鉴-2020》《北京市 2010 年人口普查资料》。

二　户籍人口与流动人口婚姻状况

2020 年，北京全市常住人口未婚占比为 20.8%，已婚占比为 72.2%，离婚占 2.8%。[①] 对比北京市户籍人口与流动人口分性别、年龄、受教育程度、职业的婚姻状况可以更加全面地了解北京市人口特征。

（一）户籍人口婚姻状况

2020 年，北京户籍人口未婚人数为 184264 人，占比 15.9%；已婚 872548 人，占比 75.1%；离婚 38374 人，占比 3.3%；丧偶占比 5.7%。总体来看，户籍人口年龄向高龄分布，已婚群体高龄特征凸显。

分年龄组来看，15 岁及以上户籍人口年龄分布集中在 35~39 岁、55~59 岁、65 岁及以上，表现为高年龄组分布特征；未婚群体较年轻，集中在 20~24 岁，推断总数为 52020 人。已婚人口年龄分布集中在 30

① 资料来源：《北京统计年鉴 2023》。

岁及以上。分性别来看，在北京户籍人口中，男性未婚、已婚占比均高于女性，离婚、丧偶则女性占比高于男性（见表2）。

表2　2020年北京市分年龄、性别、婚姻状况的户籍人口情况

单位：%

年龄	未婚			已婚			离婚			丧偶			15岁及以上人口		
	小计	男	女	小计	男	女	小计	男	女	小计	男	女	合计	男	女
15~19岁	3.5	1.8	1.7	0.0	0.0	0.0	—	—	—	—	—	—	3.5	1.8	1.7
20~24岁	4.5	2.3	2.2	0.1	0.1	0.1	0.0	0.0	0.0	—	—	—	4.6	2.3	2.3
25~29岁	3.3	1.7	1.6	2.1	0.9	1.1	0.0	0.0	0.0	0.0	0.0	0.0	5.4	2.7	2.7
30~34岁	2.1	1.1	1.0	7.4	3.6	3.8	0.2	0.1	0.1	0.0	0.0	0.0	9.7	4.8	4.9
35~39岁	1.0	0.5	0.5	8.9	4.4	4.4	0.4	0.2	0.2	0.0	0.0	0.0	10.3	5.1	5.1
40~44岁	0.5	0.2	0.2	7.0	3.6	3.4	0.3	0.1	0.2	0.0	0.0	0.0	7.8	3.9	3.9
45~49岁	0.3	0.2	0.1	7.4	3.7	3.7	0.4	0.2	0.3	0.1	0.0	0.0	8.2	4.1	4.1
50~54岁	0.2	0.1	0.1	7.9	4.0	3.9	0.5	0.2	0.3	0.1	0.0	0.1	8.7	4.3	4.4
55~59岁	0.2	0.1	0.1	9.4	4.8	4.6	0.6	0.2	0.3	0.3	0.1	0.2	10.4	5.2	5.2
60~64岁	0.1	0.1	0.0	8.7	4.4	4.3	0.4	0.2	0.3	0.5	0.1	0.4	9.8	4.8	5.0
65岁及以上	0.2	0.1	0.1	16.2	8.5	7.7	0.4	0.2	0.3	4.7	1.2	3.6	21.6	10.0	11.6
总　计	15.9	8.2	7.6	75.1	38.1	37.0	3.3	1.4	1.9	5.7	1.4	4.4	100.0	49.1	50.9

资料来源：根据《北京市人口普查年鉴-2020》数据推算得出。

分受教育程度来看，15岁及以上户籍人口学历集中在大学本科（25.8%），其次是高中（21.0%）。在未婚的群体中，大学本科学历80076人，占比最高（6.9%），随着教育程度的提升，在未婚群体中，女性高学历占比逐渐高于男性。已婚群体受教育程度占比较高的为初中（17.7%）、大学本科（17.8%），其中本科以上学历男性占比高于女性（见表3）。

表 3　2020 年北京市分受教育程度、婚姻状况的户籍人口情况

单位：%

受教育程度	未婚	已婚	离婚	丧偶	15 岁及以上人口		
					合计	男	女
未上过学	0.1	0.5	0.0	0.6	1.2	0.3	1.0
学前教育	0.0	0.0	0.0	0.0	0.0	0.0	0.0
小　学	0.1	4.0	0.1	1.8	6.1	2.3	3.8
初　中	0.7	17.7	0.7	1.6	20.7	10.4	10.3
高　中	2.8	16.4	1.0	0.9	21.0	10.4	10.6
大学专科	2.6	12.0	0.6	0.4	15.7	8.0	7.7
大学本科	6.9	17.8	0.7	0.4	25.8	12.7	13.0
硕士研究生	2.1	5.5	0.2	0.0	7.8	3.9	3.9
博士研究生	0.5	1.2	0.0	0.0	1.7	1.0	0.7
总　计	15.9	75.1	3.3	5.7	100.0	49.1	50.9

资料来源：根据《北京市人口普查年鉴-2020》数据推算得出。

分职业来看，北京市户籍人口职业集中的前三为社会生产服务和生活服务人员（34.0%）、专业技术人员（31.1%）、办事人员和有关人员（21.1%）。在未婚群体中，专业技术人员占比最高，为 5.6%，在已婚群体中，社会生产服务和生活服务人员占比最高，为 27.5%。在离婚群体中，社会生产服务和生活服务人员占比依然较高（见表 4）。

表 4　2020 年北京市分性别、职业、婚姻状况的户籍人口情况

单位：%

职业大类	未婚	已婚	离婚	丧偶	15 岁及以上人口		
					合计	男	女
党的机关、国家机关、群众团体和社会组织、企事业单位负责人	0.4	4.1	0.2	0.0	4.7	3.3	1.4
专业技术人员	5.6	24.5	0.8	0.1	31.1	13.8	17.3
办事人员和有关人员	3.0	17.4	0.6	0.1	21.1	11.9	9.2
社会生产服务和生活服务人员	5.1	27.5	1.2	0.2	34.0	21.3	12.7

续表

职业大类	未婚	已婚	离婚	丧偶	15岁及以上人口		
					合计	男	女
农、林、牧、渔业生产及辅助人员	0.1	2.0	0.1	0.1	2.2	1.3	0.9
生产制造及有关人员	0.8	5.8	0.2	0.0	6.9	5.4	1.5
不便分类的其他从业人员	0.0	0.1	0.0	0.0	0.1	0.1	0.0
总　计	14.9	81.4	3.1	0.5	100.0	57.0	43.0

资料来源：根据《北京市人口普查年鉴-2020》数据推算得出。

（二）流动人口婚姻状况

2020年，北京15岁及以上的流动人口中已婚的人数为465478人，占比67.5%；未婚人数200781人，占比29.1%；离婚人数14038人，占比2.0%；丧偶9773人，占比1.4%。整体来看，流动人口年龄分布更加年轻且未婚人口占比明显高于户籍人口，此外，流动人口晚婚特征更明显。

分年龄来看，15岁及以上流动人口年龄分布分别集中在25~29岁、30~34岁，表现为较年轻的分布特征，计算得出分别有109844人、124885人。已婚的流动人口主要年龄分布集中在30~39岁，未婚流动人口的年龄则主要集中在20~29岁。分性别来看，北京市流动人口中已婚的男性占比较女性高4个百分点，未婚的男性占比较女性高3.3个百分点，而离婚与丧偶的流动人口中男性占比则低于女性。此外，已婚的流动人口中20~24岁、25~29岁年龄组的女性占比均较男性高0.2个百分点，30~34岁、35~39岁、40~44岁、45~49岁、50~54岁年龄组则是男性占比分别较女性高0.5个、0.8个、0.9个、0.9个、0.9个百分点（见表5）。

表 5　2020 年北京市分年龄、性别、婚姻状况的流动人口情况

单位：%

年龄	未婚			已婚			离婚			丧偶			15 岁及以上人口		
	小计	男	女	小计	男	女	小计	男	女	小计	男	女	合计	男	女
15~19 岁	2.5	1.5	1.0	0.0	0.0	0.0	—	—	—	—	—	—	2.6	1.5	1.0
20~24 岁	9.1	4.9	4.2	0.8	0.3	0.5	0.0	0.0	0.0	0.0	0.0	—	9.9	5.3	4.6
25~29 岁	9.9	5.4	4.5	5.9	2.9	3.1	0.1	0.0	0.0	0.0	0.0	0.0	15.9	8.3	7.6
30~34 岁	4.7	2.7	2.0	13.1	6.8	6.3	0.3	0.2	0.1	0.0	0.0	0.0	18.1	9.7	8.4
35~39 岁	1.5	0.8	0.7	11.4	6.1	5.3	0.4	0.2	0.2	0.0	0.0	0.0	13.3	7.1	6.2
40~44 岁	0.6	0.3	0.3	8.5	4.7	3.8	0.3	0.2	0.2	0.0	0.0	0.0	9.5	5.2	4.3
45~49 岁	0.4	0.2	0.2	7.7	4.3	3.4	0.3	0.1	0.2	0.0	0.0	0.0	8.5	4.7	3.8
50~54 岁	0.2	0.1	0.1	7.1	4.0	3.1	0.3	0.1	0.2	0.1	0.0	0.1	7.6	4.2	3.4
55~59 岁	0.1	0.1	0.0	5.0	2.6	2.4	0.2	0.1	0.1	0.2	0.0	0.1	5.4	2.8	2.7
60~64 岁	0.0	0.0	0.0	3.4	1.7	1.8	0.1	0.0	0.1	0.2	0.0	0.2	3.8	1.7	2.0
65 岁及以上	0.0	0.0	0.0	4.5	2.3	2.2	0.1	0.0	0.0	0.9	0.2	0.7	5.5	2.5	2.9
总计	29.1	16.2	12.9	67.5	35.7	31.7	2.0	0.9	1.1	1.4	0.3	1.1	100.0	53.1	46.9

资料来源：根据《北京市人口普查年鉴-2020》数据推算得出。

从受教育程度来看，15 岁及以上流动人口中初中学历的占比最高（27.2%），其次是大学本科（25.6%）。未婚流动人口中学历为大学本科的占比最高，达到 11.3%，其次为大学专科（6.2%）；已婚的流动人口中学历为初中的占比最高（22.4%）（见表 6）。

表 6　2020 年北京市分受教育程度、婚姻状况的流动人口情况

单位：%

受教育程度	未婚	已婚	离婚	丧偶	15 岁及以上人口		
					合计	男	女
未上过学	0.0	0.5	0.0	0.1	0.7	0.2	0.5
学前教育	0.0	0.0	0.0	0.0	0.0	0.0	0.0
小　学	0.3	5.3	0.1	0.4	6.1	2.9	3.2
初　中	3.7	22.4	0.7	0.4	27.2	16.5	10.7
高　中	4.5	12.8	0.5	0.3	18.1	10.0	8.1

续表

受教育程度	未婚	已婚	离婚	丧偶	15岁及以上人口		
					合计	男	女
大学专科	6.2	9.6	0.3	0.1	16.3	8.1	8.2
大学本科	11.3	13.9	0.3	0.1	25.6	12.6	13.0
硕士研究生	2.8	2.6	0.1	0.0	5.5	2.5	3.0
博士研究生	0.3	0.2	0.0	0.0	0.5	0.3	0.2
总　计	29.1	67.5	2.0	1.4	100.0	53.1	46.9

资料来源：根据《北京市人口普查年鉴-2020》数据推算得出。

分职业类型来看，2020年北京市15岁及以上流动人口中职业为社会生产服务和生活服务人员的占比最高（52.0%），职业为专业技术人员的占比第二（20.3%），职业为生产制造及有关人员的占比第三（14.0%）。与户籍人口相比，流动人口在操作性强的体力劳动行业占比高于户籍人口。在未婚流动人口中，职业为社会生产服务和生活服务人员的占比为15.6%，职业为专业技术人员的占比为8.2%；在已婚的流动人口中，职业为社会生产服务和生活服务人员的占比为35.0%，职业为专业技术人员的占比为11.8%（见表7）。

表7　2020年北京市分职业、婚姻状况的流动人口情况

单位：%

职业大类	未婚	已婚	离婚	丧偶	15岁及以上人口		
					合计	男	女
党的机关、国家机关、群众团体和社会组织、企事业单位负责人	0.5	3.0	0.1	0.0	3.6	2.5	1.1
专业技术人员	8.2	11.8	0.3	0.0	20.3	9.3	11.0
办事人员和有关人员	2.9	6.2	0.2	0.0	9.4	4.7	4.6
社会生产服务和生活服务人员	15.6	35.0	1.2	0.2	52.0	30.3	21.7
农、林、牧、渔生产及辅助人员	0.1	0.6	0.0	0.0	0.7	0.4	0.3
生产制造及有关人员	2.3	11.4	0.2	0.0	14.0	11.6	2.5
不便分类的其他从业人员	0.0	0.0	0.0		0.1	0.0	0.0
总　计	29.6	68.0	2.1	0.3	100.0	58.8	41.2

资料来源：根据《北京市人口普查年鉴-2020》数据推算得出。

三 户籍育龄妇女与流动育龄妇女生育状况

北京市育龄妇女规模下降，总和生育率持续低迷。七普数据显示，北京市育龄妇女规模为 560 万人，较六普时期减少了 53.9 万人。与全国总和生育率（1.3%）相比，北京市总和生育率仅为 0.868%，远低于全国水平。

（一）北京市育龄妇女年龄结构变化

育龄妇女年龄分布向高龄组集中。结合六普与七普育龄妇女年龄结构数据，可以清晰地发现，在北京市育龄妇女中，占比最高的年龄阶段由 2010 年的 20～24 岁后移至 2020 年的 30～34 岁；第二高峰由 25～29 岁年龄段推至 35～39 岁。此外，2020 年低龄组 15～19 岁年龄组仅占 5.1%，与六普相比减少 3.1 个百分点，这侧面反映了未来北京市育龄妇女规模将继续下降（见图 3）。

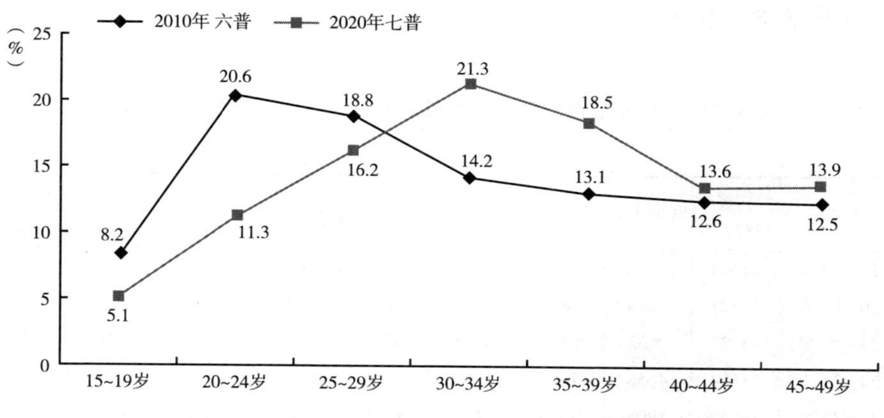

图 3　2010 年、2020 年北京市育龄妇女年龄结构

资料来源：根据第六次、第七次全国人口普查长表得出。

（二）户籍人口与流动人口生育现状

育龄妇女中流动人口年龄分布较户籍人口年轻。分年龄阶段看，户籍人口年龄段集中在30~39岁，其中30~34岁是户籍人口生育高峰期，虽然25~29岁育龄妇女相对较少，约为35~39岁年龄段人数的1/2，但由于人口年龄结构年轻，贡献的生育率处于较高水平。育龄妇女中流动人口年龄分布集中在25~34岁，较户籍人口年轻化，与户籍人口相同的是，30~34岁都是生育率最高的年龄组。

育龄妇女中流动人口生育率略高于户籍人口，不同胎次差异明显。2020年户籍人口的生育率为29.6‰，流动人口生育率为32.9‰。分胎次看，流动人口第一孩出生率高于户籍人口，但第二孩出生率低于户籍人口。2020年户籍人口第一孩出生人数为5164人，第一孩出生率为17.7‰；流动人口的第一孩出生人数为5352人，第一孩出生率为21.4‰，比户籍人口高出3.7个千分点。户籍人口第二孩出生人数为3312人，生育率11.4‰，略高出流动人口第二孩出生率0.7个千分点（见表8、表9）。

表8　2020年北京市户籍人口育龄妇女分年龄、孩次的生育状况

单位：人，‰

年　龄	平均育龄妇女人数	出生人数	生育率	第一孩		第二孩		第三孩及以上	
				出生数	生育率	出生数	生育率	出生数	生育率
15~19岁	21344	2	0.1	2	0.1	—	—	—	—
20~24岁	26521	219	8.3	189	7.1	29	1.1	1	0.0
25~29岁	33227	2132	64.2	1728	52.0	393	11.8	11	0.3
30~34岁	57604	4058	70.4	2395	41.6	1611	28.0	52	0.9
35~39岁	59659	1808	30.3	687	11.5	1059	17.8	62	1.0
40~44岁	43522	352	8.1	138	3.2	201	4.6	13	0.3
45~49岁	49424	46	0.9	25	0.5	19	0.4	2	0.0
总　计	291301	8617	29.6	5164	17.7	3312	11.4	141	0.5

资料来源：根据《北京市人口普查年鉴-2020》数据推算得出。

表9　2020年北京市流动人口育龄妇女分年龄、孩次的生育状况

单位：人，‰

年龄	平均育龄妇女人数	出生人数	生育率	第一孩		第二孩		第三孩及以上	
				出生数	生育率	出生数	生育率	出生数	生育率
15~19岁	8926	27	3.0	25	2.8	2	0.2	—	—
20~24岁	34864	510	14.6	421	12.1	85	2.4	4	0.1
25~29岁	53797	2715	50.5	2164	40.2	527	9.8	24	0.4
30~34岁	56174	3527	62.8	2169	38.6	1277	22.7	81	1.4
35~39岁	41320	1217	29.5	484	11.7	674	16.3	59	1.4
40~44岁	28792	187	6.5	72	2.5	99	3.4	16	0.6
45~49岁	26229	35	1.3	17	0.6	15	0.6	3	0.1
总　计	250102	8218	32.9	5352	21.4	2679	10.7	187	0.7

资料来源：根据《北京市人口普查年鉴-2020》数据推算得出。

育龄妇女中户籍人口整体受教育水平略高于流动人口。七普数据显示，户籍人口中受教育水平在高中及以上的占比为80.9%，共369626人；流动妇女人口中高中及以上受教育水平占比为71.1%，共216265人。一方面育龄妇女受教育程度的提高会带来观念上的变化，追求自我价值的实现；另一方面由于在校时间的延长，客观上导致育龄时间的推移，这也印证了上述育龄妇女年龄分布向高龄化发展的现象（见表10）。

表10　2020年北京市户籍人口与流动人口中育龄妇女受教育情况

单位：人，%

受教育程度	户籍人口	占比	流动人口	占比
未上过学	1507	0.3	2205	0.7
学前教育	38	0.0	98	0.0
小　学	10421	2.3	17231	5.7
初　中	75574	16.5	67689	22.3
高　中	100090	21.9	51396	16.9
大学专科	77016	16.9	54731	18.0
大学本科	140067	30.6	88136	29.0
硕士研究生	44693	9.8	20388	6.7
博士研究生	7760	1.7	1614	0.5
总　计	457166	100.0	303488	100.0

资料来源：根据《北京市人口普查年鉴-2020》数据推算得出。

四 趋势分析

首先，北京市育龄妇女规模将持续下滑。从整体上看，2020 年北京市育龄妇女规模为 560 万人，较六普时期减少了 53.9 万人，占比下降了 5.7 个百分点。低生育陷阱理论中的人口学机制强调人口负增长具有惯性的特点，未来育龄女性数量减少将导致未来出生人口数减少。因此，在不考虑人口迁移的背景下，可以预见北京市未来 10 年生育水平将持续走低。具体来看，2020 年北京市 15~19 岁组女性占育龄妇女人口的 5.1%、20~24 岁组占比 11.3%、25~29 岁组占比 16.2%、30~34 岁组占比 21.3%、35~39 岁组占比 18.5%、40~44 岁组占比 13.6%、45~49 岁组占比 13.9%，育龄妇女年龄结构重心向高年龄组转移，由六普的 20~24 岁后移至 30~34 岁。10 年后，原 15~19 岁组变为 25~29 岁育龄高峰期组，由于 2020 年 15~19 岁组占比极低，仅为 5.1%，因此大致推测可知，2030 年北京市育龄高峰期（25~29 岁）妇女人数会再次跌入谷底，仅为 28 万左右；原 20~24 岁组变为 30~34 岁组，育龄妇女人数大约在 63 万；25~29 岁组变为 35~39 岁组，育龄妇女人数大约在 93 万；原 30~34 岁组变为 40~44 岁组，该年龄区间妇女占比将最多，预计达到 119 万。总体而言，未来 10 年北京市育龄高峰期妇女规模将大幅降低，育龄妇女年龄结构持续上调。

其次，北京市将长期保持低生育水平，户籍人口对生育率贡献逐渐乏力。2020 年户籍人口的生育率为 29.6‰，流动人口的生育率为 32.9‰。通过分析户籍人口与流动人口婚育状况，发现 15 岁及以上户籍人口年龄分布集中在 35~39 岁、55~59 岁、65 岁及以上，表现为高年龄组分布特征，15 岁及以上流动人口年龄分布集中在 25~34 岁，表现为较年轻的分布特征。较年轻的人口年龄分布客观上有利于出生人口的增加。此外。育龄妇女中户籍人口受教育水平略高于流动人口，由于教育年限的延长客观上导致了育龄时间的推移。因此，未来北京市户籍人口对于生育率的贡献逐渐乏力，而年龄结构较年轻的流动人口成为提高生育率不可忽视的力量。

五　主要结论和政策建议

（一）主要结论

从规模看，常住人口与流动人口规模持续降低，户籍人口稳定增长。其中，处在婚育旺盛期（15~49岁）的户籍人口连续大幅下降。

从年龄结构看，育龄妇女年龄分布向高龄组集中，北京育龄妇女规模将继续下降。其中，流动人口年龄分布较户籍人口年轻。

从生育状况看，育龄妇女中流动人口生育率略高于户籍人口，不同胎次差异明显。其中，流动人口第一孩出生率高于户籍人口，但第二孩出生率低于户籍人口。

从婚姻状况看，在未婚群体中，女性高学历占比逐渐高于男性。流动人口未婚占比明显高于户籍人口，流动人口晚婚特征更明显。

从受教育程度看，育龄妇女中户籍人口整体受教育水平略高于流动人口。

从职业分布看，流动人口职业占比最高的为社会生产服务和生活服务人员；与户籍人口相比，流动人口在可操作性强的体力劳动行业占比高于户籍人口。

（二）政策建议

自2021年我国计划生育政策进一步放开生育限制后，北京市对《北京市人口与计划生育条例》进行了相关修订。该条例主要围绕促进人口长期均衡发展、降低生育养育负担、振兴生育水平展开。从整体来看，相关普惠性生育支持政策包括在产假制度上明确女方享受的延长生育假由 30 日调整为 60 日、设立父母育儿假；经济支持包括生育津贴、住房补贴、子女教育补贴、产假补贴等。北京作为超大城市和发达城市，流动人口占比长期稳定在35%以上，2020 年流动人口生育率为 32.9‰，高出户籍人口 3.3 个千分点，可见，流动人口对于北京市生育率的贡献日益重要，因此聚焦流动人口生育支持政策有其必要性。通过梳理相关政策发现，北京市流动人口生育政策呈现碎片化，且保障程度不高。北京作为首都城市，其生育支持政策具有引领示范作用。但面对长期低生育水平的现实情况，生育支持政策有待进一步完善，应从更高层次、全方位多角度地建立健全流动人口与户籍人口生育支持体系。

从世界范围来看，大多数国家和地区的生育率从高位降至低位。鉴于全球生育趋势，世界各国政府制定并实施了一系列支持家庭的措施，这些措施对振兴生育水平产生了不同程度的影响。例如，瑞典实行的普惠性质的家庭支持政策，强调性别平等。不仅如此，还有比较完善的托育服务。除欧洲高福利国家外，日本、美国等国家也采取了家庭援助和税收激励政策。从生育支持政策效果来看，促进男女平等的时间支持政策更能有效地提升生育意愿①。基于内外相关经验以及政策实践效果，将经济政策、就业政策、住房政策、性别政策、家庭支持政策协同规划，有助于生育率维持在一个合理的水平。然而，这些政策的效果是短期的，想要长期提高生育率，需要发展一种家庭友好的文化②。面对北京低生育水平的现实情况，需要统筹考虑流动人口与户籍人口生育服务均衡化发展，在经济支持、时间支持、

① Brinton M. C. Lee D. J, “Gender-role Ideology, Labor Market Institutions, and Post-Industrial Fertility”, *Population and Development Review* (2016): 405-433.

② Hoem J. M., “Verview Chapttr 8: The Impact of Public Policies on European Fertility”, *Demographic Research* 19 (2008): 249-260.

生活服务支持、文化环境支持方面共同发力，构建北京生育友好政策环境。

1. 经济支持上，降低家庭照料成本与企业成本负担

一方面，要扩大参保范围，对流动人口与户籍人口社会保障进行差异化的适度调整，提高城乡居民医疗保险的补贴力度，或降低城镇职工医疗保险的缴费负担。另一方面，分析发现户籍人口和流动人口的年龄重心向高龄组转移，因此高龄孕产妇的产前检查及报销比例建议进一步提高。此外，对比分析发现，育龄妇女中户籍人口整体受教育水平略高于流动人口，高学历女性在理想状态下有着较高的生育期望，但其生育行为受到生育成本以及现代生育观念的影响[①]，从前文分析中也可发现，户籍人口的生育率低于流动人口。因此，家庭育儿补贴的完善至关重要，可以将家庭补贴分为家庭内照料补贴以及托育补贴。代际照料在中国是一股不可忽视的力量[②]，因此可以推行具有价值取向的生育支持政策，提高对代际老人照料孩子的津贴以及住房补助。在企业支持上，我国劳动者在育儿期间的替代薪资大多由用人单位承担，并未建立相应的社会化机制。因此可以借鉴日本的经验，将因育儿而中断就业的行为视为失业，通过社会保险制度将用人单位的用工成本社会化，以此减轻企业成本，进而改善女性就业环境。

2. 时间支持上，明确产假、育儿假的分配使用制度

北京市奖励产假期间为 60 天、陪产假为 15 天，夫妻双方经用人单位同意，可以调整延长生育假、育儿假的假期分配。但是在延长产假和奖励产假期间的工资支付并没有统筹管理与明确规定。通过分析发现，户籍人口职业分布较集中，主要为社会生产服务和生活服务人

① 洪秀敏、朱文婷：《高学历女青年生育二孩的理想与现实——基于北京市的调查分析》，《中国青年社会科学》2017 年第 6 期，第 37~44 页。

② Xu Q, "Division of Domestic Labor and Fertility Behaviors in China: The Impact of Extended Family Traditions on Gender Equity Theory", *China Population and Development Studies* 5 (2021): 41-60.

员及专业技术人员，而流动人口职业分布较分散，有较大比例流动人口从事生产制造的体力劳动行业，这就在一定程度上增加了产假安排的不确定性。因此建议将30天延长假的工资支付纳入生育保险支付范围或专项资金。此外，由于夫妻双方的产假可以与用人单位协商，因此容易导致父职缺失，考虑到性别平等，建议设置一定天数的不可调节的产假及育儿假，同时也可以参考国外的共享育儿假，刚性产假与弹性产假并行。

3. 生活服务支持上，逐渐将普惠性托育服务纳入基本公共服务范围

前文分析发现少儿流动人口有所增加，同时60岁及以上人口占比增长明显，因此应促进流动人口家庭子辈、父辈同堂居住，为家庭中老年流动人口照顾子女提供住房支持，给予老年流动人口照料儿童的补助以提高其积极性。建议构建以政府为主导、以家庭为主体、以社区为平台的市场扩面和社会补充的普惠托育服务体系格局。在婴幼儿健康照护方面，促进医育结合，以卫生健康为切入点，结合现有妇幼保健服务，为3岁以下儿童家庭提供专业的照护支持。此外，应进一步强化财政投入，为托育机构或托育场所提供税费减免、租房补贴，促进市场和社会力量对于开办托育服务机构的积极性，缓解财政压力过大以及市场供给不足的问题。应该以提高人口生育、养育质量为抓手。鼓励社会力量开办托育服务机构以解决市场供给不足的情况，补齐社区托育的短板，合理利用空闲或废置房屋改建托育服务点。同时，加强监督管理，设立幼儿教育和保育相关的政策法案。

4. 文化环境支持上，构建生育友好型社会氛围

性别平等理论认为性别平等是提高生育率的先决条件。公共政策应更加重视性别平等在社会价值观和行为方面的作用，宣传性别平等的观念，鼓励男性参与整个育儿过程[①]。在明确支持女性发展的理念、明确

① 赵梦晗：《全面二孩政策下重新审视公共政策中缺失的性别平等理念》，《人口研究》2016年第6期，第38~48页。

婚姻家庭的主体定位、发展工作—家庭平衡的政策体系三个方向努力[①]。在先行立法方面，我国就业平等的立法零散且层级较低[②]，女性职场求职，特别是在外企或私企的隐性歧视依然存在，因此建议从更高层的立法来规范用人单位，在招聘用人、工作时长、法定假期方面进行监督规范，建设尊重、包容、支持的生育友好型社会。

5. 促进流动人口生育支持服务均衡化发展

由于流动人口与主干家庭存在空间分离，流动人口可能无法获得即时的儿童照料服务，这可能会导致流动人口采取不同的生育策略。生育一胎可能是家庭的硬性需求，但生育二胎则需要权衡养育的成本、效益与职业发展的利弊。因此，可靠的代际托育服务的可获得性和可利用性是影响二胎生育的一个重要因素[③]。尽可能消除流动人口家庭重新融入的障碍，将对其子女的照顾纳入本地公共服务，促进家庭代际支持的功能和作用。加强对因经济压力和育儿成本而不愿生育二胎的家庭提供的公共服务，降低育儿成本，鼓励回归合理育儿，出台育儿和家庭支持措施，提供有效的育儿支持。

① 刘汶蓉：《家庭现代化道路上的女性发展困境与政策出路》，《妇女研究论丛》2023 年第 1 期，第 11~21 页。

② 吕春娟、孙丽君：《全面二孩视域下我国推进就业性别平等的立法构建》，《行政管理改革》2020 年第 3 期，第 40~47 页。

③ 杨菊华、杜声红：《部分国家生育支持政策及其对中国的启示》，《探索》2017 年第 2 期，第 137~146 页。

北京市高龄老人居家养老服务需求及其影响因素研究*

闫 萍　王娟芬　陈知知**

摘　要： 随着老龄化与高龄化程度的普遍加深，北京日益面临较为严峻的人口老化问题，80 岁及以上高龄老年人口的数量及比重也迅速攀升，社区居家养老模式在解决高龄老人的养老照料难题方面发挥着无可替代的作用。本文利用北京市的调查数据，聚焦高龄老人群体，分析其对生活照料、助医服务、无障碍支持服务、精神慰藉等六项居家养老服务的需求状况及相关影响因素。研究发现，高龄老人的居家养老服务需求主要受其健康与身体机能因素的影响，其中基本日常活动能力的影响效应最大；家庭因素中照料者是否感受到身体、心理与经济方面的压力显著影响高龄老人对居家养老服务的需求；社会经济地位因素中高龄老人的受教育水平对其居家养老服务需求的影响效应较大。

关键词： 高龄老人　居家养老服务　北京市

---

* 基金项目：北京社科基金决策咨询重点项目（22JCB046）。

** 闫萍，博士，中共北京市委党校（北京行政学院）社会学教研部教授，主要研究方向为人口发展与城市战略、人口老龄化；王娟芬，中共北京市委党校（北京行政学院），主要研究方向为人口老龄化；陈知知，中共北京市委党校（北京行政学院），主要研究方向为人口老龄化。

一　研究背景

近年来，在我国人口老龄化不断加深的同时，高龄化现象也日益突出。虽然北京在大规模青壮年流动人口的作用下，老年人口抚养比相对全国处于较低水平。但近年来，北京日益面临较为严峻的人口老化问题，80岁及以上高龄老年人口的数量及比重也迅速攀升。2000年第五次全国人口普查时，北京高龄老年人口规模仅为13.3万人，占总人口比重的1.0%；2010年第六次全国人口普查时增加到30.2万人，在总人口中的比重增长至1.5%；2020年第七次全国人口普查（以下简称“七普”）时，北京高龄老人的规模已增长至63.4万人，在总人口中的比重进一步增加至2.9%。北京市统计局公布的最新数据显示，2022年北京高龄老年人口规模达到67.3万人，在总人口中的占比增长为3.1%。随着医疗技术与养老服务水平的不断提升，北京人口平均预期寿命还将进一步提高，老年人口中高龄老人的比重也将持续增长。

与中低龄老人相比，高龄老人面临的养老照料与医疗护理问题更为严峻，对养老服务的需求与中低龄老人相比也存在较大差异。研究表明，我国老年人晚年时期更倾向于居住在自己家中，居家养老的意愿高于机构养老，其中高龄老人选择居家养老的比例更大①。相对于传统家庭养老与机构养老的不足，社区居家养老以家庭为核心、社区为依托的社会化养老服务模式，在解决规模巨大的高龄老人的养老照料难题方面具有无可替代的优势。但由于高龄老人养老照料难的问题近年来才突显，学界对高龄老人的研究还不够深入，政府与社会对高龄老人的关注和支持也存在短板。事实上，规模越来越庞大的高龄老人已成为影响老龄事业发展的关键因素。基于此，本文以北京市的调查数据为基础，聚

① 王莉莉：《基于“服务链”理论的居家养老服务需求、供给与利用研究》，《人口学刊》2013年第2期，第49~59页。

焦 80 岁及以上高龄老人群体，通过二元 Logistic 回归分析等方法研究北京市高龄老人居家养老服务需求的影响因素，并基于实证分析结果进一步提出完善北京市高龄老人居家养老服务体系的对策建议，为政府与社会对高龄老人养老服务体系的建设提供一定的参考与借鉴。

二　数据来源与变量选择

（一）数据来源

本文所使用的数据来源于 2018 年北京市民政局实施的北京市“精准帮扶”需求调查（普查），调查对象为调查时点常住北京市的困境老人、残疾人及困境儿童，其中将困境老人界定为 60 岁及以上家庭困难、失能、残疾、失独、失智、独居老年人以及所有 80 岁及以上的高龄老人。本文选取其中 80 岁及以上的高龄老人样本进行分析，根据“七普”数据进行加权处理后，共计得到 633689 个数据，其中有关高龄老人居家养老服务需求的有效样本为 633170 个。

（二）因变量：高龄老人对居家养老服务的需求

北京市“精准帮扶”需求调查中涉及高龄老人对生活照顾（送餐、助浴、清扫、如厕等）、助医服务、无障碍支持服务、辅助器具配置、精神慰藉、心理疏导等六项居家养老服务的需求情况，故本文的因变量包括高龄老人对上述六个方面的需求所构成的六个变量。

对上述居家养老服务需求变量的定义为高龄老人是否需要某项服务，属于二元选择变量，对该项服务有需求取值为 1，否则为 0。北京市高龄老人对六项居家养老服务的需求状况如表 1 所示，可以发现，北京市高龄老人最需要的居家养老服务是生活照顾（60.8%），其次是助医服务（37.2%），第三是辅助器具配置（28.9%），第四是无障碍支持服务（23.1%），而对精神慰藉（17.8%）及心理疏导（5.0%）的服务需求则相对较低。这反映出北京市高龄老人在生活照料、助医服务、辅助器具配置、无障碍服务等方面面临较大困境与需求，而对精神慰藉和心理疏导的需求相对不太迫切。这与高龄老人健康状况及日常活动能力较差的现象存在直接联系，当基本日常活动功能受损、老年疾病缠身时，高龄老人的注意力与需求点必然集中在基本的日常生活照料、医疗保健、康复治疗等问题上，而较少关注到自身的心理与精神需求。

表 1　北京市高龄老人对六项居家养老服务的需求状况

单位：人，%

项目		生活照顾	助医服务	辅助器具配置	无障碍支持服务	精神慰藉	心理疏导
需要	频数	384715	235796	182832	146135	112511	31824
	百分比	60.8	37.2	28.9	23.1	17.8	5.0
不需要	频数	248455	397374	450338	487035	520659	601346
	百分比	39.2	62.8	71.1	76.9	82.2	95.0
总计样本	频数	633170	633170	633170	633170	633170	633170
	百分比	100.0	100.0	100.0	100.0	100.0	100.0

（三）自变量：高龄老人居家养老服务需求的影响因素

高龄老人的居家养老服务需求受诸多因素影响，结合调查数据特征，本文将高龄老人居家养老服务需求的影响因素分为健康与身体机能因素、家庭因素、社会经济地位因素等。

1. 健康与身体机能因素

身体机能作为老年人身体状况的直接反映，是影响高龄老人对养老服务需求的核心指标，本文选取高龄老人的基本日常活动功能、年龄、自评健康状况三个变量来测量健康与身体机能。第一，基本日常活动功能是高龄老人身体机能最直接和客观的衡量标准，本文中依据高龄老人能否独立完成吃饭、洗澡、如厕、短距离行走等项目制定基本日常活动能力量表（ADL），来测量并确定高龄老人基本日常活动功能等级。第二，年龄越大，身体机能衰老的可能性越大，则越可能形成对居家养老服务的需求。随着我国平均预期寿命的提高，高龄老人中还存在相当部分的超高龄老人，本文也希望验证这一群体的年龄差异是否会对其居家养老服务需求产生显著影响。第三，自评健康状况作为高龄老人对自身身体状况的主观感受与认知，也能直接反映出高龄老人的客观身体机能状况，并影响其对居家养老服务的需求。

2. 家庭因素

尽管传统的家庭结构与家庭功能正在不断弱化，但家庭仍是我国老年人养老服务的重要供给主体，并对老年人的养老服务需求产生重要影响。结合现有数据特征，本文选取高龄老人的婚姻状况、家庭日均照料时间、照料者是否感受到心理压力、照料者是否感受到经济压力、照料者是否感受到身体压力等五个变量作为衡量家庭因素的自变量纳入模型。

3. 社会经济地位因素

养老服务作为一种消费品，尤其是一些非福利性与非公益性的养老产品，其享有和应用常以老年人一定的支付能力作为前提。另外，老年人的社会地位与生活品质等因素也会影响其对养老服务的需求。结合数据特征，本文主要选取高龄老人受教育水平、户口性质、医疗保险类型、养老保险类型等能够反映其社会经济地位的变量纳入模型。

另外，考虑到不同性别的高龄老人对各类居家养老服务的需求可能有所不同，本研究将高龄老人的性别也作为自变量之一纳入模型进行讨论。上述变量的基本描述性统计结果如表 2 所示。

表 2　自变量的基本描述性统计结果

单位：人，%

变量	频数	百分比
健康与身体机能因素		
基本日常活动功能		
功能完好（对照项）	234118	37.0
轻度受损	318640	50.3
中度受损	41204	6.5
深度受损	39151	6.2
年龄	连续性变量	连续性变量
自评健康状况		
非常好（对照项）	21962	3.5
比较好	142374	22.5
一般	353750	55.8
不太好	92484	14.6
很差	23078	3.6
家庭因素		
婚姻状况		
未婚（对照项）	2308	0.4
已婚	329586	52.0
离婚	5003	0.8
丧偶	296457	46.8
同居	294	0.0
家庭日均照料时间	连续性变量	连续性变量
照料者是否感受到心理压力		
否（对照项）	61768	57.9
是	44997	42.1
照料者是否感受到经济压力		
否（对照项）	45627	42.7
是	61138	57.3
照料者是否感受到身体压力		
否（对照项）	31571	29.6
是	75194	70.4
社会经济地位因素		
受教育水平		
未上过学（对照项）	121391	19.2

续表

变量	频数	百分比
小学	218730	34.5
初中	117857	18.6
高中/中专	79216	12.5
大学专科	39047	6.2
大学本科	55180	8.7
研究生	2210	0.3
户口性质		
外地非农业户口（对照项）	2919	0.4
外地农业户口	529	0.1
北京市非农业户口	502485	79.3
北京市农业户口	127229	20.1
其他	527	0.1
医疗保险类型		
城镇职工基本医疗保险（对照项）	300312	47.4
城乡居民基本医疗保险	269807	42.6
公费医疗或劳保医疗	53617	8.5
农民工综合保险	297	0.0
其他医疗保险	4441	0.7
没有任何医疗保险	5177	0.8
养老保险类型		
城镇职工基本养老保险（对照项）	316774	50.0
个体工商户灵活就业养老保险	543	0.1
城乡居民基本养老保险	240856	38.0
机关事业单位离退休待遇	52485	8.3
农民工综合保险	222	0.0
其他养老保险	3973	0.6
没有任何养老保险	18655	2.9
其他因素		
性别		
男（对照项）	290353	45.8
女	343322	54.2

三　北京市高龄老人居家养老服务需求影响因素的实证分析

各类居家养老服务之间具有较强的异质性，不同类型养老服务需求的影响因素可能存在差异，不同因素对高龄老人养老服务需求的影响效应也不尽相同，这是需要针对各类养老服务需求的影响因素进行实证分析的原因。研究中测量高龄老人居家养老服务需求的六个变量均是二元变量，因此，实证分析部分采用二元 Logistic 回归模型来估计不同因素对高龄老人居家养老服务需求的影响效应，六项居家养老服务需求的模型估计结果见表 3。根据多重共线性检验结果，所有自变量的方差膨胀因子均小于 3，远低于临界值 10，因此，可以认为自变量之间存在多重共线性的可能性较小。同时，模型的总体平均预测正确率在 70%以上，最高超过 90%，可见模型拟合程度较好。

表 3　高龄老人居家养老服务需求的二元 Logistic 回归结果

变量	生活照顾	辅助器具配置	无障碍支持服务	助医服务	精神慰藉	心理疏导
健康与身体机能因素						
基本日常活动功能						
轻度受损	1.005 (0.020)	1.890*** (0.021)	1.216*** (0.022)	1.147*** (0.019)	1.078** (0.025)	0.886*** (0.043)
中度受损	1.278*** (0.025)	2.098*** (0.026)	1.361*** (0.026)	1.275*** (0.024)	1.203*** (0.032)	1.023 (0.053)
深度受损	1.321*** (0.026)	1.716*** (0.026)	1.088** (0.027)	1.322*** (0.025)	1.192*** (0.033)	0.914 (0.054)
年龄	1.011*** (0.002)	0.994*** (0.002)	1.005** (0.002)	1.002 (0.002)	1.010*** (0.002)	0.978*** (0.004)
自评健康状况						
比较好	1.039 (0.085)	1.147 (0.094)	1.153 (0.101)	1.060 (0.089)	1.274* (0.123)	1.282 (0.218)

续表

变量	生活照顾	辅助器具配置	无障碍支持服务	助医服务	精神慰藉	心理疏导
一般	1.450*** (0.082)	1.189 (0.091)	1.332** (0.098)	1.510*** (0.087)	1.496*** (0.120)	1.326 (0.212)
不太好	1.325*** (0.083)	1.622*** (0.091)	1.427*** (0.098)	1.595*** (0.087)	1.015 (0.121)	1.446 (0.213)
很差	1.460*** (0.085)	1.546*** (0.093)	1.462*** (0.100)	1.762*** (0.089)	0.986 (0.123)	1.476 (0.216)
家庭因素						
婚姻状况						
已婚	0.952 (0.100)	1.003 (0.100)	1.037 (0.107)	0.872 (0.098)	0.904 (0.141)	0.885 (0.217)
离婚	0.787 (0.139)	0.959 (0.140)	1.139 (0.146)	0.766* (0.136)	0.716 (0.194)	0.880 (0.302)
丧偶	0.841 (0.100)	1.091 (0.100)	1.078 (0.107)	0.900 (0.099)	0.893 (0.141)	0.919 (0.217)
同居	1.195 (0.487)	2.093 (0.429)	5.249*** (0.450)	0.879 (0.424)	1.790 (0.462)	0.000 (8078.456)
家庭日均照料时间	0.998* (0.001)	1.007*** (0.001)	1.007*** (0.001)	0.992*** (0.001)	0.980*** (0.001)	0.995* (0.002)
照料者感受到心理压力	1.132*** (0.015)	1.216*** (0.014)	1.257*** (0.015)	1.025 (0.014)	1.510*** (0.018)	2.349*** (0.032)
照料者感受到经济压力	1.085*** (0.015)	1.464*** (0.015)	1.261*** (0.016)	1.385*** (0.014)	1.309*** (0.019)	1.321*** (0.033)
照料者感受到身体压力	1.159*** (0.015)	1.589*** (0.015)	1.748*** (0.017)	1.939*** (0.015)	1.376*** (0.020)	0.917** (0.034)
社会经济地位因素						
受教育水平						
小学	1.167*** (0.017)	1.030 (0.017)	1.133*** (0.018)	1.129*** (0.016)	1.197*** (0.023)	1.305*** (0.038)
初中	1.287*** (0.025)	0.939** (0.024)	1.156*** (0.025)	1.214*** (0.023)	1.420*** (0.030)	1.620*** (0.050)

续表

变量	生活照顾	辅助器具配置	无障碍支持服务	助医服务	精神慰藉	心理疏导
高中/中专	1.263*** (0.030)	0.884*** (0.029)	1.112*** (0.031)	1.137*** (0.028)	1.278*** (0.036)	1.252*** (0.065)
大学专科	1.254*** (0.041)	0.992 (0.040)	1.198*** (0.041)	1.339*** (0.038)	1.356*** (0.048)	2.048*** (0.076)
大学本科	1.319*** (0.035)	0.908** (0.034)	1.296*** (0.035)	1.333*** (0.032)	1.579*** (0.040)	1.693*** (0.071)
研究生	1.620** (0.153)	0.923 (0.139)	1.026 (0.145)	1.134 (0.132)	1.246 (0.169)	2.153** (0.254)
户口性质						
外地农业户口	0.074 (0.283)	1.197 (0.292)	0.812 (0.347)	0.797 (0.283)	1.297 (0.332)	0.965 (0.458)
北京市非农业户口	1.244 (0.125)	1.009 (0.127)	1.252 (0.140)	0.682*** (0.121)	0.811 (0.142)	0.636* (0.213)
北京市农业户口	0.901 (0.126)	1.480** (0.128)	1.549** (0.141)	0.566*** (0.122)	0.539*** (0.144)	0.368*** (0.216)
其他	1.737* (0.266)	2.238*** (0.239)	3.404*** (0.245)	0.564* (0.236)	0.701 (0.299)	0.375 (0.535)
医疗保险类型						
城乡居民基本医疗保险	1.726*** (0.040)	1.000 (0.036)	0.978 (0.038)	1.004 (0.035)	1.040 (0.045)	1.032 (0.080)
公费医疗或劳保医疗	1.408*** (0.065)	1.185** (0.061)	1.258*** (0.062)	1.233*** (0.059)	1.098 (0.075)	0.656*** (0.132)
农民工综合保险	2.963*** (0.281)	0.594* (0.262)	1.183 (0.257)	1.262 (0.246)	1.070 (0.331)	1.213 (0.459)
其他医疗保险	1.593*** (0.081)	0.735*** (0.079)	0.708*** (0.086)	1.124 (0.076)	0.716** (0.111)	0.906 (0.158)
没有任何医疗保险	2.916*** (0.110)	0.954 (0.099)	0.693*** (0.110)	0.801* (0.098)	0.721* (0.145)	1.446* (0.175)
养老保险类型						
个体工商户灵活就业养老保险	0.822 (0.340)	0.854 (0.316)	1.299 (0.313)	0.409** (0.336)	2.279** (0.317)	1.032 (0.692)
城乡居民基本养老保险	0.503*** (0.041)	1.022 (0.037)	0.993 (0.039)	0.942 (0.036)	0.858*** (0.046)	1.367*** (0.081)

续表

变量	生活照顾	辅助器具配置	无障碍支持服务	助医服务	精神慰藉	心理疏导
机关事业单位离退休待遇	0.819** (0.067)	1.083 (0.063)	1.042 (0.064)	0.948 (0.061)	0.985 (0.077)	1.340* (0.132)
农民工综合保险	0.362*** (0.286)	1.188 (0.290)	0.887 (0.314)	0.524* (0.305)	1.201 (0.364)	3.832*** (0.412)
其他养老保险	0.612*** (0.083)	1.057 (0.080)	0.976 (0.085)	0.903 (0.078)	1.089 (0.109)	1.990*** (0.159)
没有任何养老保险	0.489*** (0.051)	0.933 (0.049)	0.979 (0.051)	0.975 (0.047)	0.817** (0.065)	1.462*** (0.103)
其他因素						
性别						
女	1.086*** (0.015)	0.959** (0.015)	0.997 (0.015)	1.089*** (0.014)	1.068*** (0.019)	1.037 (0.032)
有效个案数	54784	54784	54784	54784	54784	54784
预测正确率	66.4	62.8	69.9	58.4	83.4	94.9%

注：括号中的数值为标准误差。*、**、*** 分别表示在10%、5%、1%的显著性水平下显著。

四 主要结论

随着人口老龄化程度的不断加深及人口平均预期寿命的提高，未来北京市老年人口中高龄老人的规模与比重将保持持续增长的态势。加之高龄老人带病生存时间的延长，高龄老人的养老照料问题无疑成为首都积极应对人口老龄化进程中的重点与难点。了解高龄老人的居家养老服务需求，不仅有利于相关养老服务与养老产业的培育和发展，也有利于高龄老人获得更加符合自身需求的养老服务，更好地发挥居家养老模式在高龄老人养老事业中的关键作用。基于以上对北京市高龄老人居家养老服务需求及其影响因素的剖析，本文得出以下主要结论。

第一，在本文所考察的六项居家养老服务中，北京市高龄老人对生活照顾的需求最为强烈，占比达到60.8%。这表明在高龄老人基本日常活动能力普遍下降的背后，随之而来的是他们对生活照顾的需求。然而数据表明，仅31.3%的高龄老人有照料者，近七成的高龄老人是无人照料的。其次，北京市高龄老人需要助医服务的比例接近四成，这反映出传统的医疗服务已经难以满足高龄老人的医疗护理需求，随着健康状况的下降以及慢性病患病率的上升，高龄老人对居家护理与康复治疗等方面的需求更加强烈。此外，高龄老人对辅助器具配置与无障碍支持服务的需求占比分别达到28.9%、23.1%，这与高龄老人失能比重较高有关，同时也反映出北京市失能及残障老人中未获得辅助器具配置与无障碍支持服务的比重较高。最后，高龄老人对精神慰藉及心理疏导服务的需求占比分别为17.8%、5.0%，可见高龄老人需要精神关怀与陪伴的比重明显高于需要心理疏导的比重。这表明高龄老人的心理健康状况相对乐观，而精神层面的空缺较为突出，启示我们应该更加注重对高龄老人的精神关怀与慰藉。

第二，健康与身体机能因素中应重点关注高龄老人的基本日常活动功能因素对居家养老服务需求的影响。数据显示，基本日常活动功能对高龄老人居家养老服务需求的影响效应最为突出。基本日常活动功能对高龄老人的辅助器具配置、助医服务、生活照顾、无障碍支持服务、精神慰藉等五项需求均存在显著正向影响，对心理疏导需求则不存在显著影响。其中失能程度低的高龄老人对辅助器具配置与助医服务表现出较高需求，失能程度高的高龄老人除具有上述基本需求外，还显示出对精神慰藉服务的强烈需求。因此，在构建高龄老人居家养老服务体系时，应充分考虑高龄老人的基本日常活动功能这一因素，对不同失能程度的高龄老人给予差异化的居家养老服务供给，如更加关注重度失能高龄老人的精神慰藉问题以及轻度失能高龄老人的辅助器具配置、无障碍支持服务与助医服务问题等。

第三，家庭因素中需注重考量高龄老人照料者的压力与困境对其居家养老服务需求的影响作用。照料者在照料高龄老人时所产生的经济压力、心理压力与身体压力都直接影响着高龄老人及其家庭对各项养老服务的需求。照料者感受到心理压力的家庭中，高龄老人对精神慰藉与心理疏导服务的需求尤为强烈；当照料者感受到身体压力时，高龄老人及其家庭最需要的服务则是助医服务、无障碍支持服务与辅助器具配置；当照料者感受到经济压力时，高龄老人及其家庭最需要的养老服务主要表现在辅助器具配置、助医服务等方面。但不论是哪一方面的压力，对高龄老人及其家庭的各项养老服务需求都存在极为显著的影响。因此，在对高龄老人进行居家养老服务供给时，不能忽视家庭照料者这一主体，应更加关注照料者面临的压力与困境，并为其提供相应的服务与支持。

第四，社会经济地位因素中受教育水平的影响效应突出，不同受教育水平的高龄老人对各项居家养老服务的需求差异较大。受教育水平较高的高龄老人基本表现出对精神慰藉与心理疏导服务的强烈需求，其对生活照顾、助医服务与无障碍支持服务的需求也存在显著正向影响，对辅助器具配置的需求则出现显著降低的现象。这一方面可能由于高学历老人在辅助器具配置等经济方面的需求已经得到较好的满足，进而希望寻求更高层次的服务；另一方面也反映出高学历老人对生活品质及精神层面的追求较高的现象。因此，在培育和发展养老服务与养老产业时应更加关注群体差异，为不同受教育水平与社会经济地位的高龄老人提供更加符合需求的养老服务，既通过提供普惠性养老服务满足困难群体的基本需求，也注重引入市场机制为支付能力强的老年群体提供更高品质的服务，从而推动老年产业发展，也全面增进老年人福祉。

五　对策建议

本文以 2018 年北京市民政局实施的北京市“精准帮扶”需求调查数据为基础，通过对“七普”数据进行加权处理，选取 80 岁及以上的老年人作为研究对象，分析北京市高龄老人居家养老服务需求及影响因素。基于实证分析得出研究结论，提出以下对策建议，以更好地满足北京市高龄老人居家养老的服务需求。

第一，建立和完善“以需求为导向”的养老服务供给体系。调查显示，北京市高龄老人的养老服务需求呈现多样性特征，且不同类型高龄老人的养老需求表现出异质性。因此，需要从需求方出发，针对不同类型的高龄老人，建立多层次、多元化的养老服务体系。例如，针对基本日常活动功能中度、深度受损的失能老人，侧重于提供生活照顾和辅助器具配置服务；而对于照料者感受到压力的老人，侧重于提供精神慰藉与心理疏导服务。因此，无论是政府、企业还是社会组织等服务主体，必须坚持以“以需求为导向”的服务供给理念，只有以老年人的需求为导向提供相应服务，才能从根本上提高居家老年人的生活质量。

第二，聚焦失能老人群体，将失能老人作为居家养老服务的重点服务人群。居家社区养老服务对象应突出重点服务人群——残障老人（含失能老人）[①]。调查显示，基本日常活动功能的受损程度对居家养老服务需求有显著影响，因此，应关注失能因素对完善高龄老人居家养老服务的作用。对于健康与身体机能受损的失能老人，除传统的家庭照料模式外，应以社区为单位发展社区助老服务。首先，基层党委和居委会应发挥牵头作用，积极整合社区的助老助残资源，定期上门走访了解失能老人的服务需求与满足情况，将有限的服务资源集中于社区中最困难、最失能、对助老需求最迫切的老年人。其次，应积极培育社区专业服务人员队伍，引进社会工作者、专业护理员等人才指导居家社区养老工作。

第三，关注老年人及家庭照料者的心理健康，建立老年人照顾者的社会支持网络。调查表明，当照料者感受到心理压力时，高龄老人对精神慰藉与心理疏导服务的需求尤为强烈。值得关注的是，“压力”对于老年人及其家庭照料者双方是同时存在的，照料者因花费精力照料老人而感受到心

① 许琳、唐丽娜：《残障老年人居家养老服务需求影响因素的实证分析——基于西部六省区的调查分析》，《甘肃社会科学》2013年第1期，第32~37页。

理、经济和身体方面的多重压力，这种压力又会为受照料者（老年人）带来心理压力，可能会引发其自责、内疚等消极情绪，从而产生对心理疏导的强烈需求。因此，疏解照料者的压力，既有利于促进被照料老人的心理健康，也有利于改善家庭成员之间的关系。照料者往往被迫建立以失能老人为中心的生活模式，因照料责任而中断自由社交等生活计划，调整自己原有的生活习惯①。针对此问题，应建立老年人照顾者的社会支持网络，一方面，家庭成员可根据自己的时间安排，轮流照料老年人，家庭成员之间相互帮助和鼓励；另一方面，社区应定期开展心理健康义诊活动，引入专业的医护人员，及时发现照料者的心理问题并予以指导。

第四，加强老年健康宣传教育，完善老年健康服务体系。调查表明，相比未上过学的老年人，大学本科及研究生教育水平老人的精神慰藉和心理疏导需求更高。这反映出高学历老人更加关注自己的精神健康状态，有较高层次的精神需求。因此，针对学历较低、健康意识薄弱的高龄老人，需加大普惠性老年健康的宣传工作，提升老年人的自助服务与健康管理意识。此外，需完善老年健康服务体系，着力构建包括健康教育、预防保健、疾病诊治、康复护理、长期照护、安宁疗护在内的老年健康服务体系②。

参考文献

闫萍：《失能老人家庭照护者的社会支持研究——基于北京市的分析》，《北京行政学院学报》2019 年第 3 期。

闫萍、王娟芬：《中国女性高龄老年人口的特征差异及变动趋势——基于第七次全国人口普查数据的分析》，《山东女子学院学报》2023 年第 2 期。

① 王瑶、李贵妃、何秋：《失能老人照顾者照顾体验质性研究的 Meta 整合》，《护理研究》2021 年第 9 期，第 1580~1587 页。

② 白剑峰：《积极促进健康老龄化（无影灯）》，《人民日报》2023 年 2 月 10 日，第 019 版。

“地方依恋”概念处理的困境与影响要素分析*

宋　梅**

摘　要：学者对地方依恋的研究传统往往局限于邻里和社区的空间范围，除了一些对居住（住房）偏好的研究外，大多数关于地点依恋的研究视“地方”为社会环境的一部分，很少提及“地方”的物理层面，也很少提及“地方”研究的可操作性。“地方依恋”的研究既包括宏大的哲学理论命题，又包含日常生活过程中的常识性发现。本文在五种空间类型（住宅、邻里、城市、地区、国家）和两个维度（物理和社会）内对地方依恋进行比较研究。研究发现，在不同的空间类型和维度内，地方依恋的发展程度不同：①邻里关系最弱；②社会依恋大于身体依恋；③依恋程度因年龄和性别而有所差异。

关键词：地方依恋　空间类型　物理维度　社会维度

近年来，社会科学越来越关注人与人之间关系的研究，而人与地方（场所）的关系研究则进展缓慢，但“地方”正在变得更加重要。随着

* 基金项目：北京市社会科学院一般项目（项目编号：KY2024C0199）。

** 宋梅，北京市社会科学院城市问题研究所副研究员，主要研究方向为城市社区治理。

全球化和城市化带来的流动性增加，各地城市景观日益趋同以及地方文化特性正在丧失，如果说“地方”需要被重新定义，就是因为全球化、现代性、高效性、日常生活的虚拟化摧毁并破坏了人们与“场所”的有意义的联结，那么“地方”不仅没有失去意义，而且在当代世界的重要性实际上可能有所增加。由于许多城市在建筑和商业上的千篇一律，全球文化的同步性侵入每个城市，个体有时无法确定自己身在哪个城市，因此地方感和地方归属感仍是现代人类生活追求的一部分，如何调和对特定地方密切情感与当代城市快速流动之间的关系是一个极具挑战的时代问题。

一　关于“地方”的定义和反思

很长一段时间以来，在处理“地方依恋”概念问题时，首先面临的棘手问题是理论和实证层面的路径不一致，无论是名称、定义还是处理方法都没有达成统一意见。关于“地方”的定义较笼统，随着生活方式的改变，人们居住或旅游的地方往往会发生变化，第二住所或季节性住所、娱乐场所或通勤者临时住所都成为“有意义的地点——地方”的一部分。

关于“地方”的定义本身就是各学科对人类具有意义的“场所”的反思。传统经典理论将“地方”定义为“一个具有独特身份和历史连续性的有界实体，一个舒适的休息地和防御外部风险的地方”。而当代地理学则将“地方”定义为“开放的十字路口”，是一个召开会议的场所，而不是休息的飞地，一个具有互动潜力的场所。[①] 将“地方”理解为一个稳定的、有界限的和具有历史连续性的实体符合传统的、保守的社会观点，而将“地方”作为潜在社会互动的概念更好地描述了当

① Manzo, L. C., “For Better or Worse: Exploring Multiple Dimensions of Placemeaning”. *Journal of Environmental Psychology* 25 (2005): 67-86.

今全球化世界空间存在的特征，但调和这两种观点之间的冲突并不容易。“地方依恋”概念可以超越居住场所的概念并尝试包括其他有意义的场所，比如工作场所、娱乐场所、虚拟或想象的地方等。在过去十年中，“地方依恋”研究中最明显的趋势就是对永久住所以外的地方依恋研究兴趣日益增长，这种研究兴趣的增长与经济发展进程和产业转型密切相关，传统的农业地区发展为旅游休闲度假区，人们的生活日益富裕，有条件拥有多套住房进行度假、休息，这种转型有助于提高人对高舒适度“地方”之间依赖关系的兴趣。

二 处理“地方依恋”概念的困境

关于“地方依恋”的专业术语很多，有“社区依恋”“社区感”“场所认同”“场所依赖”“场所感”等，很难区分这些概念是同一概念还是不同的概念，有些术语包含了其他概念的通用部分（例如，地方依恋是地方认同的一个组成部分）。研究者们不加区分地使用它们，就好像它们是同义词，这种专业术语概念界定上的混乱严重影响了“地方依恋”研究领域的发展。尽管如此，在“地方依恋”一词的使用上学界存在一定程度的共识。一般来说，地方依恋被定义为“人与特定场所之间的情感纽带或联系”。也有学者将其定义为“人与其居住环境之间的积极情感纽带或联系”或者“人对某个地方的情感投入”以及“个体对特定环境的认知或情感联系”。这些定义描述出了个体对某些地方的特殊感觉，但缺点是过于模糊，很难将“依恋”与其他密切相关的概念区分开来，比如居住满意度，它被定义为“居住者对居住地点的积极或消极感觉”。因此有必要对“地方依恋”的概念进行进一步界定。为了达到这一目的，需要回到“地方依恋”概念的最主要特征之一：与依恋对象保持亲密关系的愿望。这一特征虽然隐含在许多概念的定义和操作中，但很少得到明确强调。因此，如果将这一最重要的特征纳入对“地方依恋”的定义之中，地方依恋的概念就可以界定为“个体与特定地方的积极情感联系，其主要特征是个体倾向于保持对该地方的亲近。它反映了人们倾向于待在特定地点附近的普遍现象，人们普遍倾向于找到一个令其感到舒适和安全的地方”。

在一个地方度过的时间长短一直被视为地方依恋的最佳预测因素，但是，为什么在一个地方居住时间越长的人对该地方越有归属感？这种一致性关系是由熟悉程度的增加引起的，在高度熟悉的区域，人的安全感会同步增加。此外，居住时间只是更长的变量链条的中间一环，其中一个中间变量是当地的社会关系。随着居住时间的推移，社会关系及其伴随的人生记忆和地方所带来的“意义”变得更加丰富。居住多年的“地方”往往与生命历程和生命中的某几个重要阶段密切相关，如童年的成长、伴侣的相遇、结婚生子和变老等，这些重要的生命历程丰富了与地方相关的意义，并提供了一种深刻的自我延续感。

三十多年前，现象学学者西蒙提出场所感是通过“身体芭蕾”和“时空惯例”而产生的，即在该“地方”进行一系列循环重复的日常活动（停车、购物、遇见邻居或进行其他日常生活活动）。“身体芭蕾”和“地点”结合起来共同构成了“地方芭蕾”，本地生活的存在性被内化为属于地方的生活节奏，“地方芭蕾”是地方保持生活品质的方式之一。“时空惯例”是地方生活稳定的基础，围绕“时空惯例”可以创造新的关于“地方”的意义，“地方”既具有规律性的生活，又有多样性的生活，既有秩序，又有不同于其他地方的变化。“时空惯例”需要时间来发展和建立，居住时间与“地方”的情感联系往往呈现强烈的正相关性。地方依恋是在同一个地方日复一日生活习惯的产物。“身体芭蕾”可能不是产生地方依恋的唯一机制，但它是重要的组成部分。

另一个未得到足够关注的“地方依恋”问题是形成“依恋”的空间尺度。目前学界的大多数研究将地点范围集中在“邻里”或社区环境上。邻里空间一直是研究人员最常选择的空间范畴，也就是说，对地方依恋的研究仅限于邻里依恋研究。形成这种研究路径依赖的原因很多，一方面，可能受居住满意度研究的影响，居住满意度与地方依恋研究密切相关；另一方面，存在某种隐含的假设：邻里依恋是形成地方依恋的最重要原因。这就意味着对邻里的依恋关系比其他空间层次的依恋重要，例如对于房子、城市或地区的依恋。那么，真正的问题是“邻里是否是地方依恋的最重要因素？”事实上高层住宅楼是影响“地方依恋”的消极因素，高层建筑通过削弱邻里关系和对公共区域维护的缺失，直接或间接地影响了人们对住宅小区的依恋。相对于高层建筑，人们普遍更喜欢低密度住宅小区，尽管高层建筑社区拥有更多的邻居，但事实上人们喜欢的不是邻里关系，而是对社区公共空间的控制与管理，住户越少，对住宅公共空间的管理与协商更容易实现，建筑物规模的大小与地方依恋之间也存在微弱的联系。房屋所有权状态也是影响地方依恋的因素，租房者永远不能确定他们会在现在的住所中居住多久，因此不会深深扎根于这个“地方”，但所有权增加了业主对生活区域的关注与控制，因为一个业主在购买和装修住宅时投入大量的金钱、时间和情感，人们通常会在喜欢的地方购买房屋。所有权增加了一个人或一个家庭对地方确定性的依恋。

人们可以对其他类型的空间产生依恋，比如房子或街道，也可以对更大尺度的空间产生依恋，比如城市或国家。家庭住宅是高层建筑公寓楼的一部分，是社区的一部分，是城市的一部分，是地区、国家、大洲的一部分。随着流动性的增加以及高铁、飞机等快速交通工具的普及，人们的空间视野被扩大了。传统社会具有很强的地域性特征，人们被局限在自己的村庄和小城中，而全球化进程的加快和流动性的增加将人们潜在的身份扩大到更高层次的“地方”，产生依恋的地方在空间尺度、具体形式方面也呈现出多元化特征，既可以是比较小的地方（景观、物体等），也可以是街区、城市等。空间界定越清晰的“地方”，可能获得的意义就越多，成为依恋目标的机会就越多。一项关于居民身份认同的问卷调查表明，大多数居民认同城市、住宅、社区和地区（街道和区）四个空间，一半的居民认同自己的“市民”身份，1/5 的居民仅认同“街区”的居民身份，1/8 的居民认同其居住的“房屋”身份，只有 1/10 的居民认同“社区”身份，社区身份认同最弱，但“社区依恋”在“地方依恋”的研究中最受重视。[①] 与其他空间关系相比，个体和邻里的连接最弱，和住宅的连接最强。在当代社会中，精英往往是世界性的，而大多数人仍然是认同“本地”身份的，可以推断出当代社会的精英和流动人口更喜欢流动性而不是“本地性”身份，对于大多数“土著”市民来说，情况则相反。人们到底对什么样的“地方”会产生依恋以及什么样“地方”或怎样的“维度”会更有可能激发人们的“依恋”情感是需要进一步研究的内容。

三 “地方依恋”的目标和对象

研究人与人之间关系的大多数研究者往往只关注地方依恋的一个尺度，即邻里，比较不同地方的依恋关系，可以发现地方空间尺度的选择并不一定与地方依恋的关系重要性相一致，除了邻里，住宅、城市、地区和国家也与地方依恋密切相关的。当然，地方是人际关系、社区邻里关系和文化关系发生的背景和储存库，人们依附的是社会关系，而不仅仅是作为物理空间的场所。

1. 住宅

在流动加剧的当代社会，个体的多重身份是常态而不是例外，不同的背景使不同类型的身份凸显出来，远离家乡可能会使家庭纽带和地方依恋变得更加突出。家是延续、秩序、扎根、自我认同、依赖、隐私、舒适、安全和庇护等的象征，人们习惯于“以家庭为中心”，住宅意味

① 《2021 中国旅居度假白皮书》，https：//www. mafengwo. cn/travel-scenic-book-type/mafengwo/1025. html。

着所有权，最容易产生依恋的地方是每家房子所在的地方，位置依赖是一种基于功能的依恋。与其他地方的替代方案相比，一个特定地方的价值取决于它满足个人或群体的需求或行为目标的能力。

大量的研究致力于“是什么使个体对地方形成依恋?”，“意义”和“偏好”是两个重要的影响因素。“意义”可以定义为“由景观唤起的思想、感情、记忆和解释”，个体将物理环境与意义、目的、象征性含义或价值联系起来一样。“偏好”则可以定义为“与其他地方相比，对某地的特殊喜欢程度”。但“场所依恋”是一个多维的概念，它不能仅仅通过一两个因果关系来解释，个体对这个地方的依恋是基于对某个地方的愉悦感，如果他们不得不离开“这个地方”会感到遗憾或悲伤，这些积极和消极的情绪与人们如何解释场所偏好的本质有关，这不仅仅是因为需求从该场所的物理空间上得到满足。有些地方给人一种说不清道不明的幸福感，成为我们一次又一次想回去的地方。其他场景，尤其是戏剧性的风景或强烈体验的地点，会引起一种几乎直接的、亲密的和情感上的联系，个体甚至不需要亲眼看到这些地方就能感受到联系或依恋。情绪价值是地方依恋形成的核心，并加强了个体与环境之间的关系。情感反应方式很难被发现。成年人对童年生活地方的记忆可以唤起强烈的记忆和情感联系，包括爱、悲伤、快乐、安全感和认同感。由于更生动的感官内容，童年时固定的记忆可能会特别强烈。

2. 城市

城市处于“地方”概念的意义中心，完美地演绎和展示了“地方”的意义，城市可以在地图上轻松找到，可视化也十分容易。城市是专为人类使用而创造的环境，对市民和外来人口一样友好，城市比街区和地区的边界更为清晰，与其他边界相比，城市在时间上是稳定和连续的。对城市的依恋是人与场所或环境之间的情感纽带，可以表现为强烈的城市认同感，通常与对城市文化的认同感混合在一起，但也可以纯粹地表现为个人对一个城市的某些方面的热爱。城市依恋是一个相对综合的概念，它包含了情感、信任以及与空间、场所相关的认同、一致性行为和共同活动之间的相互作用。当城市空间界限被赋予意义并相信它有价值时，城市空间就变成了地方依恋的尺度。城市依恋是随着时间的推移由不同的人群构建的，场所的构建是动态的，受人的感知、认知、自我概念、社会动力、经济、文化和历史的影响，对城市的感知是不断变化的，取决于社会互动、时代背景和产业发展。

3. 邻里

作为可定义的空间和社会单位，“街区”的概念广泛存在于城市社会学家和城市规划人员的头脑中，邻里社区本身嵌套了不同的区域，既有街道街区，又有绿地、运动场所等微设置，还有生活在同一楼栋和不同楼栋的邻里，将邻里社区理解为同质区域可能意味着许多想象不到的不同，例如建筑物类型、基础设施、人口构成、环境特征、获得工作和服务的机会、社会互动及情感特征方面的差异①。根据使用的标准类型来划分，居住在同一社区的人可能会使用不同的邻里定义。尽管邻里的边界不明确，但比其他地方尺度更吸引研究人员的注意。大约75%的地方依恋研究都与邻里依恋有关，这显然是社区研究的珍贵参考资料，社区依恋和地方依恋之间概念的相似性也是因为地方依恋和居住满意度的概念将研究重点引向了社区，邻里社区似乎构成了地方研究者的最佳抽象层次，尽管无法确定居民对社区或邻里是否有真正如学者们所想象的一致“意义”。

4. 地区

除了邻里之外，另一个模糊的地方尺度是地区。现象学十分重视直接体验，通过个体的体验将抽象空间转化为对个人有意义的地方。“地区”概念主要是一种思想的建构，通常是在规划者、政府部门或企业

① Brown, B., Perkins, D. D., & Brown, G., “Place Attachment in a Revitalizing Neighborhood: Individual and Block Levels of Analysis”, *Journal of Environmental Psychology*, 23 (2003): 259-271.

家办公桌上构造出来的空间单位联盟，而不是来自漫长的历史区域化进程和市民的日常生活。将地区纳入地方依恋或地方认同研究的经验表明，"地区"不是研究"地方依恋"的首选对象。

5. 国家

作为依恋对象，"国家"也是一个"地方"尺度，然而，国家对人们的意义通常是通过其象征性价值和内群体—外群体划分过程来研究的，而不是通过其与环境相关的空间和物理维度来研究的。国家植根于共同的历史和特别强烈的社会建构，是群体归属感和群体身份的象征，可以引起人们特别强烈的情感反应。

四 "地方依恋"的两个重要维度

"地方"被定义为"有意义的地点"，是一个具有社会维度的实体，但也是一个具有非常真实的、可触摸到的物质实体。虽然建构主义者认为物质和社会处于共生关系之中，物质只有在被社会解构后才有意义。但大多数地方依恋的研究者都认为"地方"的两个维度需要区分，因为它们在形成地方依恋的过程中扮演着不同的角色。有些人对某个地方具有归属感，是因为他们与邻居关系密切，有着共同的生活习惯，或者这个地方有着独特的仪式、风俗或文化特征，这些都是社会因素。但也有些人对"地方"的物理条件感到依恋，比如舒适的气候、令身体愉悦或放松的自然环境等，相对于物理维度的研究，近年来研究者更重视对地方依恋的社会维度研究。有研究者认为地方依恋是一种社会建构，是共同行为和文化过程的产物，而不是植根于物理环境特征的感知和认知过程的结果。显然这种认识是不全面的，地方依恋是一种"由特定的地点条件和人的特征发展出来的人—地联结"。地方依恋是个体赋予空间情感或象征意义，物理景观或地方空间成为一个人的自我认同的一部分，因此，可以确定地方依恋的两个维度：物理依恋和社会依恋。

大量的研究已经强调了社会维度在产生依恋关系方面的重要性，表现为居住在某个“地方”的人对该地方场所的依恋，显示了社会层面探讨地方依恋的重要性。

大多数关于地方依恋的物理维度研究都集中在农村、风景区和住宅环境上，在城市的尺度上研究与地方依恋相关的因素显得十分有价值。城市的环境是物理维度意义上产生地方依恋的重要因素，城市绿地成为市民调节情绪的首选之地，具有社区和公共意义。

1. 绿地

人们会对宁静的、恢复性的绿色空间产生依恋，并可能会依赖于绿色空间来满足健康需求，因此将绿色空间融入他们的自我认同。城市森林和公园适合作为心灵的避难所，在那里人们可以找到逃避现实困境的“自我”，并从城市导致的相关精神疲劳中恢复。城市自然环境成为市民调节自己情绪状态的首选之地，市民在寻求自我时更喜欢自然环境。

2. 公园

个人可能会对特定的公园形成依恋，与一个公园的反复互动可能会导致更强烈的地方依赖性，其使用的专门化程度也会增加，从而对特定的环境或设施产生更大的欣赏和喜爱。研究发现，对一个运动场的地方依恋与个人住宅的距离、使用频率和参与的积极性呈正相关。在北京的一项研究中，80%的居民声称城市公园对环境质量作出了非常重要的贡献，最重要的好处是提供了户外休闲场所。市民认为公园是散步最好的地方，公园里有他们最喜爱的集体娱乐活动。

3. 商店

地方依恋的强度随着一个人对一个地方的熟悉程度而增加，人们在他们成长的环境中生活会感到更自在，当他们在最有家的感觉的环境中娱乐时，他们的压力会减少。老年居民往往会更加依恋他们居住区附近的商店和菜场，因为他们的身份感与那个地方联系在一起；与商店店员的交流与沟通已经成为他们生活的一部分。此外，地方依恋在性别和年龄上也表现出显著差异。女性通常比男性表现出对地方更强烈的依恋；随着年龄的增长，对地方的依恋也逐年增加，对某种空间类型的依恋也随着年龄的增加而变化，年轻人对城市空间有着更强烈的依恋，中年人对居住的房子有着更强烈的依恋，老年人对城市公园有着更强烈的依恋。

总之，在形成“地方依恋”的过程中始终有两组力在发挥作用，一是“锚”，是阻止人们离开地方的因素；二是“磁铁”，是吸引人们前往一个地方的因素。这种区分虽然很简单，但在理论上很有启发性，人们可以预测社会因素是“锚”而不是“磁铁”，而地方的环境、体育、娱乐、商业设施则恰恰相反，它可能是“磁铁”①。因此，对于地方依恋的研究者来说，最具研究价值的不是物理维度和社会维度之间的差异，而是“地方”的两个维度在形成“地方依恋”过程中所发挥的心理作用。

① Hidalgo, M. C. , Herna' ndez, B. , “Place Attachment: Conceptual and Empirical Questions”, *Journal of Environmental Psychology* 21 (2001): 273-281.

首都宜居城市与生态文明

新时代首都绿色低碳循环发展成就与展望[*]

李艳梅　李瑞芳　付丽媛　吴洪宇[**]

摘　要： 推进绿色低碳循环发展是实现“双碳”目标和建设“美丽首都”的重要支撑。2013～2022年，首都的绿色低碳循环发展水平稳步上升，总体发展态势良好。“绿色”成为新时代首都发展的鲜明标识，北京成为全国能源清洁低碳转型示范城市，并将实现原生生活垃圾“零填埋”。然而首都的绿色低碳循环发展也面临一些挑战，发展体系较为脆弱，能源和水资源消费需求呈现刚性，垃圾分类工作依然面临诸多困境。新时代首都进一步推进绿色低碳循环发展，需要建立完善的政策体系，加快推动生产和生活方式转型，并要加强对重点行业的监测、监管和执法力度。

关键词： 美丽首都　绿色低碳　循环发展

党的十八大以来，推动绿色低碳循环发展被确立为建设“美丽中国”的核心组成部分。在《北京市“十四五”时期应对气候变化和节能规划》中，明确了全面推进绿色低碳循环发展是首都的重点任务之

* 基金项目：北京市社会科学基金重点项目“双循环新发展格局下北京绿色低碳循环发展体系构建与水平测度研究”（21JJA001）。

** 李艳梅，博士，北京工业大学经济与管理学院教授，博导，主要研究方向为低碳经济、循环经济；李瑞芳，北京工业大学经济与管理学院；付丽媛，北京工业大学经济与管理学院博士研究生；吴洪宇，北京工业大学经济与管理学院博士研究生。

一。作为首善之区，深入推进绿色低碳循环发展，可以发挥在“美丽中国”建设中的引领作用和“美丽首都”建设中的支撑作用。

一　新时代首都绿色低碳循环发展的战略意义

在资源环境约束趋紧的背景下，“绿色”“低碳”“循环”已经成为我国新时代发展的主题词[①]。新时代推动首都绿色低碳循环发展具有重要的战略意义。

（一）绘就首都“双碳”蓝图的关键之举

推动绿色低碳循环发展是应对全球气候变化、绘就首都“双碳”蓝图的关键之举。如今，气候变暖已经成为全球共同面临的挑战和人类亟待解决的首要问题[②]。尽管首都的碳排放量和人均碳排放量已连续多年呈现下降趋势，但与其他国际化大都市相比，仍有继续下降的空间。2019 年首都的万元 GDP 二氧化碳排放量分别是伦敦、巴黎、纽约、东京等世界大都市的 22 倍、12 倍、9 倍和 4 倍。[③] 因此，调整能源结构、优化能源使用方式，构建健全的绿色低碳循环发展体系，成为首都应对气候变化、绘就首都“双碳”蓝图的关键之举和迫切需求。

（二）构建首都现代化经济体系的必由之路

推动绿色低碳循环发展是构建首都现代化经济体系的应有之义和必由之路[④]。首先，在过去几十年里，经济高速增长的同时，生态环境问题日益

---

① 吕指臣、胡鞍钢：《中国建设绿色低碳循环发展的现代化经济体系：实现路径与现实意义》，《北京工业大学学报》（社会科学版）2021 年第 6 期，第 35~43 页。

② 武汉大学国家发展战略研究院课题组：《中国实施绿色低碳转型和实现碳中和目标的路径选择》，《中国软科学》2022 年第 10 期，第 1~12 页。

③ 《对标四大世界大都市，厘清北京双碳之路》，http：//news. china. com. cn/2022－07/05/content_ 78306746. htm。

④ 张友国：《建设绿色低碳循环发展经济体系》，《红旗文稿》2020 年第 17 期，第 30~31 页。

凸显，特别是首都所面临的资源环境约束更为严峻。传统以消耗资源能源为代价的经济发展模式已难以为继，必须寻求新的发展路径，绿色低碳循环发展正是这一转型的关键所在[①]。其次，在“四个中心”城市战略定位和《北京城市总体规划（2016年—2035年）》的指引下，首都正不断优化经济结构，坚持高质量发展，推动创新技术研发，着力构建“高精尖”产业结构。这要求首都必须坚持以绿色为导向，促进经济体系向绿色低碳循环发展转变。最后，推动绿色低碳循环发展也是首都在“双循环”背景下深度参与全球生态环境治理的基本路径。通过共同应对气候变化等全球性挑战，促进首都与国内和国际其他城市协同绿色低碳发展，从而加快建立首都现代化经济体系[②]。

（三）建设“美丽首都”的重要支撑

推动绿色低碳循环发展，是打造“美丽中国”中国先行区、建设“美丽首都”的重要支撑。首先，无论是绿色发展、低碳发展还是循环发展，其根本目的都是要化解经济发展与生态环境质量改善之间的矛盾[③]，推动绿色低碳循环发展可以更全面地促进首都经济的高质量发展。其次，作为国家首都和我国城市的代表，北京的绿色低碳循环发展不仅关乎国家和首都形象，更关乎着城市生活品质和长远发展，也对全面推进“美丽中国”建设起到积极的引领带动作用。因此，首都作为首善之区，推动绿色低碳循环发展是建设国际一流和谐宜居之都的应有作为，更是建设“美丽中国”的应有担当[④]。

---

① 高培勇主编《现代化经济体系建设理论大纲》，人民出版社，2019，第36~39页。

② 《大力发展绿色低碳循环经济 推动经济社会高质量发展——国家发展改革委有关负责同志就〈“十四五”循环经济发展规划〉答记者问》，《宏观经济管理》2021年第7期，第3~4页。

③ 赵慧卿、郭晨阳：《中国省域绿色低碳循环发展动态综合评价研究》，《调研世界》2020年第4期，第39~48页。

④ 陈莉：《“美丽中国”的北京示范：从“北京蓝”到“美丽中国”先行区》，https://m.bjnews.com.cn/detail/1709080442129843.html。

二 新时代首都绿色低碳循环发展的趋势分析

首都在推进绿色低碳循环发展工作中，做了许多积极努力，取得了诸多进展。本文通过构建指标体系，测度2013~2022年首都的绿色低碳循环发展综合水平和各子系统发展水平，进而分析首都绿色低碳循环发展态势。

（一）绿色低碳循环发展水平测度指标和方法

绿色低碳循环发展是党的十九大提出的现代化经济体系建设的重要任务，由绿色发展、低碳发展、循环发展构成。绿色低碳循环发展应视为绿色发展、低碳发展和循环发展的交集，三者之间主要是相互促进、相互加强的协同关系①。已有研究主要基于综合评价方法，构建指标体系对绿色低碳循环发展水平进行测度和分析，发现我国多数地区绿色低碳循环发展水平明显提升，但区域间仍存在不平衡现象②③。但是目前专门针对首都的绿色低碳循环发展进行测度分析的研究还较为鲜见。在借鉴已有研究的基础上，本文构建指标体系对首都进行分析。

1. 指标体系建立原则

①整体性和层次性原则，一级指标是二级指标的综合。②经济社会和资源环境指标相结合的原则，调节生态环境与经济社会发展互斥的矛盾。③科学性和实用性原则，使评价体系既准确又便于实际操作。④简便性和代表性原则，既有代表性又不能过于繁复。⑤数据可得性原则④。

---

① 张友国、窦若愚、白羽洁：《中国绿色低碳循环发展经济体系建设水平测度》，《数量经济技术经济研究》2020年第8期，第83~102页。

② 梁刚：《中国绿色低碳循环发展经济体系建设水平测度》，《统计与决策》2021年第15期，第47~51页。

③ 张亚雯、龙凤、葛察忠、段显明：《绿色低碳循环发展水平评价及耦合协调性分析——以新疆生产建设兵团为例》，《环境污染与防治》2021年第10期，第1292~1296、1303页。

④ 王茂祯、冯之浚：《循环经济创新评价指标体系研究》，《中国人口·资源与环境》2012年第4期，第163~166页。

2. 指标选取

遵循上述原则，本文在考虑首都经济社会发展基础和资源环境禀赋特征的基础上，从经济社会发展、绿色发展、低碳发展、循环发展 4 个维度构建了首都绿色低碳循环发展水平评价指标体系，共包括 3 个层级，16 个指标（见表 1）。指标体系中，经济社会发展维度主要考虑居民收入和产业结构优化；绿色发展侧重解决资源节约和环境改善问题；低碳发展侧重应对气候变化问题；循环发展重点考察再生资源的循环利用。

表 1　首都绿色低碳循环发展水平评价指标体系

综合指标	一级指标	二级指标	三级指标	编号	单位	指标类型
绿色低碳循环发展水平评价指标体系	经济社会发展	经济发展	居民人均可支配收入	X_1	元	正向
			第三产业增加值占比	X_2	%	正向
		社会发展	人均财政性教育支出	X_3	元	正向
			人均财政性医疗支出	X_4	元	正向
	绿色发展	资源节约	单位 GDP 水耗	X_5	米^3/元	负向
			单位 GDP 建设用地使用面积	X_6	米^3/万元	负向
		环境改善	空气质量优良天数比率	X_7	%	正向
			人均公园绿地面积	X_8	米^2	正向
	低碳发展	碳排放	人均碳排放	X_9	吨	负向
			单位 GDP 碳排放	X_{10}	吨/万元	负向
		能源消耗	单位 GDP 能耗	X_{11}	吨标准煤/万元	负向
			人均能耗	X_{12}	吨标准煤	负向
	循环发展	循环利用	一般工业固体废物综合利用率	X_{13}	%	正向
			再生水利用率	X_{14}	%	正向
		循环能力	污水处理率	X_{15}	%	正向
			生活垃圾无害化处理率	X_{16}	%	正向

3. 综合评价方法

结合表 1 所构建的评价指标体系，选取首都 2013~2022 年相关数据对绿色低碳循环发展水平进行实证分析。评价模型采用熵权法，数据主要来源于 2014~2023 年《中国统计年鉴》《北京统计年鉴》《北京市国民经济和社会发展统计公报》和有关部门统计数据。在确定了判断矩阵和指标权重以后，可以计算出首都经济社会发展、绿色发展、低碳发展和循环发展 4 个子系统的综合评价指数，进而计算出首都绿色低碳循环发展综合水平。

（二）首都绿色低碳循环发展综合水平变化趋势

首先，从整体上来看，首都绿色低碳循环发展的综合水平不断提升。2022 年绿色低碳循环发展水平的综合评价指数比 2013 年提升了 0.8213。年均增长率波动较大，2014~2015 年的增长率最高，之后逐步放缓。自党的十九大提出“加快建立健全绿色低碳循环发展的经济体系”之后，首都在绿色低碳循环发展的步伐日益加快，年均增长率又开始上升，体现出首都绿色低碳循环发展理念的逐步深入与实践的不断加强。

其次，受新冠疫情冲击，2021 年首都绿色低碳发展水平小幅度下降，2022 年恢复增长。受新冠疫情的影响，2021 年各工厂恢复运行，能源消耗和碳排放有所增加，2021 年的绿色低碳发展水平的综合评价指数相比 2020 年下降为 0. 0475。2022 年首都绿色低碳循环发展水平恢复增长，综合评价指数相比 2021 年增长了 0. 1274（见图 1）

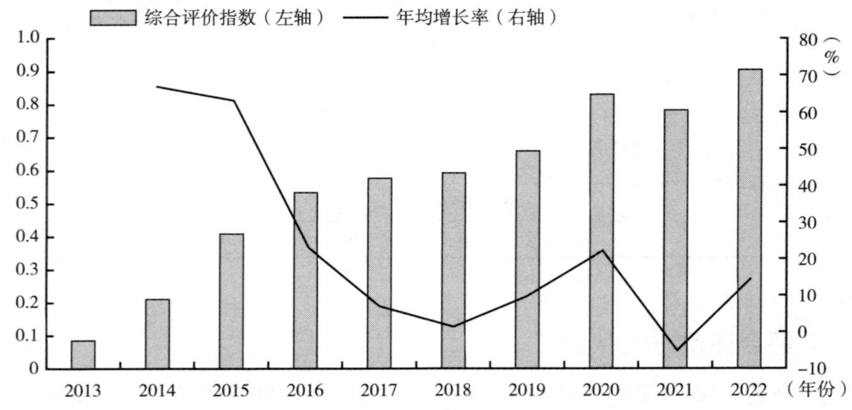

图 1　2013~2022 年首都绿色低碳循环发展综合水平的变化趋势

（三）各子系统发展水平变化趋势

首都经济社会、绿色、低碳、循环 4 个子系统的发展水平均取得了显著的进步，总体也呈现上升的趋势，但不同子系统发展水平存在一些差异（见图 2）。

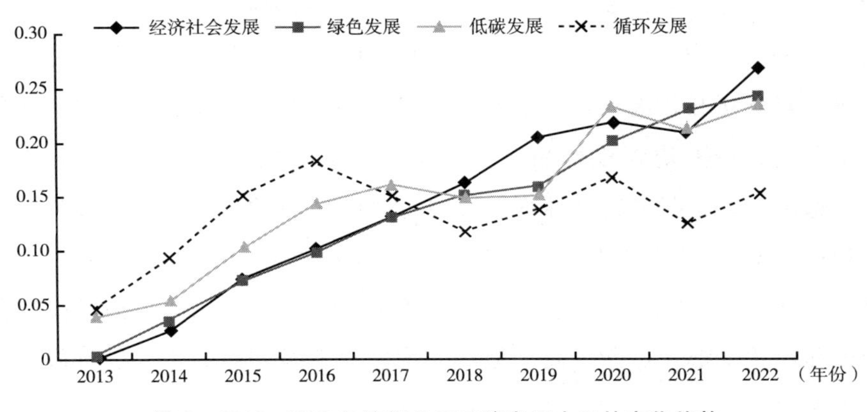

图 2　2013~2022 年首都各子系统发展水平的变化趋势

首先，综观 2013~2022 年，经济社会发展水平整体增长，尽管 2021 年在疫情影响下有轻微回调，但不改变总体增长的趋势，增长了 0.2701。其中，居民人均可支配收入和第三产业增值占比，相比 2013 年分别增长了 89.60%和 5.53 个百分点，表明首都继续加快经济结构转型，同时也体现了居民收入水平的稳步提高，彰显首都经济发展持续提升。人均财政性教育支出和人均财政性医疗支出，相比 2013 年分别增长了 67.29%和 173.39%，显示首都在教育以及医疗服务和保障水平方面持续努力，首都社会发展得到一定保障。

其次，2013~2022 年，绿色发展水平持续增长，增幅为 0.2458。其中，单位 GDP 水耗和单位 GDP 建设用地使用面积，相比 2013 年分别下降了 44.11%和 64.18%，表明首都在水资源节约和土地资源使用效率方面显著提升。空气质量优良天数比率和人均公园绿地面积，相比

2013 年分别增长了 71.26 个百分点和 7.64%，这一增长不仅彰显首都在“打响蓝天保卫战”方面的明显成效，还展示了生态环境改善工作的显著进步。总体而言，首都绿色发展在资源节约和环境改善方面均保持正增长的态势，绿色发展改善效果十分显著。

再次，低碳发展水平于 2020 年达到高点（0.23），2021 年有所回调，但最终在首都的积极应对下于 2022 年达到最高点（0.24），总体增幅为 0.1975。其中，2021 年经济逐渐复苏，人均碳排放和人均能耗为了维持经济增长均有所上升，但整体对比 2013 年仍为下降趋势。值得一提的是，与人均碳排放相比，人均能耗下降幅度较小，变化并不显著，这表明首都仍须进一步关注能源利用效率的提升。单位 GDP 碳排放和单位 GDP 能耗对比 2013 年实现了显著的持续下降，分别下降了 61.42%和 47.90%。总体来说，经济增长与碳排放之间的脱钩程度以及能源利用效率都在不断提高，但在人均能耗下降方面的潜力仍有待于进一步挖掘。

最后，循环发展水平总体为增加趋势，但增幅最小，为 0.1029。其中一般工业固体废物综合利用率相比 2013 年下降了 3.54 个百分点，虽然整体利用率较高，但在这期间有一定的波动和下降。再生水利用率相比于 2013 年有所提升，但提升幅度较小，为 2.09 个百分点。污水处理率对比 2013 年有了大幅度的提升，提升 14.66 个百分点。生活垃圾无害化处理率则已提升至 100%，表明首都在生活垃圾处理方面已经达到较高水平。总体而言，循环发展在废物处理、资源利用方面仍有很大的提升空间。

三　新时代首都绿色低碳循环发展的成就和挑战

首都在推进绿色低碳循环发展的道路上，取得了令人瞩目的成就，但同时也面临着一些挑战。

（一）新时代首都绿色低碳循环发展的主要成就

1.“绿色”成为新时代发展的鲜明标识

立足建设国际一流的和谐宜居之都的战略目标，首都严格资源环境管理、狠抓生态环境治理。北京全面打响“蓝天保卫战”“碧水攻坚战”“净土防御战”，逐步提升水、土等资源利用率，改善空气、生态环境。以绿色发展为契机，副中心启动建设“国家绿色发展示范区”，打造多个绿色公园。“绿色”已经成为新时代首都发展的鲜明标识。

2.成为全国能源清洁低碳转型典范城市

自“双碳”目标提出以来，首都加快能源结构绿色低碳转型，目前基本实现碳排放和经济增长脱钩，并成为全国能源清洁低碳转型典范城市。单位 GDP 能耗和单位 GDP 碳排放的持续下降彰显了首都对能源结构转型和新能源发展的坚定决心。《北京市碳达峰实施方案》中指出首都严控化石能源利用规模，并按照“节能、净煤、减气、少油”总体思路，实现化石能源消费总量逐步下降①。

3.将实现原生生活垃圾“零填埋”

“十四五”末期，首都将实现原生生活垃圾“零填埋”，生活垃圾无害化处理率稳定在 100%。通过精心规划和分片建设，首都已建成了针对不同类型生活垃圾的处理设施，并综合利用各类固体废物的循环经济产业园，以进一步确保了生活垃圾无害化处理率持续稳定在 100%。

（二）新时代首都绿色低碳循环发展面临的挑战

1.绿色低碳循环发展体系较为脆弱

尽管首都的绿色低碳循环发展水平总体呈现上升趋势，但其增速已逐渐放缓。面对突发事件，如新冠疫情等不可预测的挑战，首都的绿色

① 《北京市出台 28 项政策力保碳达峰》，https://m.thepaper.cn/baijiahao_ 20294767。

低碳循环发展体系显得较为脆弱，抵御能力不强，表明首都当前缺乏一个更加稳固且完善的绿色低碳循环发展体系。

2. 能源和水资源消费需求呈现刚性

虽然首都大力推进节能节水工作，积极鼓励节能节水行为，努力提升能源利用效率和水资源利用效率，但人均能耗和水耗的降幅仍然缓慢。作为拥有两千多万人口的特大消费型城市，生活消费和公共服务需要消耗大量的能源和水资源，而且受到人们生活方式和消费习惯的影响，这部分需求呈现出刚性特征。随着城市化进程的加速和居民生活水平的提高，家庭用电用水、交通出行的能耗和住宿餐饮方面的水耗需求持续上升，这在很大程度上削弱了节能节水措施所带来的积极效果。

3. 垃圾分类工作依然面临诸多困境

源头上做好垃圾分类，是提高资源循环利用率的重要前提。首都的垃圾分类工作虽然已取得重要进展，但是依然面临诸多困境。首先，公众的垃圾分类意识依然有待进一步增强。其次，针对垃圾分类的持续宣传和培训较为缺乏。再次，垃圾的清理、转运和处理等环节缺乏统一的监管体系。最后，缺乏先进的分类、分离和再利用技术，导致大量有价值的资源无法再次高效利用。

四　新时代首都进一步推进绿色低碳循环发展的战略思考

（一）建立完善的绿色低碳循环发展政策体系

首先，需要强化绿色低碳循环发展的顶层设计，及时制定公布《绿色低碳循环发展》总体规划，全面指引社会经济绿色低碳转型。其次，统筹首都经济社会发展、绿色发展、低碳发展、循环发展 4 个子系统，制定全面且具体的专项规划，推动绿色低碳循环技术创新和产业升级。最后，完善相关激励政策和标准体系，推动绿色交通、绿色建筑等领域的发展[①]。从而提升首都整个绿色低碳循环发展体系的韧性和稳定性，以确保首都能够在面对各种挑战时依然保持绿色低碳循环发展的良好势头。

（二）加快推动生产和生活方式的绿色低碳转型

建设“美丽首都”，必须要推动生产方式和生活方式绿色低碳转型。一方面，需要构建科技含量高、资源能源消耗低、碳排放和环境污染少的“高精尖”产业结构。另一方面，需要大力培育绿色低碳消费理念，倡导简约适度的生活方式，让绿色出行、节水节能、垃圾分类等成为首都市民的自觉行动。

（三）加强对重点行业的监测、监管和执法力度

首都的产业结构以服务业为绝对主导，针对服务业部门企业相对分散的特点，细化和完善企业节能、节水、减污降碳方面的统计和计量等基础性工作。掌握交通运输、住宿餐饮和批发零售等传统服务业部门的能耗、水耗、碳排放和污染物排放的真实水平。建立和完善对相关统计数据的分析制度和预警监测制度。基于完善的统计监测体系和客观数据，加强对高能耗、高水耗、高污染和高碳排放企业的监管和执法力度。

---

① 《陆小成：北京市“双碳”工作的进展、成效与战略思考》，http：//www.71.cn/2023/0412/1197670.shtml。

基于城市体检的新时代首都人居环境建设研究进展

李杨　谌丽*

摘　要：本文以人居环境理论为基础，基于“小样本问题发现、大样本规律总结及文本验证”的分析思路，结合12345市民热线数据及社会满意度问卷调查数据，从居民视角出发分析北京人居环境建设的主要成效，剖析居民急难愁盼的关键问题，查找北京不同区域人居环境建设的主要短板。主要得到以下结论：总规实施态势向好，环境宜居性评价大幅提升，老幼设施不断完善，安全韧性得到认可，远郊区和西城区居民对整体民生建设更为认可。但同时物业和住房修缮问题、停车出行难问题依旧存在，基础教育入学问题以及医疗设施有限等问题仍困扰居民。因此首都城市管理工作应坚持以习近平总书记对北京一系列重要讲话精神为根本遵循，坚持以人民为中心的发展思想，以促进新时代新征程首都城市治理现代化为建设方向，不断实现人民对美好生活的向往，保障和改善民生，构建宜居、韧性、智慧城市。

关键词：人居环境　12345市民热线　北京　智慧城市

* 李杨，北京联合大学，主要研究方向为城市更新、城市体检；谌丽，博士，北京联合大学教授，主要研究方向为宜居城市、城市体检。

党的十八大以来，习近平总书记心系首都建设和发展，多次考察北京，作出系列重要指示，为关系首都长远发展的重要规划、重要事项把关定向。

2017 年习近平总书记视察北京城市规划建设管理工作时，指出北京城市规划要深入思考“建设一个什么样的首都，怎样建设首都”这个问题，同时提出要“健全规划实时监测、定期评估、动态维护机制，建立‘城市体检’评估机制，建设没有‘城市病’的城市”[①]。2018 年，北京在全国率先开始进行城市体检评估工作，通过城市体检评估，对总体规划实施情况和城市发展运行状态进行实时监测、动态维护，已成为新时期首都规划治理体系中融贯各级各类规划意图、联动多层多元治理主体、连接前向后向工作闭环的关键环节。因此城市体检已成为明确城市建设需要改善的重点区域和重点人群的重要手段，从而达到改善区域人居环境和服务民生的目的[②]。

近年来，快速城镇化的同时，一系列“城市病”出现，北京市作为特大城市，在迅猛的发展进程中也面临了人口、资源、环境等方面的矛盾和挑战。根据北京市“十四五”规划，将持续推进疏解整治工作，通过转移非首都功能，治理“大城市病”，进一步改善居住环境，并提升首都功能。目前在城市评价的指标体系方面，指标选取更加偏向城市品质的提升，主要为城市安全性、健康性、舒适性、包容性、风貌特色性等目标导向方面[③]。随着信息通信技术和互联网的快速发展，手机信令数据、交通大数据及 App 等类型多样的大数据涌现，对城市研究提

---

① 习近平：《国家中长期经济社会发展战略若干重大问题》，求是网，2020 年 10 月 31 日，http：//qstheory. cn/dukan/qs/ 2020-10/31/c_ 1126680390. htm。

② 谌丽、蒋雅卓：《社会满意度调查在城市体检与评估中的应用》，《地理科学》2021 年第 10 期，第 1729~1741 页。

③ 张文忠、何炬、谌丽：《面向高质量发展的中国城市体检方法体系探讨》，《地理科学》2021 年第 1 期，第 1~12 页。

供了更为科学、动态、精细的方式，不同数据有各自显著的优势，但也有明显的不足。现阶段多源数据在城市体检的应用研究使城市体检研究结果更加科学全面[①]。

本文基于2022年北京城市体检课题组相关数据，利用词云分析、语义网络分析、社会统计分析等分析方法，对社会满意度问卷调查数据和舆情数据进行分析，总结北京市人居环境建设的新成效和关键问题，对未来北京市人居环境建设方向提出相关建议及对策。

一　数据与方法

（一）数据来源

数据基础包括问卷调查数据和12345市民热线数据两部分。问卷调查数据来源于2022年1847份北京城市体检社会满意度问卷调查，调查范围包括北京主城六区、近郊重点区域、郊县的中心街道等，控制调查对象为居住半年以上的居民。问卷数据指标体系共包括安全性、便利性、宜居性、公正性、多样性和劳有所得、病有所医、老有所养、住有所居、弱有所扶、幼有所育、学有所教等12个一级指标在内的共49个具体评价指标。

（二）研究方法

1. 数据分类

利用文本分析方法深入挖掘居民投诉所反映的主要内容。采用ROST CM6.0软件提取居民每条投诉问题中主要内容对应的关键词和关键内容，并统计出每个词的词频，生成词云图。进一步利用微词云工具

① 何炬、张文忠、曹靖等：《多源数据在城市体检中的有机融合与应用——以北京市为例》，《地理科学》2022年第2期，第185~197页。

对各类诉求问题进行词频统计，挖掘各类诉求的主要参与主体、涉及的场所和物体，为准确诊断城市病提供科学依据。

2. 数据分析

对社会满意度问卷调查数据进行分析，使用 Excle 软件进行描述性统计总结数据的基本特征，之后使用 Stata 软件从不同维度、不同人群等方面进行满意度差异比较，识别不同维度存在的主要问题，进一步分析各维度诉求的空间差异。

二　北京人居环境建设新成效

（一）总规实施态势向好，市民满意度呈现显著提升

北京市 2022 年城市体检工作开展了社会满意度调查工作，围绕“七有五性”领域设计 49 个指标，成为真实测度城市宜居性与居民获得感的“民心温度计”，并与课题组 2005 年、2013 年、2018 年、2019 年满意度调查工作衔接，可以看到 2022 年北京城市居民总体满意度得分为 78. 18 分，满意度总体呈增长态势（见图 1）。

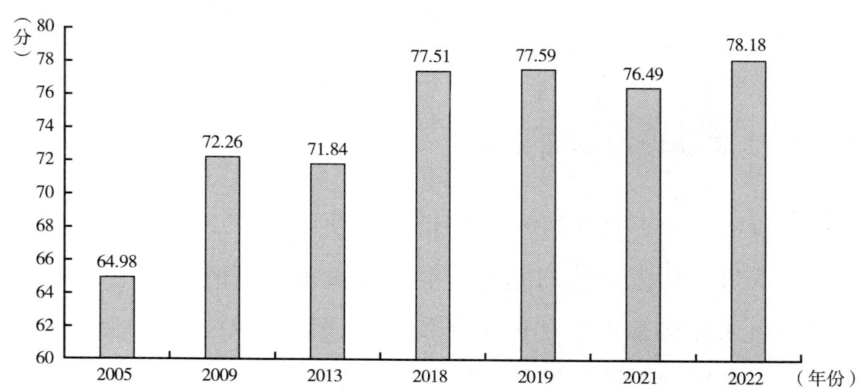

图 1　北京居民总体满意度得分历史演变

（二）生态环境持续优化，环境宜居性评价大幅提高

随着生态环境的持续优化，环境宜居性评价大幅提高，2022 年的宜居性整体得分为 82.23 分，整体处于较高水平。居民对宜居性中的开敞空间、水体污染的满意度也较高，得分均超过 85 分，尤其是开敞空间在 2005 年仅 54.81 分，2013 年增长至 64.21 分，2019 年增长至 74.26 分，2022 年达到 85.92 分（见图 2），表明北京“留白增绿”“无界公园”等行动取得较好效果。在污染治理方面，居民对周边水体洁净程度的满意度最高，达到 85 分，高于 2005~2021 年历年的评价。

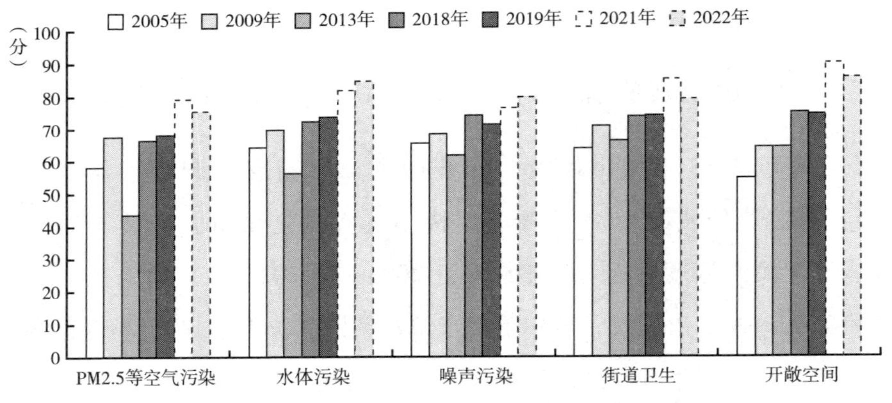

图 2　北京居民宜居性满意度得分历史演变

（三）老幼设施不断完善

老幼设施过去一直是居民评价较低的领域，2022 年这两项评价有所提升。人口结构老龄化的趋势背后，是快速增长的养老生活服务需求。2022 年城市体检中对社区老年食堂和社区养老设施两项指标进行了评价，居民满意度得分分别为 74.97 分和 76.61 分，较过去的社区老年食堂评价 70.57 分（2021 年）和 71.08 分（2019 年）有所增长。儿

童活动设施的得分及排名一直较低，2005 年其满意度得分为 53. 59 分，排名倒数第一，2009 年、2013 年、2019 年的排名也均居于倒数行列。2022 年在幼有所育维度下继续设置儿童活动设施指标，满意度得分为 80. 12 分，相比 2019 年提升 9. 45 分，表明近几年的社区儿童活动设施更新成效凸显（见图 3）。

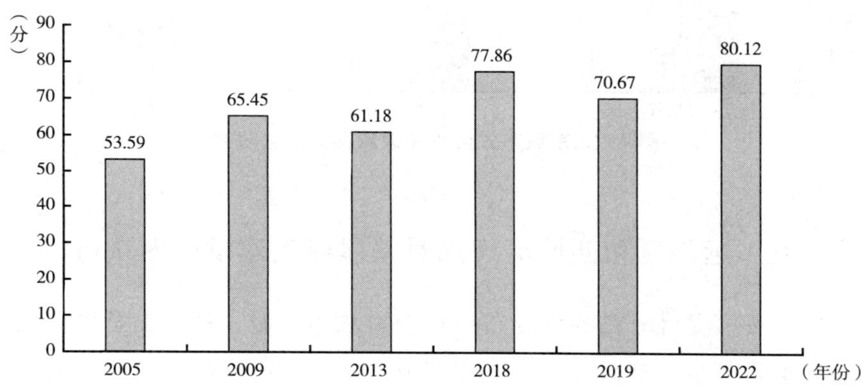

图 3　北京居民儿童活动设施满意度得分历史演变

（四）首善之都优势继续保持，安全韧性得到认可

居民的城市生活安全性一直是提升居民生活满意度的基础，调研从社会治安、道路交通安全、消防安全性、内涝积水情况以及紧急避难场所等入手对居民满意度进行评价，居民整体满意度得分为 79. 54 分。居民对社会治安、道路交通安全、突发事件应对、安全教育等方面的评价一直高于其他指标，并且现在仍然保持着较高的认可度。其中社会治安满意度为 84. 97 分，较 2013 年的 69. 49 分有所提升，说明社会治理的效果显著。对紧急避难场所满意度评价在 2005 年仅为 53 分，而在 2021 年则达到 85 分。这也表明北京长期坚持问题导向，强化安全风险防范意识，积极实施平安北京建设，在为首都发展保驾护航上得到了老百姓的广泛认可（见图 4）。

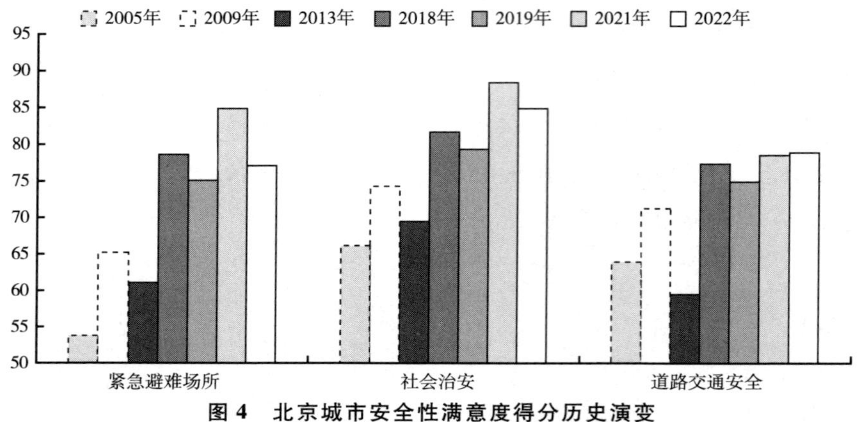

图4　北京城市安全性满意度得分历史演变

（五）远郊区和西城区居民对整体民生建设更为认可

社会满意度得分在各区分布不均衡。总体来看，社会满意度最高的区域主要分布在北京远郊区，例如密云区、延庆区、平谷区等；北京市区中总体社会满意度较高的是西城区和朝阳区。市区内南部地区的社会满意度得分相对高于北部地区。北京核心区总体满意度最高的区域为西城区。通州区作为城市副中心，其总体社会满意度得分排名位于中游，有待提升。中心城区中海淀区的总体满意度水平较低。

三　北京人居环境建设关键问题

（一）物业和住房修缮问题严重困扰居民

居民关于住房质量及修缮问题的投诉主要涉及加装电梯、房屋漏水、老旧小区改造、管道维修、加装保温层、墙体脱落等方面。从词云图分析，“房屋”“老旧”“漏雨”“漏水”“电梯”“阳台”等住房设施的“改造”“维修”是投诉高频词汇，在投诉中居民们也高频提到“更换”“安装”“加装”等建议举措，说明城市居民愿意为北京住房质量与修缮问题建言献策。

同时，公共空间维护、物业管理水平、加装电梯等是老旧小区改造中存在的主要问题。居民对物业管理水平、老旧小区改造、住房质量和维护水平、消防安全的满意度评价均不到 70 分，其中对物业管理水平最不满意。

“小区”“充电”“楼道”“电梯”“物业”“停车位”等是居民投诉主要关注的问题。物业问题大体可分为小区配套设施问题、物业服务管理问题、小区安全问题、小区清洁问题等。其中，小区配套设施问题数量最多，有 221591 条，占物业问题总量的一半以上，说明物业对小区配套设施的管理水平未得到居民普遍认同。小区配套设施问题、小区安全问题、小区清洁问题投诉量较 2021 年均有所增加。小区配套设施问题主要涉及小区的停车位问题、安装充电桩问题、灭火器损坏问题以及新能源汽车入库问题等；小区安全问题主要集中在消防安全方面，主要涉及占用消防通道、楼道堆放杂物、物业不重视消防安全、物业封锁高层消防门等；小区清洁问题主要是清理蟑螂、蚂蚁、飞虫等；物业服务管理问题则主要涉及物业乱收费、不作为等方面。

（二）停车难、出行难问题依旧突出

在 12345 市民热线数据中共筛选出 38.86 万条与交通环境相关的投诉记录。其中停车便利性问题的投诉数量最多，达到 14.55 万条。同时，居民对小汽车停车便利性的评价一直较低，2013 年仅 58.44 分，2018 年提升至 72.78 分，2022 年评价为 69.66 分，整体呈波动上升的趋势，但在所有 49 个指标中仍居倒数第三，亟须改善。由词云图可以得出，停车场和停车位不足、物业管理不当、收费不合理以及违章停车等是停车问题投诉的主要来源。

上述问题可以根据问题产生原因大致分为两大类，第一类问题主要源自硬件设施缺乏，这类问题突出反映在停车场、停车位配置不足，以

及由此衍生的如停车收费高昂、违章停车多发等问题。第二类问题主要源自管理方面，如管理方式不当、管理力度不足等，这类问题主要包括因停车问题产生的业主物业纠纷、违法违规收费、僵尸车占用、停车违章执法纠纷、电动车停车充电问题等。此外还筛选了地铁相关投诉2595条，通过语义网络分析得到词云图，发现在地铁工作人员服务、地铁站点规划、地铁基础设施、地铁换乘距离以及地铁口非机动车停放等方面还存在一定的问题。

关于交通拥堵的投诉主要涉及路灯、信号灯、路障等设置不当、清理维修不及时，以及各类交通工具的不当驾驶行为。路面垃圾堆放、路面维修、路面清理以及机动车违章等问题在词云图中较为明显地反映出来。主要由于一方面城市规划与管理的不足，比如路灯、信号灯、停车位等的设置不足，路面清理不及时，造成市民出行不便；另一方面是各类工程施工过程中占用道路给出行造成不便带来的投诉。

（三）核心区的子女入学问题引发较多不满

在调查问卷中，居民对基础教育满意度评价不低，但12345市民热线中涉及相关内容的诉求数量却较多。

通过托幼机构和中小学投诉词云图可知，全北京范围内，“幼儿园”“孩子”“家长”“老师”“教委”“户口”“入园”“招生”“小学”“扰民”等是居民在基础教育问题中提及的高频词。一方面，在托幼机构方面，居住区周边没有幼儿园，幼儿园不能上，民办幼儿园收费高、乱收费等问题是居民普遍反映的最核心问题，并希望能够得到有关部门的管理和协调。学前教育是义务教育前的重要基础部分，能否在完成学前教育后进入较好小学也是居民们普遍关注的问题。另一方面，幼儿园基于安全考虑普遍设置在靠近居民区区位或者位于居民区内，其活动也产生了一定的扰民情况。另外，从中小学居民诉求来看，就近入学难，就近入学的学校质量不好，咨询学区划片、咨询孩子上学需要的有关证明及文件，以及非京籍户口的孩子入学问题等是居民普遍关注的热点问题，主要需求有能否提供更加公平的招生政策、子女是否能够接受更加平等的教育资源。

（四）新冠疫情影响下医疗设施投诉增加

医疗设施投诉在疫情影响下也存在增多的现象，2021 年该指标投诉共计 27380 条，2022 年则达到 42363 条，数量大幅上升。

全北京范围内，医院就医环境差、医务人员态度恶劣、医院管理不规范、医院规定不合理、医院附近停车难、道路拥堵以及儿童医院看病难、看病不合理等是居民在热线中反映的主要问题。尤其是在核心区，服务京津冀乃至全国的优质医疗资源集中，拥挤问题尤为突出。并且核心区老年人口较为集中，其对医疗资源的需求更多，因此在东西城区关于医院问题的诉求较多。

通过语义分析可知，核心区老年人对医院的诉求主要涉及协调就医问题、医院管理问题、紧急就医问题、医院挂号问题、社区医院停诊等。可见，对于老年人来说，高龄、行动不便的特点，使老年人对于急诊的需求增加，同时也加剧了老年人在大医院就诊的难度，其对医院医生的满意度也会受到影响，因此，对社区医院的需求加大，对社区医院停诊的接受程度降低，对医院医生的投诉增加。

四　主要结论与政策建议

基于 2022 年北京城市体检社会满意度调查问卷，围绕“七有五性”等维度，了解居民对北京市不同空间、不同维度宜居状况的满意程度，以及根据 12345 市民热线文本数据进行语义网络分析，有效了解居民切身关注人居环境实际问题。本文主要得到以下结论：①居民对北京市人居环境的满意度显著提升，环境宜居性评价大幅提高。②居民对社会治安、交通安全、突发事件应对、安全教育等方面的评价一直保持着较高的认可度，北京市首善之都优势继续保持。③居民对物业管理水平、老旧小区改造、住房质量和维护水平、消防安全的满意度评价均不到 70 分，其中对物业管理水平最不满意。④虽然老幼设施不断完善，但基础教育设施、户外儿童活动设施以及养老服务设施还未能完全满足居民的需求。

根据 2022 年北京市人居环境建设新进展，为促进首都城市治理现代化，不断改善北京人居环境，满足人民日益增长的美好生活需求，提出以下建议。

（一）建设更加舒适的住房

一是加快城市更新步伐，推动老旧小区改造升级和基础设施改善，满足社区内不同居民的日常生活需求。二是改善物业管理，明确职责，及时响应居民需求，加强配套设施的安装和维护，与居民建立良好的沟通机制，并接受监督。三是加大住房保障力度，特别是针对流动人口和新毕业大学生，增加公共租赁住房供给，加大市场租房补贴力度，为居民提供多方式的住房保障，提高住房居住品质。

（二）构建更加便捷的服务和交通体系

一是协调公共服务设施空间配置的公平性、完善教育医疗的人口服务保障以及提升公共服务设施配置标准，从而提高公共服务设施品质，实现全民共享。二是提高生活服务水平和质量，完善社区养老设施和托育设施，满足居民的多样化需求，构建便利的生活圈。三是推动交通智慧化管理，改善居民的出行环境，包括优化停车空间、完善公共交通体系建设、建立人性化的出行环境。

（三）激发更加繁荣的北京文化特色

一是保护历史文化风貌，延续历史文脉，包括划定和修复历史文化保护区，推动城市文化的保护和传承，如西山永定河文化带、大运河文化带等。二是构建开放的文化环境，重视社区文化建设，开展公益演出、公益展览、公益讲座、公益培训等活动，不断丰富群众文化需求，营造浓郁的文化氛围，增强居民认同感。三是持续推进"博物馆"之城建设，推动演艺空间健康有序发展。发挥博物馆作用，依托文化地标培育高品质文艺展演场所，传承城市文明、塑造城市形象、丰富城市生活。

（四）建设更加安全健康的居住环境

一是提高城市应急减灾能力，重视城市应急避难场所建设，完善应急体系，强化应对极端天气和突发灾害的综合指挥能力。二是完善社会治安防控体系，防范违法犯罪活动，加强社区安全防范。有效开展城市安全宣传教育，提高居民安全意识，定期进行安全防范训练，重视弱势群体安全。三是扎实推进发展方式绿色低碳转型，推动噪声污染防治，继续以背街小巷为重点，启动实施新一轮环境精细化整治提升行动，坚持"清脏、治乱、增绿、控污"，进一步完善生态环境地方标准，深化热点网格、智慧感知等大数据科技手段应用场景，全力打造干净优美、宜居宜业的人居环境。

（五）建立更加开放包容和有活力的城市生活

一是为老年人、儿童和女性提供精准服务设施，建设儿童友好、老龄友好型城市。二是优化稳才留才引才机制，健全人才服务体系。符合条件的优秀高技能人才可直接办理人才引进，引导高技能人才合理流动和有效配置。保障高技能人才可按规定享受住房、教育、医疗等各方面服务。三是满足低收入群体和流动人口的基本需求，为年轻人、知识分子、创业阶层提供多元共享的环境和有趣的生活方式，增强城市活力。

宜居视角下北京医疗资源配置的进展*

杨　波**

摘　要： 2014年习近平总书记视察北京工作时提出“努力把北京建设成为国际一流的和谐宜居之都”，作为城市公共设施和基础服务的医疗资源供给情况是评价城市宜居性的重要指标。本文分析了2013~2022年北京医疗资源的空间分异特征，发现近年来北京医疗卫生工作快速发展，医疗机构、卫生技术人员数量均有所增长。北京市下辖16个区的医疗资源总量数据、密度水平、人均水平均有不同程度的空间差异，中心城区医疗资源更为集聚。从医疗资源空间公平性结果来看，近十年来，医疗机构数量和卫生健康类一般公共预算支出额所反映的公平性总体向好，医疗机构床位数量、执业（助理）医师数量和注册护士数量所反映的公平性较差，医疗资源空间配置有待进一步调整。建议通过促进医疗设施和医疗服务总量的提升、基于宜居维度与空间公平促进医疗资源均衡发展，推进优质医疗卫生资源均衡布局。

关键词： 宜居　医疗资源　空间配置　北京

---

* 基金项目：北京市社会科学院一般项目（项目编号：KY2024C0192）。

** 杨波，博士，北京市社会科学院城市所副研究员，主要研究方向为区域可持续发展研究。

一 引言

《北京城市总体规划（2016 年—2035 年）》的发展目标是“建设国际一流的和谐宜居之都”，并提出三步走的战略目标，即到 2020 年“建设国际一流的和谐宜居之都取得重大进展”，到 2035 年“初步建成国际一流的和谐宜居之都”，到 2050 年“全面建成更高水平的国际一流的和谐宜居之都”。其中，到 2035 年要把北京建设“成为生活更方便、更舒心、更美好的和谐宜居城市”。

宜居城市（livable city），一般是指适宜人类居住和生活的城市。这一概念始于 20 世纪末，D. Hahlweg[①] 认为宜居城市是一个全民共享的安全、便捷的生活空间，在这类城市中能够很方便地到达任何地方，它富有吸引力、让人流连忘返、安全、通达、便捷，是市民生活的自由空间。E. Salzano[②] 则认为，宜居城市是连接过去和未来的枢纽，是保存我们历史标记的地方。在建设和维护宜居城市的过程中，将城市视为一个连续的、将城市中心和周边地区紧密地联系在一起的网络状结构。作为一个可持续的系统，所有社会元素和城市建筑元素的构建都应以满足社会和社会个体在自身完善和发展方面的要求为前提。H. L. Lennard[③] 提出宜居城市建设的基本原则，即城市居民自由的交流、健全的平等对话机制；同时成为拥有合适的公共设施的多种功能的有机体

① Hahlweg, D., “The City as a Family”, In Lennard, S. H., S von Ungern-Sternberg, H. L. Lennard, eds., *Making Cities Livable. International Making Cities Livable Conferences*, (California, USA: Gondolier Press, 1997).

② Salzano, E., “Seven Aims for the Livable City”, In Lennard, S. H., S von Ungern-Sternberg, H. L. Lennard, eds., *Making Cities Livable. International Making Cities Livable Conferences*, (California, USA: Gondolier Press, 1997).

③ Lennard, H. L, “Principles for the Livable City”, In Lennard, S. H., S von Ungern-Sternberg, H. L. Lennard, eds. *Making Cities Livable. International Making Cities Livable Conferences*, (California, USA: Gondolier Press, 1997).

（经济功能、社会和文化功能等），在这一有机体内部，人们更注重城市建设中的建筑美学和实体环境的深层次文化含义。尽管早期的研究对宜居城市的内涵并未形成统一的观点，但其中都蕴含了对城市系统支撑居民安全、便利的要求。正如学者叶立梅[①]指出的，“以人为本”是宜居城市的核心内涵，宜居城市就是通过合理建设和配置资源，使城市发展能够满足城市内不同群体，使他们可以和谐安定地在城市中生存。此外，张文忠[②]提出宜居城市涵盖多层次内涵，其基本条件包括安全性、健康性、和谐性和便利性。其中安全性是指具有安全的生活环境和治安环境、完备的灾害预警防护系统和健全的法制秩序；健康性是指城市自然生态系统稳定，城市内部水源、空气没有污染，生活环境安静舒适等；和谐性主要指宜居城市应当传承其特有的文化和历史，具有鲜明的地方特色，同时邻里关系和社区氛围良好等；便利性主要指城市满足生活方便的基本要求，具有完备的基础配套设施，此外，以公交系统优化发展为核心，为居民日常出行提供便捷的交通方式。

城市宜居性是城市居民对城市生活环境的最大需求[③]，北京“世界一流的和谐宜居之都”目标的提出体现了北京城市发展突出了“以人为本”的核心主题，把居民的生活和居住等置于重要的位置。“以人为本”这一核心内涵的解读是习近平总书记提出“人民城市人民建、人民城市为人民”这一理念的重要注脚。宜居城市便利性与城市居民生活密切相关，便利性依赖于城市公共设施的建设状况。

各类对宜居城市的评价指标体系中，作为城市公共设施和基础服务的医疗资源供给情况都是重要的指标项目。如 EIU（《经济学人》智

---

① 叶立梅：《和谐社会视野中的宜居城市建设》，《北京规划建设》2007 年第 1 期，第 18~20 页。

② 张文忠：《宜居城市的内涵及评价指标体系探讨》，《城市规划学刊》2007 年第 3 期，第 31~34 页。

③ 吴良镛：《规划建设健康城市是提高城市宜居性的关键》，《科学通报》2018 年第 11 期，第 985 页。

库）在“健康与安全”下设置的“健康与疾病排名”指标、日本学者浅见泰司[①]在《新居住指标调查》提出的“医疗设施密度”指标、中国城市科学研究会提出的“公共卫生”下抽样调查“市民对公共卫生服务体系满意度”和“万人拥有病床数”2项指标、张文忠提出的“医疗设施的数量和等级”和“医疗设施状况”指标等[②]。此外，Livability.com提出医疗保健类机构的存在是影响城市宜居性的一个重要指标，甚至于某些城市里医疗服务成为主导的发展产业，城市的发展甚至基于它而发展，在评价医疗水平时还要考虑的指标包括医疗金额、城市户外运动设施等多个方面。

《“十四五”时期健康北京建设规划》中明确提出“坚持公平性”的基本原则，要求根据城乡区域发展需求，以基层、资源薄弱地区、公共卫生领域为重点，加快补齐短板和弱项，持续改善基本医疗卫生服务的公平性和可及性。本文从影响城市宜居的医疗资源配置出发，分析2013~2022年北京卫生医疗资源的空间分异特征，并分析医疗资源供给便利性，并在分析空间不均衡格局制约因素的基础上，提出改善医疗资源配置提升城市宜居的对策。

二　北京医疗资源概况与时序变化特征

本文数据主要来源于历年《北京区域统计年鉴》。应用对比分析的方法分析北京医疗资源总体发展情况及空间配置的时序变化。

近年来，北京医疗卫生工作快速发展，医疗机构、卫生技术人员数量均有所增长。其中，全市医疗机构数量从2013年的10141个增长到2022年的12211个，增幅20.4%；医疗机构床位数量从2013年的104034

① 〔日〕浅见泰司：《居住环境评价方法与理论》，高晓路等译，清华大学出版社，2006。

② 张文忠：《宜居城市的内涵及评价指标体系探讨》，《城市规划学刊》2007年第3期，第31~34页。

张增长到2022年的133932张，增幅28.7%。与此同时，卫生技术人员数量增长更为显著，其中执业（助理）医师数从2013年的85819个增长到2022年的124916个，增幅达到45.6%；注册护士数从2013年的100652个增长到2022年的142711个，增幅达到41.8%。

由于各类医疗资源总量增长，全市医疗资源空间密度也有较高增长。其中，医疗机构密度从2013年的0.62个/公里^{2}增长到2022年的0.74个/公里^2，增幅为19.4%；医疗机构床位密度从2013年的6.32张/公里^{2}增长到2022年的8.14张/公里^2，增幅为28.7%；执业（助理）医师密度从2013年的5.22人/公里^{2}增长到2022年的7.59人/公里^2，增幅达到45.4%；注册护士密度从2013年的6.12人/公里^{2}增长到2022年的8.67人/公里^2，增幅达到41.7%；卫生健康类一般公共预算支出密度从2013年的167.81万元/公里^{2}增长到2022年的471.50万元/公里^2，增幅超过1.8倍。

全市医疗资源人均变化同样显著。其中，医疗机构数量从2013年的4.77个/万人增长到2022年的5.59个/万人，增幅为17.2%；医疗机构床位数量从2013年的48.95张/万人增长到2022年的61.32张/万人，增幅为25.3%；执业（助理）医师数量从2013年的40.38人/万人增长到2022年的57.19人/万人，增幅达到41.6%；注册护士数量从2013年的47.36人/万人增长到2022年的65.33人/万人，增幅达到37.9%；卫生健康类一般公共预算支出从2013年的1299.18万元/万人增长到2022年的3551.81万元/万人，增幅超过1.7倍。与《“十四五”时期健康北京建设规划》中部分预期指标对照发现，到2020年，规划预期指标全部实现，在每千常住人口执业（助理）医师数、注册护士数方面，更是远超预期水平；除每千常住人口医疗机构床位数指标外，每千常住执业（助理）人口医师数和注册护士数指标在2022年便提前实现“十四五”目标值。

与其他省区市相比，北京各类医疗资源优劣势并存。通过每万人卫生技术人员数量这一数据对比看，2022 年北京每万人卫生技术人员数量为 135 人，显著优于其他省区市，排在第二位的陕西省为 96 人，排在末位的江西省为 69 人。但从每万人医疗机构床位数量对比看，北京仅为 61.32 张，处于下游水平，与排在第一位的黑龙江省（84.31 张）数据相比差距显著。从总体医疗资源供给上看，北京存在有提升空间。

三　医疗资源的空间结构时序变化特征

北京市下辖 16 个区，各区人口规模、经济发展水平存在一定差异，各区医疗资源总量数据显著不同。2022 年，从医疗机构数量上看，朝阳区最多，达到 1910 个，其次为海淀区、昌平区和房山区，石景山区最少，仅 226 个；医疗机构床位数量上，朝阳区最多，达到 26401 张，其次为西城区的 18633 张，延庆区最少，为 1180 张；执业（助理）医师数和注册护士数方面，朝阳区仍然居于首位，分别为 24418 人和 27074 人，延庆区最少，分别为 1318 人和 1139 人，仅达到朝阳区水平的约 5%；从卫生健康类一般公共预算支出上看，海淀区、朝阳区位居前 2 位，分别达到 598845 万元和 542044 万元，门头沟区最少，为 86665 万元。

为考察各区医疗资源的空间格局，用各区面积去除各项指标，获得各项医疗资源的地均分布情况。由于各区面积差异巨大，因此得到每平方公里资源情况与总量排序有较大差异。从各项地均数据上看，西城区和东城区各项指标均处于前 2 位，由于面积较小、医疗资源密集，其地均值优势显著优于其他地区。地均医疗机构数量上，西城区和东城区分别为 13.91 个/公里^2 和 13.00 个/公里^2，排在第 3 位的朝阳区为 4.06 个/公里^2，延庆区和门头沟区数值最低，均小于 0.2 个/公里^2；地均医疗机构床位数上，西城区和东城区分别为 367.51 张/公里^2 和 239.65 张/公里^2，排在第 3 位的石景山区为 58.95 张/公里^2，最少的是延庆区，仅 0.59 张/公里^2；地均执业（助理）医师数上，西城区和东城区分别为 290.08 人/公里^2 和 264.96 人/公里^2，排在第 3 位的朝阳区为 51.86 人/公里^2，最少的是延庆区，仅 0.66 人/公里^2；地均注册护士数上，西城区和东城区分别为 372.35 人/公里^2 和 274.93 人/公里^2，排在第 3 位的朝阳区为 57.51 人/公里^2，最少的是延庆区，仅 0.57 人/公里^2；从卫生健康类一般公共预算支出上看，西城区和东城区分别为 8891.46 万元/公里^2 和 7436.76 万元/公里^2，排在第 3 位的海淀区为 1390.17 万元/公里^2，最少的是延庆区，仅 54.84 万元/公里^2。

医疗资源主要服务于居民，因此地均指标并不能全面反映资源的空间配置情况，反而由于部分区域地广人稀，地均资源相对较少是资源效率高的表现。因此引入各项医疗资源的人均指标来表征医疗资源的空间格局，与各项地均指标相比，人均指标更准确地反映了医疗资源空间格局的基本情况。从人均医疗机构数量上看，密云区、怀柔区和延庆区位居前 3，均超过 10 个/万人，这是由于这 3 个区人口规模较小，相对人均指标较高，但这一数据反映了医疗资源均衡发展的基本方向，尽管人口总量较少，但对于面积较大的区域，更需要有足够数量的医疗机构覆盖。但其他数据方面，由于医疗资源相对集聚，西城区和东城区各项指标均位居前列，其中人均医疗机构床位数量上，西城区和东城区最多，分别达到 169.39 张/万人和 142.43 张/万人，通州区最少，为 24.32 张/万人；人均执业（助理）医师数上，东城区和西城区位居前 2 位，分别为 157.47 人/万人和 133.70 人/万人，通州区最少，为 23.47 人/万人；人均注册护士数上，西城区和东城区位居前 2 位，分别为 171.62 人/万人和 163.39 人/万人，通州区最少，为 23.88 人/万人。从卫生健康类一般公共预算支出上看，各区人均指标差距相对较小，最高的东城区为 4419.80 万元/万人，最低的丰台区为 1155.54 万元/万人，与其他 4 个指标差距相比较为均衡。

四　医疗资源空间公平性分析

基于北京各区历年人口数、医疗机构数量、医疗机构床位数量、执业（助理）医师数、注册护士数、卫生健康类一般公共预算支出等数据，计算各类医疗资源水平基尼系数，以此反映各类医疗资源配置空间公平性。一般认为，基尼系数在 0.2 及以下的为绝对平均，0.2~0.3 表示比较平均，0.3~0.4 表示基本合理，0.4~0.5 表示差距较大，大于 0.5 表示差距悬殊。

以各区医疗机构数量和常住人口数计算得到基于人口分布的医疗机构数量基尼系数。总体上看，医疗机构数量基尼系数呈下降趋势，由 2013 年的 0.2706 下降至 2022 年的 0.1951，降幅达到 27.9%，其中 2021 年基尼系数最低，为 0.1914，表征北京各区医疗机构数量从比较平均转变到绝对平均，医疗机构数量所反映的医疗资源空间公平性较好。

以各区医疗机构床位数量和常住人口数计算得到基于人口分布的医疗机构床位数量基尼系数。总体上看，医疗机构床位数量基尼系数呈波动上升趋势，数值区间为 0.24~0.27，变化幅度不大。这一变化趋势反映了北京各区医疗床位数量长期处于比较平均的水平，其空间公平性水平低于医疗机构空间配置。从具体数据上看，该基尼系数由 2013 年的 0.2449 上升至 2022 年的 0.2667，升幅为 8.9%，其中 2018 年基尼系数最低，为 0.2401。

以各区执业（助理）医师数和常住人口数计算得到基于人口分布的执业（助理）医师数量基尼系数。总体上看，执业（助理）医师数基尼系数呈波动上升趋势，变化幅度相对较大。这一变化趋势反映了北京各区护士数从比较平均水平逐步转向基本合理，尤其是 2020 年以后基尼系数显著增长，其空间公平性水平下降明显。从具体数据上看，该基尼系数由 2013 年的 0. 2667 上升至 2022 年的 0. 3104，升幅为 16. 4%，其中 2014 年基尼系数最低，为 0. 2517。

以各区注册护士数和常住人口数计算得到基于人口分布的注册护士数基尼系数。注册护士数基尼系数总体上呈上升趋势，这一变化趋势反映了尽管北京各区注册护士数长期处于比较平均的水平。从具体数据上看，该基尼系数由 2013 年的 0. 2473 上升至 2022 年的 0. 2779，升幅为 12. 4%，其中 2014 年基尼系数最低，为 0. 2394，2021 年基尼系数最高，为 0. 2816。

以各区卫生健康类一般预算支出和常住人口数计算得到基于人口分布的卫生健康类一般预算支出基尼系数。总体上看，卫生健康类一般预算支出基尼系数呈波动下降趋势，由 2013 年的 0. 2762 下降至 2022 年的 0. 1908，降幅达到 30. 9%，是本文考察的四类医疗资源中基尼系数降幅最大的指标，表明北京各区卫生健康类一般预算支出从比较平均转变到绝对平均，反映政府层面平衡医疗资源配置的政策导向。

五　改善医疗资源配置提升城市宜居的对策

2013~2022 年，北京医疗资源总量和人均水平显著提升，城市宜居性持续改善，但仍在个别方面存在不足。一方面，由于北京布局较多高水平医院，很多医院专业水平处于全国领先水平，接诊其他省区市病人比例较高。因此无论从资源总量上看，还是从实际人均水平上看，仍有较大的提升空间。另一方面，由于服务对象不同，基于选址布局的历史延续性，医疗服务水平较高的医院主要集中在中心城区，社区卫生服务中心、门诊部等也主要布局在人口相对集聚的地区，这就造成了医疗资源在空间配置上的公平性欠缺，中心城区外的社区居民一般性就诊便利程度偏低。

为解决医疗资源配置面临的问题，应落实《北京城市总体规划

（2016年—2035年）》，继续执行《“十四五”时期健康北京建设规划》，“推进优质医疗卫生资源均衡布局、优化结构、提质增效，更好服务群众健康需求”。因此，改善医疗资源配置的措施主要包括两类。

一方面，要促进医疗设施和医疗服务总量的提升。公共服务设施的建设和维护需要人力、财力的支撑，经济发展水平的提升是城市宜居性提升的关键。同时，在当前老龄化水平提升的背景下，要及时掌握人口结构的发展动态和趋势，针对不同区域人口结构差异化配置医疗资源，构建老年医疗服务体系，满足老年人医养需求，推进老年、康复、长期护理等学科建设。鼓励医院与养老机构合作，促进医养与康养相结合。此外，借助数字化、信息化技术提升医疗效率，促进跨机构医疗信息互联互通。提高交通便利性，提升医疗资源可达性。

另一方面，要基于宜居维度和空间公平促进医疗资源均衡发展。即在全市资源供给总量提升的基础上，空间公平性要求医疗资源实现均衡发展。这里的均衡发展是与人口、经济发展水平相匹配的均衡性，而非绝对平均性，因此这一均衡供给要以社区数量、人口数据为基础测算。同时，各级医疗机构应差异化发展，适度扩大服务范围。提升各级医疗机构服务水平和服务接待能力。增加基层医疗机构数量，提升15分钟生活圈内医疗机构服务水平，建立高等级医院与中低级医疗机构合作，提升中低级医疗机构服务水平，提升基层医疗机构就诊率，扩大服务范围，形成服务供给的多中心结构。

北京社区生态更新体系研究*

赵 清**

摘 要： 生态文明时代的到来和城镇空间内涵式集约化绿色发展的趋势使城市生态更新成为城市发展的新前沿。社区是城市的基础生活空间，社区生态更新是城市生态更新的重要基础场域。本文总结了城市生态更新、社区生态更新的概念，从城市更新动态维度出发，按照城市更新的“规划—改造—治理—保障”逻辑，构建了城市社区生态更新体系的概念框架，结合国家和北京社区生态更新相关政策与研究，提出了包含社区低碳生态更新规划体系、社区空间适应性再利用改造体系、社区多元协同生态治理体系和社区生态更新多维保障制度体系等四个子系统的北京社区生态更新体系，为北京社区生态更新提供了系统性、持续性的行动指南。

关键词： 社区更新 生态更新 北京

2023 年 11 月，自然资源部办公厅发布的《支持城市更新的规划与土地政策指引（2023 版）》提出城市更新相关规划工作应以“生态优先、绿色发展”为导向，“建立多元主体全过程、实质性、高效率的参

* 基金项目：北京市社会科学院一般课题（项目编号：KY2024C0190）。

** 赵清，博士，北京市社会科学院助理研究员，主要研究方向为生态城市与生态社区。

与机制，推进治理创新”。2024 年 1 月 11 日，中共中央、国务院发布的《关于全面推进美丽中国建设的意见》提出“锚定美丽中国建设目标”“推动城镇空间内涵式集约化绿色发展”，全领域大力推动经济社会“绿色化、低碳化转型”，全社会开展人人参与的“绿色、清洁、零碳引领行动”。2024 年 3 月 5 日，在第十四届全国人民代表大会第二次会议上，国务院总理李强同志作政府工作报告，其中“城乡建设发展绿色转型”成为 2024 年政府工作任务“加强生态文明建设，推进绿色低碳发展”的重点之一。从国家城镇未来发展的定位可以发现，“融合多元社会治理的城镇发展绿色转型”已经成为我国城市发展的重点。在这一背景之下，结合“绿色低碳”和“多元治理创新”理念的城市生态更新必将成为未来城市发展的一个重要方向。

2022 年 11 月 25 日，北京市第十五届人民代表大会常务委员会第四十五次会议通过的《北京市城市更新条例》提出城市更新活动要“敬畏生态”，坚持“绿色发展”、“多元参与”和“共建共享”等原则，“通过城市更新专项规划和相关控制性详细规划对资源和任务进行时空和区域统筹”。城市多元参与、共建共享的基础空间在于城市社区，社区作为城市的社会生活基本单元和城市微更新实施的“天然场域”，将是城市生态更新的重要基础阵地，以社区生态治理为内核的社区生态更新可以有效实现城市更新中的“绿色发展”与“共建共享”，对于推动城市绿色转型具有关键基础的重要意义。城市社区生态更新是一个复杂的巨系统，作为一个全新的领域，城市社区生态更新尚未形成完整的研究与实践体系。以北京为例，开展北京社区生态更新体系研究，既可以丰富生态文明建设理论和社区治理理论，对于日新月异的城市更新理论进行有益补充，也可以结合北京社区实践情况，开展北京社区生态更新体系研究，为北京社区生态文明与城市更新提供具体的行动指南，对于实现“绿色北京”发展战略具有重要的现实价值和理论意义。

一　城市社区生态更新体系的概念模型

作为城市发展永恒的主题，城市更新的内涵随着城市的发展也在不断演变。丁凡和伍江基于历史性和地域性视角梳理了近一个世纪世界范围内城市更新的发展阶段和概念，提出在当今城市更新的新内涵“由大规模拆迁转向社区邻里环境的综合整治和社区邻里活力的恢复与振兴”，城市更新规划“由单纯的物质环境改善转向社会、经济和物质环境相结合的综合性更新”①；秦虹和苏鑫总结了欧美主要城市和台湾城市更新的最新规律在于“动态永续更新”和“以人为本和可持续发展导向的多目标有机更新”②；阳建强和陈月对 1949~2019 年中国城市更新的发展进行了回顾性研究，提出未来中国城市更新应“倡导多元价值观、多元更新模式、多学科交叉与合作、多元主体参与和共同治理的方向转型”③；林松等通过对中国大量城市更新案例的研究探讨，提出当前生态中国城市更新的最新趋势在于“顺应城市肌理的有机更新”和“重建低碳微循环的微更新”④。2023 年 7 月，国家住房城乡建设部等部门印发的《关于扎实推进 2023 年城镇老旧小区改造工作的通知》提出我国城镇老旧小区改造工作的三个重点为：以既有建筑节能改造为主的“楼道革命”、全面整治小区及其周边绿化及基础设施的“环境革命”和强调社区多元主体协同治理的“管理革命”。结合上述学者对城市更新的研究以及国家关于老旧小区改造的最新工作定位，可以总结出当今城市更新的新内涵主要包

---

① 丁凡、伍江：《城市更新相关概念的演进及在当今的现实意义》，《城市规划学刊》2017 年第 6 期，第 87~95 页。

② 秦虹、苏鑫：《城市更新》，中信集团出版社，2018 年，第 3、9 页。

③ 阳建强、陈月：《1949~2019 年中国城市更新的发展与回顾》，《城市规划》2020 年第 2 期，第 9~19、31 页。

④ 林松、金爱英、贾忱扬等：《生态中国：城市更新与改造》，辽宁科学技术出版社，2021，第 14、23 页。

括“动态可持续的有机更新”、“低碳微循环的微更新”和“立足社会、经济、环境、文化和制度的综合维度更新”三个关键点。

城市更新新内涵中的“微更新”使社区这一社会微观公共空间成为城市更新天然的最佳实施场域之一，而城市更新中多方博弈、协调参与正是目前社区治理的研究主流。在复合生态文明理论指导下，城市社区层面的生态化更新，有利于城市更新多维目标的实现，更接近城市自身内在发展秩序和规律，更能激发城市自身的能动性，使城市更新得以可持续发展。因此城市社区生态更新可以被定义为“在城市居民生活的多层次复合社区内，以生态化多维综合目标为导向，依托社区相关利益方良性互动和共同参与社区治理所开展的，重在重建社区低碳微循环的，循序渐进式的、功能修复性的生态化改造过程”[①]。从中可以发现城市社区生态更新三个核心关键内容在于“低碳生态规划”“生态化更新改造”“生态多元治理”。

关于城市更新动态维度的研究，2016 年，由世界银行出版的《更新城市用地：借助民间力量的指导手册》将城市更新分为“调查—规划—筹资—实施”四个阶段；唐燕等选取了走在城市更新制度改革前沿的广州、深圳和上海三座城市作为研究对象，提出未来我国城市更新制度建设应在流程再造、主体明确、利益界定、目标引导和多元机制引入等五个方面重点着力[②]；唐燕等进一步以北京作为案例城市探索了城市更新制度建设，提出城市更新的关键维度在于“主体—资金—空间—运维”的 4S 城市更新制度框架[③]。2023 年 11 月，自然资源部办公厅发布的《支持城市更新的规划与土地政策指引（2023 版）》从城市更新“规划—改

① 赵清：《城市社区生态化有机更新策略研究》，《城市发展研究》2022 年第 6 期，第 32~35 页。

② 唐燕、杨东、祝贺：《城市更新制度建设——广州、深圳、上海的比较》，清华大学出版社，2019。

③ 唐燕、张璐、殷小勇：《城市更新制度与北京探索：主体—资金—空间—运维》，中国城市出版社，2023。

造—治理—保障”的逻辑规律提出“将城市更新要求融入国土空间规划体系，针对城市更新特点改进国土空间规划方法，完善城市更新支撑保障的政策工具，加强城市更新的规划服务和监管”。

结合上述相关研究和政策，基于社区生态更新概念，可以提出城市社区生态更新主要内容包括：第一，与城市总体规划、控制性详细规划、城市更新专项规划以及城市更新规划后评估相衔接的社区低碳生态更新规划体系；第二，与城市专项更新改造相对接的社区节能、节水、节地、节材以及绿色更新改造[①]的社区空间适应性再利用改造体系；第三，立足社区多元治理主体的社区协同生态治理体系，具体包括多元更新协同治理体制、多元更新协同治理机制以及可持续更新管理；第四，基于社区生态更新规划、改造和治理的不同阶段更新目标的社区生态更新多维保障制度体系。由此，构建社区生态更新体系的概念模型如图1所示。

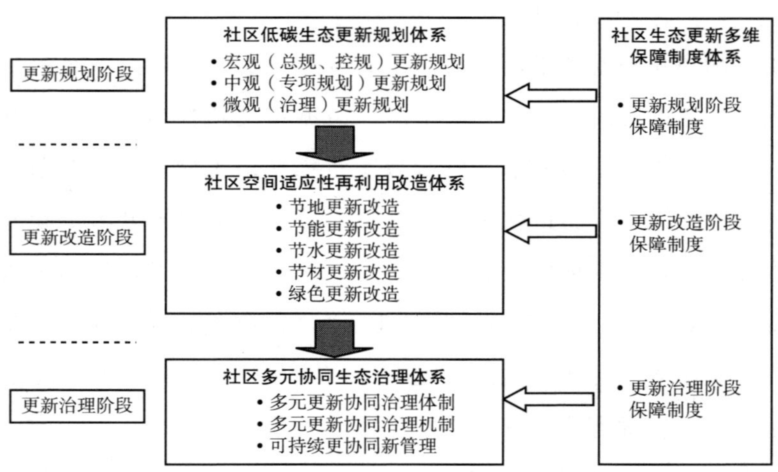

图1　社区生态更新体系的概念模型

① 2024年1月11日，中共中央、国务院发布的《关于全面推进美丽中国建设的意见》中提出“推动城镇空间内涵式集约化绿色发展”“实施全面节约战略，推进节能、节水、节地、节材”，加上社区绿色基础设施更新，以此确立社区生态更新改造的五大主要目标。

二 北京社区生态更新体系的建立

（一）社区低碳生态更新规划体系

2022 年 7 月 28 日，国家发展和改革委员会发布《“十四五”新型城镇化实施方案》，提出“加快推进新型城市建设”“有序推进城市更新”“推进生产生活低碳化，开展绿色生活创建行动，倡导绿色出行和绿色家庭、绿色社区建设”“建设宜居、韧性、创新、智慧、绿色、人文城市”。城市低碳生态发展已成为我国国家的政策目标，而社区低碳生态规划则是这一趋势下的关键基础实践环节。

2022 年 5 月 18 日，北京市人民政府印发《北京市城市更新专项规划（北京市“十四五”时期城市更新规划）》（以下简称《北京城市更新规划》），作为向上落实《北京城市总体规划（2016 年—2035 年）》、向下指导街区控规编制和城市更新行动计划的重要依据。

北京自新中国成立以来城市更新的三类模式主要是从 1949 年至 1980 年的大拆大建，到 1980 年至 2000 年的开发带危改，到 2000 年后主要集中于城市小尺度空间调整的“微循环”和“有机更新”①。北京低碳生态社区规划已有案例研究中，长辛店低碳社区作为北京首个完成的低碳社区，创新性确定了社区可持续发展规划目标，通过低碳社区概念规划、低碳社区控制性详细规划逐步落实社区低碳发展目标，并最终通过设立“低碳控规导则”实现对规划实施的具体指导②；刘京一和李惊提出“景观基础设施策略是建设生态友好型社区的基本策略”，并以

① 易成栋、韩丹、杨春志：《北京城市更新 70 年：历史与模式》，《中国房地产》2020 年第 4 期，第 38~45 页。

② 鞠鹏艳：《创新规划设计手段 引导北京低碳生态城市建设——以北京长辛店低碳社区规划为例》，《北京规划建设》2011 年第 3 期，第 55~58 页。

北京五环附近的城中村——后八家村作为案例，探讨了生态友好型社区模式在规划与设计中的应用”[①]；陈学璐以北京市门头沟区为例，基于综合生态安全格局划分的初始生态控制分区，对控制性详细规划生态拓展的技术路径进行了实例探索。提出“生态—建设”兼容性分析方法、非兼容性冲突调整规则、生态拓展控制指标体系整合优化方法以及生态适用性图则编制策略，从上至下展开控规生态拓展的方法与技术内容[②]。

（二）社区空间适应性再利用改造体系

2019 年 3 月，国家住房和城乡建设部发布国家标准《绿色建筑评价标准》（GB/T 50378-2019），提出绿色建筑评价应遵循因地制宜原则，对建筑全寿命期内的“安全耐久性”“健康舒适性”“生活便利性”“资源节约性”“环境宜居性”等性能进行综合评价。目前城市建筑更新研究主要关注建筑的适应性再利用[③]。

2022 年出台的《北京市城市更新专项规划（北京市“十四五”时期城市更新规划）》提出“推行微降解、微能源、微渗透、微交通、微绿地、微调控等新理念”“将绿色低碳融入空间利用、能耗、节水、选材等各方面”“以低碳技术带动城市基础设施体系的转型升级与存量建筑的更新改造”“按照全生命周期视角科学合理建立存量建筑留改拆低碳评价机制，运用智慧数字基础设施建设智能多源感知体系”。2023 年 11 月 24 日，北京市第十六届人民代表大会常务委员会第六次会议通过《北京市建筑绿色发展条例》，明确从法规层面对北京市建筑建设提

① 刘京一、李倞：《生态友好型社区的规划与设计——以北京后八家改造为例》，《中国风景园林学会 2014 年会论文集》（上册），2014。

② 陈学璐：《控制性详细规划生态拓展的关键技术探索——以北京市门头沟区为例》，北京大学硕士学位论文，2020，第 1 页。

③ 赵亚博、臧鹏、朱雪梅：《国内外城市更新研究的最新进展》，《城市发展研究》2019 年第 10 期，第 42~48 页。

出绿色发展要求：项目建设单位“不仅要在新建、改建或扩建时考虑到绿色发展的要求”，还要“对既有建筑的绿色运行、维护和节能改造承担起相应的责任”。建筑项目工程咨询、规划设计、施工、运营全生命周期都应具备绿色发展目标。

综合以上国家和北京相关政策要点，在城市社区生态更新体系概念框架下，提出北京社区空间适应性再利用改造体系如图 2 所示。

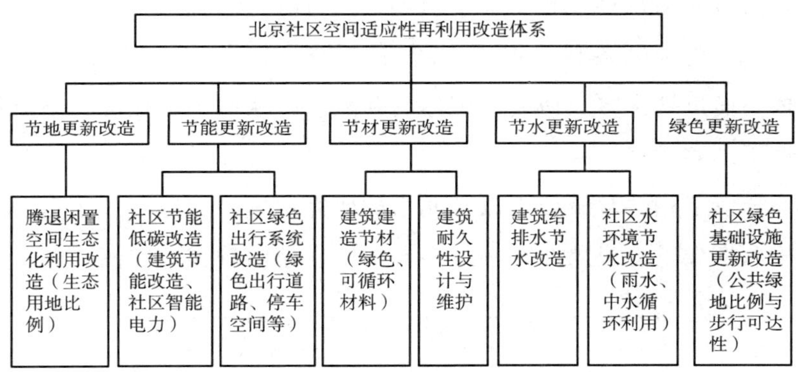

图 2　北京社区空间适应性再利用改造体系

（三）社区多元协同生态治理体系

2017 年中共中央、国务院发布《关于加强和完善城乡社区治理的意见》，提出“加强城乡社区环境综合治理，做好城市社区绿化美化净化、垃圾分类处理、噪声污染治理、水资源再生利用等工作”“广泛发动居民群众和驻社区机关企事业单位参与环保活动，建设资源节约型、环境友好型社区”。2021 年 12 月，国务院办公厅发布《“十四五”城乡社区服务体系建设规划》，提出“十四五”城乡社区服务体系建设应形成“多方参与”的社区服务格局，要求从“为民、便民、安民”三个方面提升社区服务质量。“以人民为主”，依托“多方参与”应是社区生态更新工作中的核心。

北京目前围绕社区微更新、微治理开展的社区更新主要包括：强调公众参与多元主体良性共治的社会化更新，如北京清河美和园混合社区建立的“社区分步循环议事协商机制”有效搭建了社区微更新中社区各主体协商的桥梁[①]；基于社区文化治理开展的社区更新，如北京大栅栏片区、白塔寺片区、史家胡同片区等社区更新改造[②]；以社区绿色景观设计为手段开展的北京东城区社区微花园景观微更新实践[③]。社区生态更新的协同治理体制的关键在于建立“社区生态治理小组”作为第三方组织成为社区各利益主体之间沟通的桥梁[④][⑤]，以社区生态治理小组为核心通过社区多元协同治理体制和机制，从而推动社区生态更新的持续性管理和发展。

综合以上相关政策要点以及北京的研究探索，在城市社区生态更新体系概念框架下，提出北京社区多元协同生态治理体系如图 3 所示。

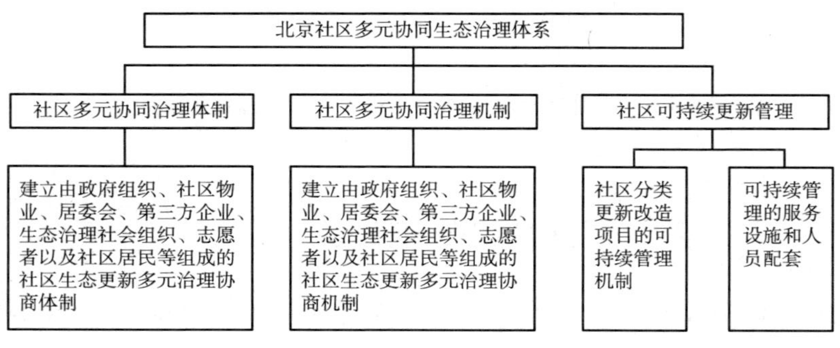

图 3　北京社区多元协同生态治理体系

① 董悠悠、张兆欣、闫琳：《混合型社区多元主体参与的社区微更新研究——以北京清河美和园社区为例》，《2019 中国城市规划年会论文集》，2019。

② 韩雨蒙：《基于文化保护的北京老城社区更新研究》，北方工业大学硕士学位论文，2019。

③ 侯晓蕾：《基于社区营造和多元共治的北京老城社区公共空间景观微更新——以北京老城区微花园为例》，《中国园林》2019 年第 12 期，第 23~27 页。

④ 吴祖泉：《解析第三方在城市规划公众参与的作用——以广州市恩宁路事件为例》，《城市规划》2014 年第 2 期。

⑤ 袁媛、刘懿莹、蒋珊红：《第三方组织参与社区规划的协作机制研究》，《规划师》2018 年第 2 期，第 11~17 页。

（四）社区生态更新多维保障制度体系

2023 年 7 月，住房城乡建设部等部门印发的《关于扎实推进 2023 年城镇老旧小区改造工作的通知》提出“各省级住房和城乡建设部门要会同发展改革、财政等有关部门指导市、县通过划分水电气热信等管线设施改造中政府与管线单位出资责任、吸引社会力量出资参与、争取信贷支持、加快地方政府专项债券发行使用、动员居民出资等渠道，强化城镇老旧小区改造资金保障”。从社区多元治理角度提供了老旧社区改造的资金保障思路。2023 年 11 月，自然资源部办公厅发布的《支持城市更新的规划与土地政策指引（2023 版）》提出“完善城市更新支撑保障的政策工具”，包括优化规划管控工具、丰富土地配置方式、细化土地使用年限和年期、实施差别化水费计收、优化地价计收归责和保障主体权益等六个方面。

2022 年出台的《北京市城市更新专项规划（北京市“十四五”时期城市更新规划）》提出“创新政策机制，构建更新动力系统”应着力“构建城市更新政策体系，完善配套规范；强化规划土地政策供给，指导更新方向；推进建设管理政策优化，推动项目实施；加强金融财税政策创新，激活多方力量”。

综合以上相关政策要点，在城市社区生态更新体系概念框架下，提出北京社区生态更新多维保障制度体系如图 4 所示。

三 结论

城镇建设绿色转型已成为我国城市发展的重要目标，城市生态更新是实现这一目标的关键途径。社区生态更新是城市生态更新的重要基础场域，其核心在于“低碳生态规划”“生态化更新改造”“生态多元治理”，其动态维度遵循“规划—改造—治理—保障”的逻辑，由此构建

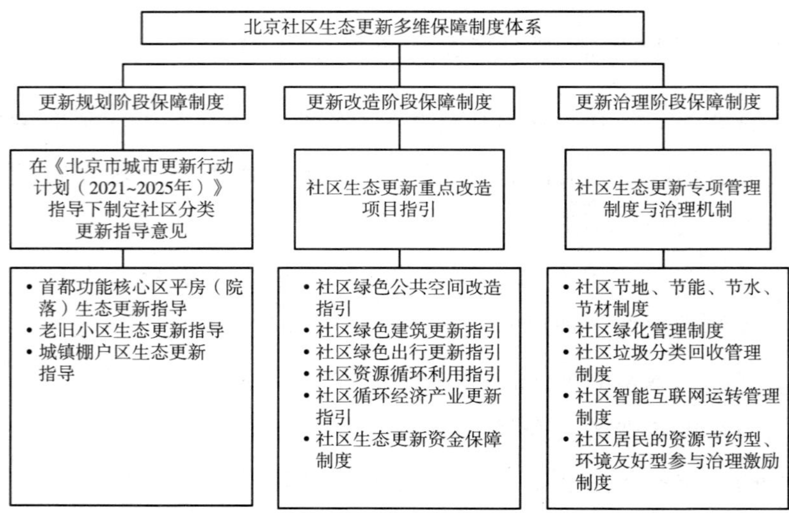

图4　北京社区生态更新多维保障制度体系

出城市社区生态更新体系的概念框架，结合北京社区生态更新相关政策与研究，提出了包含社区低碳生态更新规划体系、社区空间适应性再利用改造体系、社区多元协同生态治理体系和社区生态更新多维保障制度体系等四个子系统的北京社区生态更新体系，为北京社区生态更新提供了系统性、持续性的行动指南。

减污降碳协同创新试点建设助力美丽中国目标实现

——以北京市为例

王 敏　杨儒浦*

摘　要：《中共中央 国务院关于全面推进美丽中国建设的意见》中，强调“开展多领域多层次减污降碳协同创新试点”。北京市作为首都，在环境质量改善取得历史性突破的同时，碳排放峰值也已基本实现并呈现出稳定下降趋势。近年来，北京市积极推动减污降碳协同创新，朝阳区、大兴区和北京经济技术开发区、朝阳区循环经济产业园更是入选国家第一批城市和产业园区减污降碳协同创新试点名单。本文在解析减污降碳协同创新内涵特征的基础上，总结了北京市推动减污降碳协同创新的主要做法和面临的主要挑战，并提出了有关建议。

关键词：美丽中国　减污降碳　协同创新　北京市

“十四五”时期，我国生态文明建设进入了以降碳为重点战略方向、推动减污降碳协同增效、促进经济社会发展全面绿色转型、实现生态环

---

* 王敏，生态环境部环境与经济政策研究中心副研究员，主要研究方向为环境与气候协同治理；杨儒浦，博士，生态环境部环境与经济政策研究中心，主要研究方向为应对气候变化、能源经济学。

境质量改善由量变到质变的关键时期，要把实现减污降碳协同增效作为促进经济社会发展全面绿色转型的总抓手。2022 年 6 月，生态环境部等七部委联合印发《减污降碳协同增效实施方案》，明确开展区域、城市、产业园区和企业减污降碳协同创新。2023 年 12 月，生态环境部发布第一批城市和产业园区减污降碳协同创新试点名单，涵盖 25 个省（区、市）的 21 个城市和 43 个产业园区。2024 年 1 月发布的《中共中央 国务院关于全面推进美丽中国建设的意见》中，强调“开展多领域多层次减污降碳协同创新试点”。推动减污降碳协同创新，不仅是贯彻落实新发展阶段我国生态文明建设有关要求的重要举措，也是确保我国如期实现碳达峰碳中和目标的关键抓手，还是全面推进美丽中国建设的有效路径①。本文在解析减污降碳协同创新内涵特征的基础上，总结了北京市推动减污降碳协同创新的主要做法和面临的主要挑战，并提出了有关建议。

一 减污降碳协同创新的概念与内涵

减污降碳协同创新，是以建设人与自然和谐共生的美丽中国为总体目标，统筹污染治理、生态保护及温室气体减排等要求，通过对减污与降碳的实施路径、技术措施、政策机制、管理体系等进行创新优化，探索形成多层次、多领域的减污降碳协同创新推进机制，以较低成本、更高效率助推绿色低碳高质量发展，反映了实现减污降碳协同增效的方法和路径②。

减污降碳协同创新不是指“减污”和“降碳”工作的物理融合，更强调各地区、各部门、各单位凝聚更大合力，对“减污”和“降碳”的法规政策、技术标准、管理体系等进行创新优化。具体来看，在推动

① 孙雪妍、白雨鑫、王灿：《减污降碳协同增效：政策困境与完善路径》，《中国环境管理》2023 年第 2 期，第 16~23 页。

② 杨静、刘会娟、吉庆华等：《降碳减污多维协同的基础科学问题》，《中国科学基金》2023 年第 6 期，第 1021~1026 页。

减污过程中，既要强化污染物结构减排、管理减排措施带来的减污降碳效果，还要优化工程减排措施以降低末端治理带来的减污降碳负协同效果；在推动降碳过程中，要深刻把握环境污染物特别是大气污染物和二氧化碳排放同根同源同过程的特征，向协同共治要减排量，取得“降碳”与“减污”工作“1+1>2”的效果。

减污降碳协同创新的核心内涵是以实现减污降碳协同增效为导向，以理念创新为牵引，通过推进路径创新、管理创新、技术创新等各方面的全面创新，构建“目标+路径+管理+技术”一体化的减污降碳协同治理新路径。其中，理念创新是推动减污降碳协同创新的行动先导，是发展思路、方向和着力点的集中体现，有助于提高创新效果和创新能力；路径创新是统筹推进污染治理、生态保护及温室气体减排等工作的一场“革命”，也是确保理念创新落地见效的有力保障；管理创新是提升减污降碳协同增效水平的突破口，也是推进全面创新的关键一环；技术创新不仅是降本提质增效的重要途径，更为推进全面创新提供了强大动能（见图 1）。

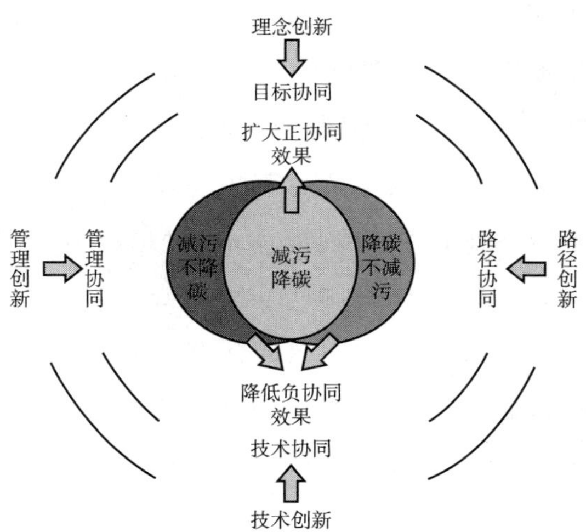

图 1　减污降碳协同创新概念模型

二　有关减污降碳协同创新的政策要求

《减污降碳协同增效实施方案》中明确指出，开展区域、城市、产业园区、企业减污降碳协同创新。针对区域，提出要优化区域产业结构、能源结构、交通运输结构，培育绿色低碳生活方式，加强技术创新和体制机制创新，助力实现区域绿色低碳发展目标；针对城市，明确要探索不同类型城市减污降碳推进机制，在城市建设、生产生活各领域加强减污降碳协同增效；针对产业园区，指出要优化园区空间布局，大力推广使用新能源，促进园区能源系统优化和梯级利用、水资源集约节约高效循环利用、废物综合利用，升级改造污水处理设施和垃圾焚烧设施，提升基础设施绿色低碳发展水平；针对企业，要通过政策激励、提升标准、鼓励先进等手段，推动重点行业企业开展减污降碳试点工作。

为进一步明确协同目标、探索协同路径、创新协同管理、引领协同技术，加快探索减污降碳协同治理路径和有效模式，加快形成效果好、可复制推广的实践案例，生态环境部于2023年7月组织开展城市和产业园区减污降碳协同创新试点工作，明确了城市和产业园区减污降碳协同创新试点任务。其中，城市减污降碳协同创新试点任务包括创新减污降碳协同政策体系、创新减污降碳协同减排路径、创新减污降碳协同管理机制、开展重点领域协同试点，以及统筹各类城市试点工作等；产业园区减污降碳协同创新试点任务包括探索协同减排技术路径、探索协同创新管理体系、探索基础设施协同模式，以及开展重点行业协同试点和统筹各类园区试点创建等（见图2）。

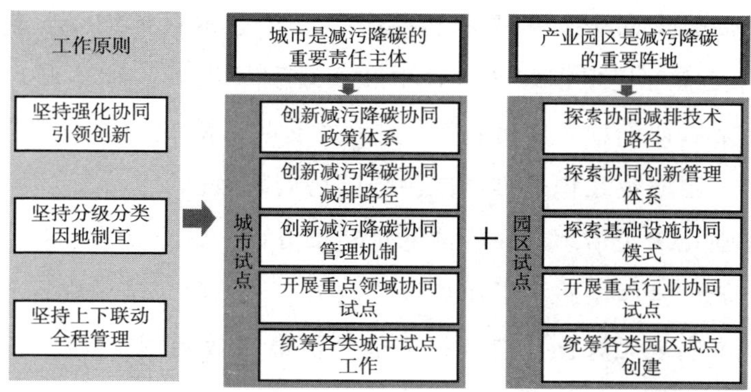

图 2　城市和产业园区减污降碳协同创新试点任务

三　开展减污降碳协同创新的经验做法

截至2023年底，全国有31个省（区、市）印发实施了减污降碳协同增效实施（行动）方案。各地围绕加快构建减污降碳一体谋划、一体部署、一体推进、一体考核的制度机制，积极涌现出一批典型经验做法和案例。北京市作为首都，积极推动减污降碳协同创新，在环境质量改善取得历史性突破①的同时，碳排放峰值也已基本实现并呈现出稳定下降趋势②。朝阳区、大兴区和北京经济技术开发区、朝阳区循环经济产业园更是入选国家第一批城市和产业园区减污降碳协同创新试点名单。北京市有关减污降碳协同创新做法主要包括以下方面。

一是明确顶层设计。北京市于2017年发布实施《北京城市总体规划（2016年—2035年）》，提出以国际一流标准建设低碳城市，到2035年大气环境质量得到根本改善。2021年出台的《北京市国民经济

① 李丽平、杨儒浦、冯相昭、李媛媛等：《减污降碳协同增效政策与实践（一）》，社会科学文献出版社，2023，第2~3页。

② 《国家发改委能源研究所谭琦璐、郭敏晓：减污降碳协同治理过程中，仍存在忽视降碳的牵引作用等问题》，新浪财经，2022年7月。

和社会发展第十四个五年规划和二〇三五年远景目标纲要》提出，到2035年，生态环境根本好转，碳中和实现明显进展。2023年印发《北京市减污降碳协同增效实施方案》，为推动减污降碳协同增效作出顶层部署。区县层面也在积极推动减污降碳协同增效。

二是强化源头治理。在能源绿色转型方面，北京市大力推动化解煤炭过剩产能，全面实施各类用煤设施电力、天然气等清洁能源替代，平原地区基本实现无煤化，持续推进能源清洁高效利用，积极探索光伏、地热等可再生能源与城市重点区域开发、基础设施建设、产业园区融合发展新路径，全市可再生能源规模化发展步伐加快。在绿色生活方式方面，北京市从广泛社会动员、加强生态文明教育、推动社会各界参与、创新宣传方式方法等方面，倡导社会各界及公众身体力行，选择简约适度、绿色低碳的生活方式，参与美丽北京建设；环保社会组织代表、社区居民代表发起“减污降碳，共建美丽北京”倡议；积极创建国家节约型公共机构示范单位和能效领跑公共机构；“慢行优先、公交优先、绿色优先”理念逐步变成实践，中心城区绿色出行比例达到73.1%。在包装减量化方面，经开区针对汽车制造、电子信息行业等主导行业，推广绿色包装循环利用模式，提升绿色包装循环利用效率，逐步形成园区绿色包装循环化发展特色路径。

三是重点领域协同。工业领域。着力优化调整产业结构和布局，大力发展能耗少排放低的高精尖产业，促进新能源汽车、储能、氢能等绿色产业发展。如大兴区将氢能产业作为未来重点培育的战略性新兴产业，在京津冀率先印发首个氢能专项支持政策文件，支持企业集聚发展；经开区通过龙头企业示范效应带动了汽车制造、液晶显示、绿色印刷产业链的形成和发展。城乡建设领域。率先发布第五步节能设计地方标准，绿色建筑和装配式建筑占新增建筑的比重得到显著提升。交通运输领域。推动出行结构、运输结构和车辆能源结构“三个优化”。以商品车、矿建材料、钢铁、生产性煤炭、生活必需品为重点货类，推动大宗货物“公转铁”；大力推进机动车“油换电”，形成“以充电为主，换电、加氢协同配合”的多元化补能设施体系；推动燃料电池汽车示范城市群建设；充分利用出行大数据、北斗、5G等智能解决方案减少道路交通拥堵。生态建设领域。积极探索基于自然的解决方案，优化提升生态系统多样性、连通性和安全性，加强适应气候变化能力建设。

四是环境治理优化。经开区建立“一水多用、循环利用、分区分质”的供水模式，实现区内外生产系统和生活系统循环链接，基本建成循环型产业共生网络体系。朝阳循环园区建成集城市生活垃圾、餐厨/厨余垃圾、建筑/装修废弃物处理、医疗废弃物收运、再生资源回收利用、环境保护设施运营、技术开发与推广于一体的城市废弃物协同处理园区，不断优化废物处置单元间耦合共生链条，形成了水、电、气、热的物质和能源循环链条，在外部形成了产品、废物、资源的大循环链条。

五是创新政策体系。大兴区在全市首创“绿色信用”评价体系，实行分类分级监管，并探索建立街道碳普惠及个人碳账户；经开区明确绿色发展资金支持政策，设立“绿色发展资金”，适用范围涉及绿色建筑、节能减排、无废城市等领域，重点支持环保、节能、绿色建筑等项目。此外，还做好金融服务。如与中国人民银行北京市分行签订合作备忘录，重点围绕开展企业及项目碳排放评价、建立绿色项目/企业名录、运用货币政策工具支持绿色产业发展、探索建立绿色评估标准、促进金融机构与绿色产业或项目深入对接等方面开展合作。

六是加快技术创新。大兴区开展氢能制取、氢能储运和加注、燃料电池等氢能领域技术创新，深化推进地热及热泵技术规模化开发利用。经开区鼓励企业开展绿色产品设计，研发生产符合环境要求、有利于资源再生和回收利用的产品和服务，推动固废减量化和循环利用。如京东方通过建立绿色产品管理系统（GPM）以及绿色产品实验室提升绿色产品设计研发能力；京东集团通过开展绿色服务项目“青流计划”，带动上下游企业推行绿色包装；中晶环境探索出“基于工业固废循环负碳产品的生态示范园”等创新发展路径。朝阳循环园区对生活垃圾焚烧全过程控制技术进行了系统创新，攻克了垃圾渗沥液浓缩液处理的瓶颈难题。

七是提升管理效能。着力完善降碳减污协同治理平台，形成交通运行监测数据、能耗碳排放数据、环境数据和货运数据等多源大数据体系，探索推进区块链加速终端一体机用于提升区块链转账、支付交易速度和数字加密、解密处理速度，以提供自主可控的可信执行环境。区县层面，大兴区建成全市首个“天地空”信息技术全涵盖“智慧生态”管理平台，涵盖大气、水、土、碳、噪声、生态等全要素的综合系统，支持多个业务及分析决策场景；依托京津冀氢能大数据平台开展氢能交通领域碳减排核算。经开区建成覆盖资源环境领域的“互联网+智慧园区管理”集成创新管理平台，建成全国首个可再生能源“碳中和”园区。朝阳循环园区强化能源利用状况报告及能源审计管理制度建设，通过目标考核、能效对标、限额管理、绿色电价、信用监管等激励约束机制，引导督促各项目加强协同管理、深挖协同潜力。

四　减污降碳协同创新面临的主要挑战

北京市推动减污降碳协同创新取得显著成效的同时，还面临一些亟须关注和解决的重难点问题，特别是推动绿色低碳转型面临更高要求。现阶段，北京市环境质量改善成效还不稳固，与世界卫生组织环境空气质量指导值有差距，并且 PM2.5 与臭氧协同治理难度加大。与此同时，全市碳排放总量仍处于高位平台期，万元 GDP 能耗和碳排放水平与国际大都市相比仍有明显差距。具体来看，北京市推动减污降碳协同创新主要面临如下方面的挑战。

一是主要污染物和碳减排空间趋窄，边际下降难度较大。随着压减燃煤、电气化提升，光伏发电、生物质发电、地源热泵及相关行业节能增效工作持续实施，以及老旧机动车保有量越来越小，再加上需要疏解腾退的工业企业较少，后期通过技术改造降低污碳排放的空间持续缩小。

二是能耗需求持续攀升，可再生能源发展瓶颈仍待破除。北京市可再生能源开发利用品种及领域有限，以生物质发电、光伏发电和风能发电为主体的清洁能源已经取得了稳步提升，但尚不能满足经济社会发展的电力需求，仍需大量依赖调入电力；而现阶段绿色电力消纳水平相对较低，尚未形成本地资源开发与外调绿电资源并举的可再生能源开发格局。

三是减污降碳协同创新的路径和技术仍有待进一步完善。以朝阳循环园区为例，目前已形成了较为完善的循环经济产业链，产业链基础较高，但企业间的横向耦合尚有提升空间，生态工业链以及资源能源的共享循环深度仍存在不足；物资回收中心需要向园区外购买热力，未能从企业内部提供热力，垃圾焚烧发电后乏汽等多项余热的利用途径仍然有待探索，垃圾渗沥液的处理处置分散且效率较低，亟须升级改造；新能源如光伏等还未引入园区，园区内部微电网尚未搭建，供用能系统还需进一步完善。另外，尚未建立技术创新和推广应用的激励和融资机制，企业减污降碳核心技术研发和储备积极性不高，认知深度有待提升。

四是减污降碳协同管理支撑能力有限，协同成效较难评判。部门间同向发力、形成合力的减污降碳协同治理格局还未完全形成，跨地区统筹协调方面还有较大提升空间。同时，污染核算统计体系支撑不足，碳监测体系不健全，碳排放核算方法也较为粗放；污染物排放仅来自二次污染普查数据、环境统计数据，数据过于陈旧。此外，目前全市尚未研究出台减污降碳协同增效评估方法体系，区县、园区、企业等层面的减污降碳协同效果尚无科学评判结果。

五　关于推动减污降碳协同创新的建议

下一步，北京市还需进一步推进减污降碳协同创新，特别是在应对气候变化立法、促进政策协同创新、引导公众参与等方面持续发力，建设和谐宜居的美丽北京，具体建议如下。

一是着力保障外调绿电规模。积极引进外埠清洁电源，深化京津冀区域非化石能源合作，积极推进环首都风电基地建设，积极与山西、内蒙古、吉林、山东等地合作开发新能源项目，探索建立“域外资源开发、绿电定向输送、本市定向消纳”的“绿电”进京新模式。开发利用本地可再生能源，因地制宜发展园区、屋顶、院内分布式光伏和山地、乡村分散式风电以及环境介质热能（热泵技术）等可再生能源，逐步提升本地可再生能源电力的消纳水平。

二是推动重点领域协同创新。着力推动工业企业减污降碳协同技术创新，围绕清洁能源推广、源头减量、全过程控制、能源资源综合利用等方面，从生产全过程挖掘协同减排空间和潜力，打造减污降碳协同增效标杆企业和标杆项目。持续推动出行结构、运输结构和车辆能源结构“三个优化”，推动新能源汽车与能源、交通、信息通信深度融合。推进超低近零能耗建筑示范，推动装配式建造技术从房屋建筑工程向市政工程拓展应用，推进公共建筑、老旧小区、传统商圈、低效商业楼宇等既有建筑节能低碳改造，鼓励居住建筑节能绿色化改造与建筑内水、电、气、热等专业管线改造同步实施。拓展北京交通绿色出行一体化服务平台功能，发挥绿色生活联合推广机制作用，推动多元碳普惠机制有效落地。

三是探索基于自然的解决方案。要将基于自然的解决方案作为推动减污降碳协同增效的常规举措，强化其在多领域的协同效益。如完善城市绿色生态网络，科学规划、合理布局城市生态廊道和生态缓冲带；优化城市绿化树种，降低花粉污染和自然源挥发性有机物排放；建立湿地、经济林生态保护补偿政策，提升生态系统多样性；加强高碳汇树种开发、裸露地治理、常绿植物培育等方面技术攻关，提高单位面积林地和绿地的碳汇量；开展生态改善、环境扩容、碳汇提升等方面的效果综合评估，不断提升生态系统碳汇与环境净化功能。

四是加快制定协同评价办法。加快建立可系统评价“环境质量—碳排放水平—经济发展”协同性、结构调整措施协同度、治理路径协同度、生态环境管理协同度的减污降碳协同增效评估体系，识别全要素、全领域重点工作及薄弱环节，提升各项工程项目减污降碳协同的一致性和整体性。加强评价结果运用，动态调整工作着力点①，纳入美丽北京建设成效考核指标体系，将考核结果作为各级领导班子和有关领导干部综合考核评价、奖惩任免的重要参考。

五是建立健全跨域协作机制。推动减污降碳协同创新，是一种典型的“跨域协作”，需要形成多主体、多部门、多领域的分工协作，加快构建“政府—科研机构—企业—社会组织—公众”的多元共治模式。要统筹各领域资源，汇聚各方面力量，打好法治、市场、科技、政策的“组合拳”，合力推动实现减污降碳协同增效。同时，还要充分发挥好科研机构、社会组织和公众的作用，助力政府、企业采取更为有效的减污降碳协同创新路径和措施。

六是适时总结推广经验做法。以开展减污降碳协同创新试点为契机，注重发挥自上而下和自下而上两个积极性，引导试点单位在发展模式、管理措施、技术路径等方面积极探索。同时，按照“边试点、边总结、边推广”的原则，及时总结提炼工作成效和典型案例，形成具有一定普适性、可复制推广的减污降碳协同创新经验做法，在更大范围内宣传推广。

---

① 姜华、高健、阳平坚：《推动减污降碳协同增效 建设人与自然和谐共生的美丽中国》，《环境保护》2021 年第 16 期，第 15~17 页。

参考文献

郑逸璇、宋晓晖、周佳等：《减污降碳协同增效的关键路径与政策研究》，《中国环境管理》2021 年第 5 期。

北京市生态环境局：《2021 年北京市生态环境状况公报》，http：//sthjj. beijing. gov. cn/bjhrb/index/xxgk69/sthjlyzwg/1718880/1718881/1718882/325831146/index. html。

李惠民、张西、张哲瑜等：《北京市碳排放达峰路径及政策启示》，《环境保护》2020 年第 5 期。

中国碳中和与清洁空气协同路径年度报告工作组：《中国碳中和与清洁空气协同路径（2023）》，2023。

王敏、杨儒浦、李丽平：《城市减污降碳协同度评价指标体系构建及应用研究》，《气候变化研究进展》2024 年第 2 期。

北京市生态涵养区适宜产业发展策略及建议

康 勇 张 敏 曾祥瑞*

摘 要： 生态涵养区是首都的重要生态屏障和水源保护地，近年来，其总体发展水平仍明显滞后于城区与平原新城。特别是在产业发展方面面临特色主导产业亟须培育、生态产品价值转化路径稀少等问题。因此，本文从近年来北京市生态涵养区产业政策、产业自身发展等方面，深入研究存在的根本问题及影响因素，找到具体的解决路径与实施建议。从而推动生态优势向发展优势转化，促进生态涵养区适宜产业多元化发展，激发产业发展内生动力，完善生态涵养区产业政策体系，从而推动生态涵养区经济高质量发展。

关键词： 生态涵养区 生态产品 特色产业

* 康勇，北京市工程咨询有限公司城乡文旅事业部总经理、高级工程师、注册咨询工程师（投资），北京乡村振兴促进中心主任，北京城市副中心台湖演艺小镇理事会理事，中国影都建设顾问专家，主要研究方向为乡村振兴、文化旅游、小城镇建设及产业发展政策；张敏，北京市工程咨询有限公司市场部经理，主要研究方向为乡村振兴、特色小镇发展等；曾祥瑞，北京市工程咨询有限公司项目经理，助理研究员，主要研究方向为区域经济、产业政策研究。

一　北京生态涵养区产业发展情况

（一）生态涵养区产业政策特点

选取 2014 年至 2024 年 1 月与产业相关部门（共 16 个）在首都之窗发布的产业相关政策、标准、规范，依次阅览相关政策实施区域，共选取涉及生态涵养区的政策 186 条。主要涵盖农业、林业、文化、旅游业、高精尖产业、民生（养老）、交通、金融、商业、生态（碳达峰）等领域（见图 1）。

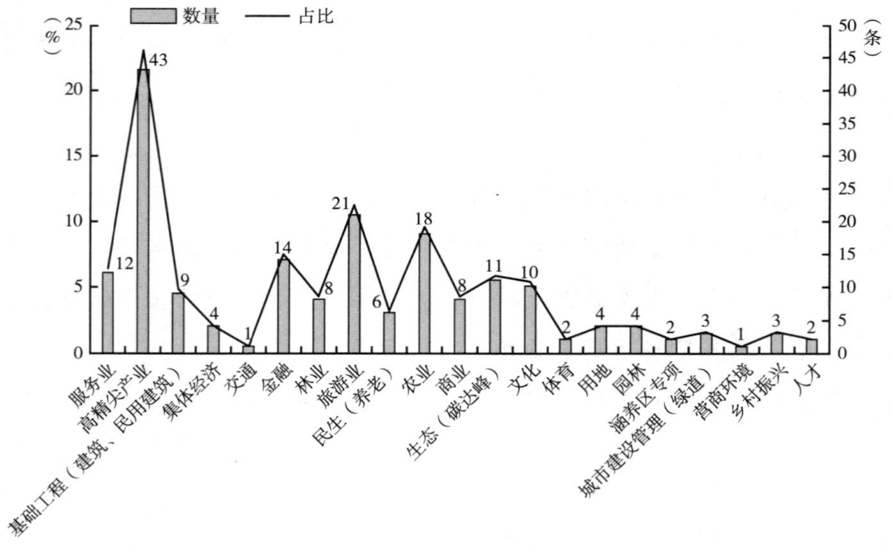

图 1　2014 年至 2024 年 1 月生态涵养区相关产业政策占比情况

（二）生态涵养区产业政策实施效果

一是产业发展类型不断细化，从各区目前产业发展现状来看，具体围绕高精尖产业、文旅休闲、现代农业和现代服务业等方面发展。

二是产业结构不断优化，截至2022年[①]生态涵养区产业结构为2.47∶27.34∶70.19，第三产业占比较“十二五”末提升22.2个百分点，与全市三产占比差距不断缩小，工业生产总值、规模以上企业数量保持相对稳定。产业发展为“三二一”格局，标志着生态涵养区产业结构的合理化与高级化水平迈上了新的台阶。

三是产业经济效益发展明显，2022年生态涵养区地区生产总值为1704.6亿元，较“十二五”末政策实施后提升87.45%。人均可支配收入水平达到47854元，较2015年提升59.27%，基本与全市收入水平增速（59.76%）保持一致。2022年生态涵养区林业产值较“十二五”末（2015年）均有明显提升，提升142.82%。从全市涵养区林业占比看，2022年比重为33.55%。2022年乡村旅游总收入为114211.5万元，较2015年提升6.72%，占全市乡村旅游比重为83.25%。生态涵养区利用自身资源，如自然风光、历史遗迹、主题公园等资源，经过多年探索和实践，发展了多种旅游业态：养生游如温泉旅游、露营，低碳游如徒步旅游、乡村旅游，文化游如研学旅游、红色历史游，以及线上旅游等旅游方式。

（三）生态涵养区各区产业发展情况对比分析

一是地区生产总值差距较大，产业发展不稳定性问题突出。其中一产产值逐年下降，农牧业成为下降的主要因素，其中生态涵养区农业占全市农业比重为37.2%、林业占全市林业比重为30.2%、牧业占全市牧业比重为31.1%、渔业占全市渔业比重为38.5%，专项占全市专项为30.86%。2015~2022年，生态涵养区一产产值年均下降3.06%（全市4.36%），其中平原新城年均下降5.14%，副中心年均下降6.06%，中心城年均增长3.52%。二产产业转型升级压力剧增，从全市工业总产

① 数据说明：2023年实际统计数据目前尚未公布。

值[①]占比来看，生态涵养区工业总产值年均占比为 5.82%，远低于平原新城的 24.76%、中心城的 24.59%、亦庄经济技术开发区的 12.87%。从生态涵养区分区产值占比看，怀柔区占比较高，达到 47.23%，密云区第二、占比 22.90%。根据实际情况看，怀柔主要依附于怀柔科学城，密云作为科学城外溢承载，产业发展方向较为靠近科学城。从全市园区工业总产值占比看，生态涵养区 5 家园区工业总产值年均占比为 6.35%，远低于平原新城的 22.30%、中心城的 40.98%、亦庄经济技术开发区的 27.98%。从生态涵养区分园产值占比看，怀柔园占比较高，达到 50.73%，密云园第二位、占比 22.15%，与工业总产值排名一致。

二是生态涵养区旅游总收入增长，但收入比重远低于平原新城。2016~2022 年，从全市旅游收入（年均 4410.65 亿）占比来看，涵养区旅游总收入年均占比仅为 5.29%，远低于中心城区的 85.72%。从生态涵养区分区收入看，怀柔和延庆占比相对较高，分别为 1.43%、1.51%。2016~2022 年，生态涵养区旅游接待量总体呈现出增长趋势，年均增长率为 7.71%，高于全市旅游接待量年均增长率（-6.00%）。

三是农业附加值效益显著，高精尖产业成为主力。从生态涵养区内部看，平谷、密云、房山一产产值占比均超过 10%。生态涵养区工业受禁限目录影响，高污染高耗能的一般制造业企业动态调整退出北京，腾退出大量产业用地与闲置用房，给承接市区相关高精尖产业外溢留足空间。怀柔区近年来依托怀柔科学城，改造与转型升级三大主导传统制造业（汽车制造、食品饮料、包装印刷），引领全区制造业向高精尖转型发展，重点发展战略性新兴产业（新材料产业、生物医药产业、节能环保产业）。“十四五”初期，延庆围绕新能源与节能环保、现代园艺、冰雪体育及无人机四大重点产业，新引进企业突破 600 家。昌平依托未

① 注：国家电网公司、国网冀北电力有限公司、国网北京市电力公司的工业总产值由北京市统计局统一核算，故分区数据占比之和不等于 100%。

来科学城，优势产业集聚发展，生物医药产业获批成为国家首批战略性新兴产业集群，“能源谷”入驻各类市场主体 536 家①。

四是生态涵养区旅游发展后劲不足，产业融合度欠佳。从产业融合发展来看，生态涵养区景区旅游收入构成较为单一，缺乏文旅融合的高端产品。2023 年全市大部分景区仍以门票经济、场租经济为主要收入，占比达 70%，餐饮、住宿、购物、专业服务等收入占比较低。据 2023 年初步统计，生态涵养区景区占全市景区数量为 69.58%。从“十三五”到“十四五”北京市城区与生态涵养区人均消费情况来看，生态涵养区旅游人均消费始终低于城区（见图 2）。

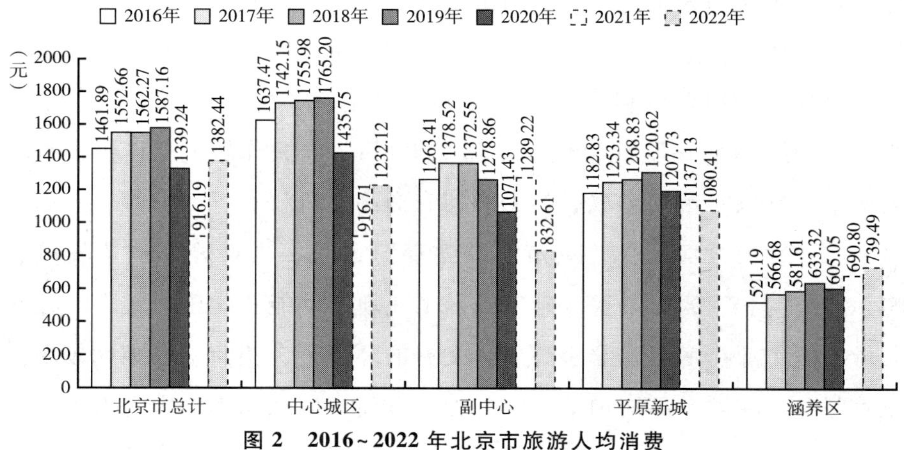

图 2　2016~2022 年北京市旅游人均消费

二　北京生态涵养区产业发展面临的问题

（一）专项规划缺位，缺乏清晰的产业准入政策

目前，生态涵养区范围内农业、林业、旅游业等相关产业发展的专

① 《北京市昌平区国民经济和社会发展第十四个五年规划和二〇三五年远景目标纲要》，2021。

项规划主要依赖于市级相关领域规划，并未出台针对生态涵养区产业发展的专项规划，如生态涵养区农业发展规划、林业发展规划等，对产业扶持力度有限，在文遗保护区、水源保护地内限制发展较大。同时，一产范围内主导产业不明显，规模化程度不高，品牌影响力不大，对拉动区域经济发展和促进农民就业增收的作用不强。

（二）产业发展内生动力不足，规模聚集效应不明显

一产产业规模小，难以集中化发展，主导型产业差异化不明显。从实际调研来看，生态涵养区受山地影响，多以种植玉米、红薯、马铃薯、果类等作物为主，产量受经济发展影响。从产品销售模式来看，无论是个人还是企业，农产品产业化链条均较短。以北京红富士、柿子为例，仅仅进行简单的粗加工，产品种类规范性不足，尚未形成“集团企业+合作社+农户”规模化产业群（集团），家庭作坊式生产仍占有较大比重，难以对市场形成影响力和拥有商品定价权。

二产发展方面，受北京市“疏整促”政策、“双碳”产业发展影响，门头沟、密云、平谷、延庆等区工业新旧动能转化压力较大，存在大量闲置工业厂房，在北京高质量发展的环境下，招商引资难度较城区压力明显。在农产品初加工、园艺加工方面，生态涵养区内尚未建立与一产相关产业发展的生产承接体系，工业园区与区域内产业循环模式难以建立。

三产旅游业发展方面，深度体验型旅游产品开发不足，旅游产业链条不完善。生态涵养区旅游业较多依赖于景区及其“门票经济”，民宿产业、休闲农业同质化严重，缺乏与会议会展、文化科技、生态休闲等产业深度融合发展的旅游产品。从消费具体明细结构来看，各区资源特色决定消费力度，餐饮消费最高的是密云区，住宿消费最高的是怀柔区，交通消费最高的是延庆区。

（三）管理导向问题影响产业良性发展

从产业政策实施效果看，市级政策在广泛下达过程中存在信息遗失，下级管理者在进行服务时，较难把握上级政策实施边界，主要体现在产业发展中各级部门融合度较低，“一刀切”现象普遍存在。如林下经济用地选址受平原造林养护单位、集体林场、国有林场等多个单位日常管理限制，难以开展相应林下活动。部分区会在市级相关政策基础上，出台区级相应的限制。

审批管理难度大，也是困扰产业发展的一大因素。民宿业主在申请“信息采集系统”时，常常会拖半年甚至一年以上，严重影响民宿的正式运营；此外，民宿办理需要村委会出具相关土地证明，由于民宿等乡村旅游业态属于新兴事物，村级干部对其知之甚少，在需要村干部出示相关证明时，往往因为其之前没有做过，迟迟未能出具。

（四）产业投融资政策精准性不够

梳理近些年生态涵养区相关金融政策发现，在适宜产业发展的信贷、债券、上市、基金、保险、碳金融等方面还未有具体举措。从生态涵养区间接支持政策看，林业与农业发展缺少实际的行动方向。比如在林业方面的林果产业发展基金，退耕农户可以享受的农机购置、农作物病虫害防护支持产品、有机肥和农业保险等林业补贴细则，目前并未建立具体支持标准。

生态补偿具体领域范围需要进一步扩大。目前，国家级、市级自然保护区及林地有生态补偿，但水源保护区、湿地保护片区、区级自然保护片区以及经济林等发挥生态涵养功能的片区，目前享受不到生态补偿的红利。农业、林业和旅游业受汛期、防火影响，缺乏产业运营资金和停业补助资金。

补偿政策标准有待提高。护林员承担着看护巡查、森林防火、禁牧、禽流感监测、野生动物救助等重要职责，但岗位补贴仅为每月 638 元。山区大部分林地为生态公益林，虽然农民能享受公益林补偿金，但标准较低，每亩补偿 70 元中仅有 42 元直接发给农民。按照目前的政策，水源地特别是水库一、二级保护区限制较多，产业发展能力有限，库区居民每年补贴为 2000 元/人。

（五）产业用地政策实效性不强

在生态涵养区产业交叉发展中，农地与林地交叉使用，主要保障农地，如昌平 2023 年调研提出，目前果园用地与基本农田用地重合，仅采用基本农田管理标准，导致该农田上的果树不能更新，导致苹果产量正在逐渐下降，目前昌平苹果市场占有率为 19.35%。

设施农业用地也面临严重缺失状态。如房山和昌平农业园规模化生产扩容，缺少一定量的农业设施用地，导致规模难以扩大。此外，设施用地的非硬化要求，对花卉培育产业也带来一定影响。以昌平花卉市场为例，原来需要在苗床、硬化地面上放置花盆（不影响土地性质）花卉，现在按照整改要求拆除温室内花卉生产必需设施，采用无苗床和硬化地面的环境，此举加大了病害的防治成本。

从实际了解情况看，当前猪肉类加工产业缺乏场地加工现象突出，市场需求量较多时，生态涵养区部分区域加工难以满足需求。林业受用地限制，发展形式不够明确。目前生态涵养区林业发展以林果、林下种植为主。农产品、园艺产业初加工是否可以放进农业产业园进行初步加工，也缺乏明确的支持方向。

存量用地“腾笼换鸟”压力巨大。涵养区闲置用地居多，涉及宅基地、废旧厂房、学校、公社、礼堂等地。以昌平为例，2023 年区域闲置的农宅院落总数为 5866 套，总建筑面积近 87 万平方米，主要分布于山区及丘陵乡镇，但在开展相关旅游配套服务方面还存在一定市场空白。

（六）旅游产业配套设施存在短板

基础设施建设存在不足。主要体现在重点旅游区道路、交通节点（停车场、观景台）、夜间环境设施、旅游环卫设施、安全设施（急救中心、安防消防）、能源通信设施（能源供给、电信通信）等方面。

服务设施不够完善。主要体现在景区周边入村道路交通、去往景区登山步道、导览标识、信息化服务等服务设施还不健全，硬件与服务标准化建设不高，与产业集群式发展需要存在差距，难以满足游客对于舒适性、便捷性、安全性的需求，如延庆刘斌堡村、门头沟深山区域村落；餐饮住宿文化娱乐等服务配套设施不健全，很难满足旅游消费者的舒适性、便利性、差异化多层次需求，导致乡村旅游演变为单纯的参观游，难以形成循环更替旅游消费系统①。

（七）产业市场主体仍需培育

生态涵养区产业发展目前存在“政府主导、政府包办”的问题，旅游市场活力不强、主动性差。农、林业缺乏知名的龙头企业引领，缺少现代企业制度和市场化运营机制，社会资本、民间资本所占比例较少，旅游行业组织的作用不能完全凸显。品牌小而散的状况依然未有较大改观。以延庆休闲农业为例，2022 年从事乡村旅游的经营性单位有 38 个，个体经营户 1522 个（占总量的 97.6%），但个体经营缺乏整合优势，市场竞争力欠缺，影响延庆乡村旅游全局发展，这也是大多数生态涵养区乡村旅游产品供给层面面临的现状。

---

① 章灿灿、徐瑜鸿：《我国乡村旅游发展存在的问题及应对策略》，《乡村科技》2021 年第 20 期。

三　政策建议

（一）制定绿色加工产业准入的正面清单，支撑农林产业发展

放宽农产品初加工领域产业政策。立足乡村产业发展、农民拓宽增收路径的实际需要，细分各个产业、品种、环节，加快补齐农产品初加工政策短板弱项，提质保障农产品有效供给、增值富农。升级农产品加工产业链、节约成本，保障优势特色产业可持续发展。

推动农产品深加工产业进入工业园区或农业园区。明确具体加工环节，如脱水、提取、配置、生化反应等，打造生态涵养区农副特产储存、运输、冷藏、物流和批发的集成中心，为北京市农副特产销售创建服务平台，促进农副特产外输发展。

在园艺深加工准入方面，探索发展花卉食品、花卉保健品、花卉化妆品以及精油、香料、花卉色素等商品的生产加工方式，并发展一些拥有自主知识产权的花卉产品以及对应的生产技术。增加对香草、玫瑰花等芳香植物香精的研发，促进花卉类天然化妆品大量生产，适应社会消费多元化需要。

（二）创新适宜产业发展形式，延展产业链条

挖掘生态价值，将生态环境资源转化为特色产业优势。着力推进农产品精深加工行业发展，延续农村商品的产业链和价值链，扩展绿色食品生产经营区域，打响生态涵养区农业品牌。

实施文化赋能，挖掘生态涵养区域村落古居文化和民俗特点，探索发展生态文旅线路以及相应的文化文创产业。在保存原真性的基础上，盘活古代遗迹和建筑、旧村等历史资料，打造一批重点项目。

因地制宜发展环境适应型生态工业。推进涵养区传统工业转型更

新，以先进的数字化、绿色化发展，集群化强链为核心，积极打造涵养区传统制造业改造升级的标杆。鼓励发展和引导新型数字旅游、健康医疗，大力发展生态利用型、生态赋能型、环境影响型业态。有效开展现代工业集群建设提升工作，探寻高精尖产业植入的方向，重点培育科技智能、医疗保健、绿色智慧物流、智能制造、节能环保、科技服务、无人机、智能装备等高精尖产业集群。推进高精尖产业差异布局、协同招商，推动全产业链发展。瞄准生物信息技术、新型材料、人工智能、5G 产业、新能源等高信前沿领域，重点推动培养具备各涵养区特点的战略性新兴产业和前瞻性未来产业①。

（三）发挥生态补偿机制优势，建立适宜的投融资模式

各级政府应不断增加财政支持力度与科技支撑强度，对市场上释放技术创新红利的积极信号，带动开展创新，促进企业转型升级，推动产业绿色可持续发展。

在林地、农田、湿地等生态保护红线，饮用水水源保护区等环境敏感领域进行生态补偿，建立补偿资金分配制度。开展用能权、用水权、碳排放权等交易，形成多元化多渠道的补偿经费筹集体系②。按照涵养区各区的资源禀赋、经济发展条件等实际情况，科学制定差别化政策措施，适当对转移支付的财力资金加以调整。

推进基础设施、基本公共服务等工程领域的相关工程建设，落实对后期运维资金的支持政策措施。提高生态产品的溢价能力，形成多元化、市场化的产品，集中流转或专业化运营目前分散的资源使用权和经营权。

积极建立多元化的绿色金融市场体系，以减少适宜产业产品的融资成本和经营风险，并促使金融企业承担促进创新的社会责任，包括积极

---

① 《中共中央关于制定国民经济和社会发展第十四个五年规划和二〇三五年远景目标的建议》，2020。

② 《关于深化生态保护补偿制度改革的意见》，2021。

发展资源丰富的绿色金融产品、培育发展绿色金融制度、完善绿色金融政策制度等。充分发挥政府对适宜产业融资结构的宏观导向功能，增强社会资金参与行业融资的积极性，提高涵养区适宜产业项目的投资回报率和投融资的可获得性，以实现优化融资结构、使社会资本更好地流入涵养区适宜产业的目的。

（四）推进适宜产业用地、资金供给制度创新

对自然环境条件优越的区域或重点生态功能区，在保护生态功能的前提下，采用“正面清单+严格管控”方式，制定差别化管制规则，鼓励基于现状的生态旅游、商务休闲适度发展。根据区域规划，合理适当地预留农村产业用地机动建设指标（5%~10%）。

重点围绕产业结构调整提供资金扶持，建立多元投入机制，支持农户以房屋、宅基地、资金等资产入股。对于旧村委会用房、旧厂房、旧校舍、农户闲置房等闲置合法资产，通过农村集体经济组织租赁、承包经营、股份合作等多种方式进行盘活，增加村集体收入[①]。

（五）建立适宜产业政策考评体系及激励机制

充分借鉴《苏州生态涵养发展实验区绩效评估指标体系》，明确适宜产业发展中各建设单位的职责与分工，围绕产业价值增值，重点加强生态涵养区适宜产业发展政策实施前后成效的动态评估，方法上注重科学规范，以结果为导向，把评估结果作为推动工作的重要抓手，并将其作为选拔任用领导干部的重要依据。

建立有效的政策激励机制和保障制度体系，在经济合作中不断提升产业竞争力，以适宜产业发展推动涵养区整体区域内的经济社会持续健康发展。

---

① 《中共中央 国务院关于建立健全城乡融合发展体制机制和政策体系的意见》，2019。

（六）加强基础设施建设，保障生态产品价值有效输出

加快推进生态产业数智化建设。深入推进生态经济数字化工程研究院实体化运作，大力支持生态经济数字化培训。继续深入推进土壤数字化工程，推动生态监测网络建设，搭建数字化生态监管平台。

推动生态产品价值转化平台和交易机制建设。将可产生价值转化的生态资产推送到生态涵养区公共资源交易平台。引导国内大型知名平台企业，集成市场资源优势，整体建设集生态产品品牌推介和产品交易于一体的综合管理平台①。

参考文献

北京市统计局：《北京区域统计年鉴 2023》，http://nj. tjj. beijing. gov. cn/nj/main/2022-tjnj/zk/indexch. htm。

① 《关于建立健全生态产品价值实现机制的意见》，2021。

促进北京市生态涵养区旅游消费相关措施研究*

李 剑　张 敏**

摘　要： 北京市生态涵养区作为城市的“大氧吧”“大花园”，是保障首都可持续发展的关键区域，是首都践行绿水青山就是金山银山理念、探索转化路径的先行区。北京市历来高度重视生态涵养区发展，相继出台一系列制度措施，并取得明显成效。生态旅游、精品民宿、森林康养等适宜生态涵养区的新兴业态，在为首都市民提供亲近自然、放松身心、休闲娱乐等美好生活服务的同时，在实现生态产品价值、促进农民增收、推动农村一二三产业融合发展方面发挥了积极作用，但在发展过程中仍存在亟须解决的难点和痛点。本文从北京市生态涵养区旅游发展现状、资源本底、面临问题等方面切入，提出促进北京生态涵养区旅游消费相关措施建议，推动北京市生态涵养区文旅融合消费高质量发展。

关键词： 生态涵养区　提振消费　文旅融合

---

* 基金项目：北京市发展和改革委员会重点课题项目“北京市郊区旅游消费政策研究”（项目编号：ZYZB-2020-036）。本文所列数据均由课题组调研走访收集。

** 李剑，北京市工程咨询有限公司项目经理，工程师，主要研究方向为产业发展、区域经济、政策研究等；张敏，北京市工程咨询有限公司市场部经理，主要研究方向为乡村振兴、特色小镇发展等。

一　生态涵养区旅游消费相关概念特征

北京市生态涵养区包括门头沟、平谷、怀柔、密云、延庆五区全域和昌平、房山两区的山区。这里承载着北京80%的林木资源、60%的水资源、65%的湿地和95%的生态保护红线划定范围，是首都重要的生态屏障和水源保护地。

北京市生态涵养区地处京郊山区和浅山区地带，资源丰富、环境优美，同时拥有丰厚的历史文化资源。北京郊区旅游按照距离要素划分为近郊、远郊两大圈层，其中近郊休闲旅游圈范围大致为六环以内四环以外的区域（即中心城区的部分区域、城市副中心以及平原新城），资源特色包括生态公园、康体休闲、主题乐园、马术高尔夫俱乐部、高校、会展演艺、文创园区等。远郊度假旅游圈范围大致为北京市域六环以外地区（即生态涵养区），资源特色包括自然风景、人文古镇、民俗民宿、农业观光、滑雪体验等项目①。

二　北京市生态涵养区旅游消费现状

（一）北京市旅游消费政策重点推出

为把旅游业发展成为北京生态涵养区的支柱产业和提高全市人民生活质量的现代服务业，加快推进北京市旅游综合配套改革试点工作，2014年10月北京市旅游委（现为“北京市文化和旅游局”）推出了

① 根据《北京城市总体规划（2016年—2035年）》标准划分，中心城区即城六区，包括东城区、西城区、朝阳区、海淀区、丰台区、石景山区；北京城市副中心，即原通州新城规划建设区；平原新城，包括顺义、大兴、亦庄、昌平、房山新城；生态涵养区，包括门头沟、怀柔、平谷、密云、延庆，以及昌平区和房山区的山区。

《京郊旅游发展纲要（2015—2020 年）》。

为深入推进旅游供给侧结构性改革，不断释放旅游消费潜力，2018 年 1 月北京市人民政府办公厅印发《北京市加快供给侧结构性改革扩大旅游消费行动计划（2018-2020 年）》。提出到 2020 年要实现“旅游消费占北京市总消费比重超过 25%，旅游消费结构持续优化，购物和文化娱乐消费占旅游消费比重达到 35%左右，旅游业增加值占全市 GDP 比重超过 8%”，并从建设特色消费空间、扩大旅游消费供给、优化旅游消费环境、不断完善政策措施四个方面，明确了行动内容。

为进一步落实国务院《关于完善促进消费体制机制，进一步激发居民消费潜力的若干意见》《文化部财政部关于开展引导城乡居民扩大文化消费试点工作的通知》精神，2019 年北京市文化和旅游局印发《2019 年北京市文化和旅游促消费措施十二条》，提出要积极挖掘全市文化旅游消费潜力，主动引领文化消费意愿，持续提升游客和居民消费能力。

为多措并举促进消费提档升级，提振消费信心，释放消费潜力，培育新兴消费，更好地发挥消费对经济发展的基础性作用，2020 年 6 月，北京市人民政府印发了《北京市促进新消费引领品质新生活行动方案》，提出优化服务消费供给，启动“漫步北京”“畅游京郊”等行动计划；加快城乡消费融合发展，进一步提升乡村商业网点连锁化。

为加大文旅消费供给侧改革力度，丰富文旅产品供给，助推文化和旅游高质量发展，2022 年 9 月北京市文化和旅游局印发了《北京市扩大文化和旅游新消费奖励办法》，支持发展“旅游+”“+旅游”的产业融合新业态，积极发展产业融合度高、品牌影响力大和示范带动作用强、具有北京特色的旅游消费新业态，支持鼓励旅游与农业、工业、商务、体育等领域相加相融、协同发展，延伸产业链、创造新价值，推动旅游消费业态向多元化、特色化和品质化升级发展。

2020 年，北京市文旅局推出《关于应对新冠肺炎疫情影响促进旅游业健康发展的若干措施》（京文旅发〔2020〕88 号）13 条措施，通过财政补贴、贷款贴息、融资担保风险补充、税费减免等多方面的财政支持，划拨 2020 年旅游发展补助资金 3.45 亿元，减轻旅游企业资金运行压力。

此外，各区积极出台各类措施，支持企业稳定发展，一是利用 5G 技术开展线上促销、云游览等活动。二是借助活动发放消费券，促进在线文旅消费。三是给予重点文旅企业政策补贴。四是打造优质文旅产品，提升品牌效应。

（二）北京市近年旅游收入较为平稳，消费潜力凸显

北京市文化和旅游局统计数据显示，旅游人数由 2014 年的 26149.7 万人次增加至 2019 年的 32209.9 万人次，平均增长率为 4.26%，增速放缓趋势明显（见图 1）。在非首都功能疏解、人口转移的政策背景下，北京市旅游游客客均收入贡献自 2015 年的 1688.9 元增加至 2019 年的 1932.5 元，增长了 14.4%（见图 2）。尽管受新冠疫情影响，2020 年客均收入贡献依然在 1500 元以上。2021 年北京统筹推进疫情防控和首都文旅发展，市民在京旅游成为跨省市旅游替代选项。可见，北京旅游资源市场存量和增长潜力空间非常巨大。

（三）北京市旅行社数量缓慢增长，利润呈非稳性

全市旅行社数量由 2014 年的 1243 家增长至 2019 年的 1440 家，接待人数由 2014 年的 427.0 万人次增长至 2019 年的 455.7 万人次，由图可看出二者总体表现出较为不平稳的走势，且旅行社数量与接待人数之间呈现明显的正相关性（见图 3）。从全市旅行社经营情况可以看出，当旅行社 2014~2019 总体营业收入增加时，利润总额并未保持同样的增长（见图 4）。2020~2022 年受新冠疫情影响，在出境游继续暂停、局部地区疫情零星散发、倡导“就地过节”等情况下，业务停滞、订单退订等直接导致旅行社经营困难，北京旅行社大部分业务暂停。

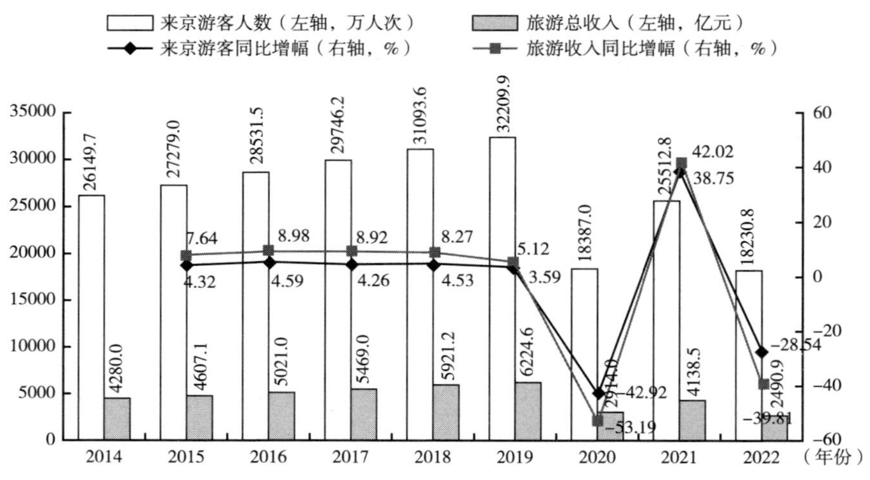

图 1　2014~2022 年北京市旅游总收入及来京游客数

资料来源：《北京统计年鉴》。

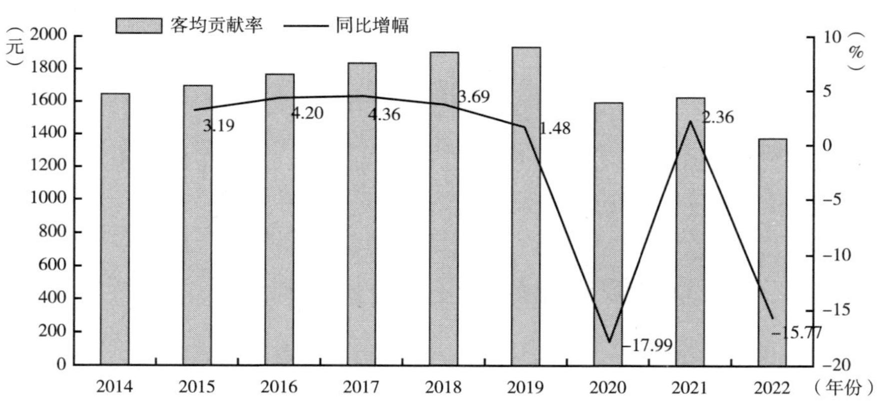

图 2　2014~2022 年北京市旅游游客客均收入贡献

资料来源：《北京统计年鉴》。

（四）郊区旅游收入逐年增长，消费向生态涵养区转移

随着文旅融合的深入推进，北京市世园会、休闲大会、冬奥会等重大活动相继举办，市域综合服务水平进一步提升，生态涵养区投资发展

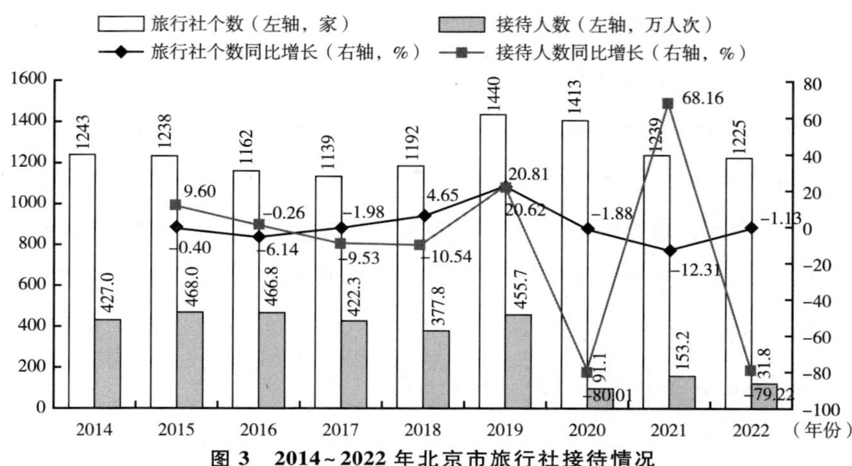

图 3　2014~2022 年北京市旅行社接待情况

资料来源：《北京统计年鉴》。

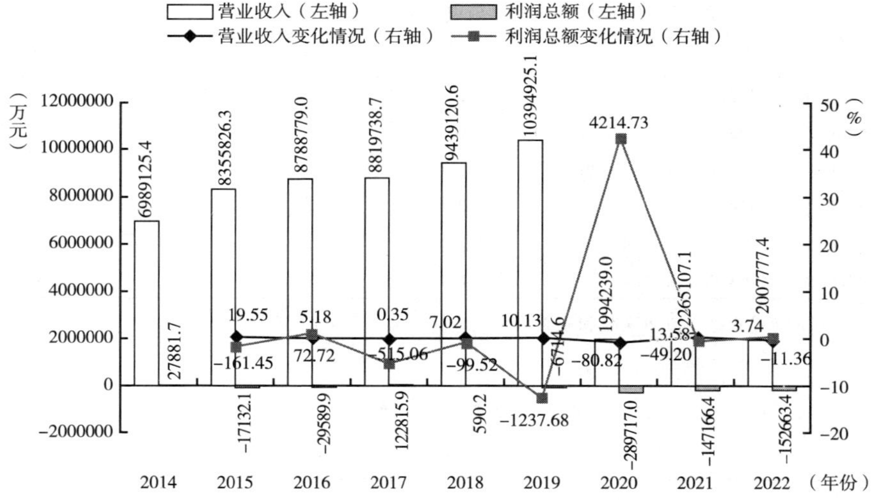

图 4　2014~2022 年北京市旅行社经营情况

资料来源：《北京统计年鉴》。

环境持续改善，为生态涵养区旅游发展奠定基础，带来无限商机和活力。

北京市文化和旅游局“各分区旅游数据”显示（见表 1），北京市郊区旅游收入在2017~2019年一直处于增长状态，其中生态涵养区旅游年收入平均增长率为11.6%，完成2014年规划指标8%。从表2可以看出，各分区郊区游客净接待量出现大幅上升。尤其在2018年，中心城区（除东西城）增幅为8.10%，北京城市副中心及平原新城区增幅为8.60%，生态涵养区增幅为10.50%。2020年受新冠疫情影响回落较大，2021年由于出京限制，本地市民旅游需求提升，生态涵养区旅游收入、净游客量增幅达到最高，分别为123.47%、95.56%。2022年疫情反弹，生态涵养区受影响较小（见表2）。

表1 2017~2022年北京市郊区旅游收入情况

单位：亿元，%

年份	中心城区(除东西城)		副中心及平原新城区		生态涵养区	
	收入	同比增幅	收入	同比增幅	收入	同比增幅
2017	2529.7	6.30	452.4	12.70	241.2	13.70
2018	2709.4	7.10	496.7	9.80	273.4	13.40
2019	2802.2	3.40	497.0	0.10	294.9	7.90
2020	1418.6	-49.40	222.8	-55.20	117.6	-60.10
2021	2093.3	47.56	398.0	78.64	262.8	123.47
2022	1248.4	-40.36	308.0	-22.61	229.7	-12.60

资料来源：根据北京市文化和旅游局官方数据整理。

表2 2017~2022年北京市郊区净游客量总接待情况①

单位：万人次，%

年份	中心城区(除东西城)		副中心及平原新城区		生态涵养区	
	人数	同比增幅	人数	同比增幅	人数	同比增幅
2017	13496.6	-3.30	3557.1	5.80	4254.6	4.60
2018	14595.5	8.10	3864.7	8.60	4702.4	10.50
2019	15649.5	7.20	3784.2	-2.10	4658.0	-0.90

① 净游客量是指剔除了业态间重复的实际接待量，全市净游客量是指剔除了各区之间重复游览的实际接待量，由景区、住宿业和乡村三者提供。

续表

年份	中心城区(除东西城)		副中心及平原新城区		生态涵养区	
	人数	同比增幅	人数	同比增幅	人数	同比增幅
2020	10391.7	-33.60	1888.3	-50.10	1945.2	-58.20
2021	13869.2	33.46	3421.6	81.20	3804.0	95.56
2022	9476.5	-31.67	3062.6	-10.49	3106.2	-18.34

资料来源：根据北京市文化和旅游局官方数据整理。

郊区旅游净人均贡献收入中，中心城区（除东西城）在总体下降，反观北京城市副中心及平原新城区与生态涵养区的旅游净人均贡献收入总体增加，其中生态涵养区旅游人均贡献收入由2017年的566.92元/人上升至2019年的633.10元/人，达到2014年的规划指标600元/人。2020~2022年疫情影响下生态涵养区旅游人均贡献收入依然呈逐年上升趋势（见表3）。2021年，生态涵养景区与住宿业游客接待量分别恢复至2019年的76%、56%，乡村旅游游客接待量超过2019年水平（见表4），乡村民宿性价比较高，且近年来朝精致化品质化方向发展，成为生态涵养区旅游住宿最佳选择；品牌民宿凭借其独特的人文情怀、文化内涵、营销推广及市场化的运作成为生态涵养区旅游热门选择。

表3　2017~2022年北京市郊区旅游净人均贡献收入

单位：元，%

年份	中心城区(除东西城)		副中心及平原新城区		生态涵养区	
2017	1874.32	—	1271.82	—	566.92	—
2018	1856.33	-0.96	1285.22	1.05	581.41	2.56
2019	1790.60	-3.54	1313.36	2.19	633.10	8.89
2020	1365.13	-23.76	1179.90	-10.16	604.57	-4.51
2021	1509.32	10.56	1163.20	-1.42	690.85	14.27
2022	1317.36	-12.72	1005.68	-13.54	739.49	7.04

资料来源：根据北京市文化和旅游局官方数据整理。

表4　2017~2022年生态涵养区净游客总接待量细分情况

单位：万人次，%

年份	净游客总量		景区		住宿业		乡村旅游	
	人数	增长率	人数	增长率	人数	增长率	人数	增长率
2017	4254.6	4.60	2298.6	—	431.7	—	2324.6	—
2018	4702.4	10.50	2653.0	15.42	678.0	57.05	2356.9	1.39
2019	4658.0	-0.90	2898.8	9.26	797.4	17.61	1964.4	-16.65
2020	1945.2	-58.20	1280.5	-55.83	140.9	-82.33	1195.0	-39.17
2021	3804.0	95.56	2199.6	71.78	442.6	214.12	1997.2	67.13
2022	3106.2	-18.34	2008.1	-8.71	295.4	-33.26	1380.3	-30.89

资料来源：根据北京市文化和旅游局官方数据整理。

（五）生态涵养区游客画像趋于明显，特征多元化呈现

北咨问卷调研显示①，近年来北京市生态涵养区旅游消费在人群特征、年龄结构、客源市场、需求偏好、人均消费等方面特征逐渐显现。

在人群特征方面，生态涵养区旅游北京本地现有市场呈现高收入、高学历、年轻化、政府企业行业、核心家庭五大特征。

在年龄结构方面，北京旅游产品（在线）消费用户以“80后”和“90后”为主，两个年龄层合并占比51.4%。整体来看，“95后”及“00后”新生代消费群体合并占比15.8%。

在客源市场方面，北京旅游产品消费用户归属地（以用户手机归属地为准）主要集中在北京、上海、苏州、天津、广州、成都等20个城市，用户规模合并占比56.9%。用户归属地数据表明，北京本地居民（以手机归属地为准，不考虑户籍问题）的需求占比较高，未来仍有较大挖掘空间。

① 数据来源说明：北咨问卷调研。调研于2020年6月开始至8月结束，样本数量1000份，重点采用线上问卷调研方式，从客源结构、需求偏好、消费区间、满意度等方面对北京市生态涵养区文旅消费大数据进行分析。

在市场特征方面，超过80%的在京市民每年都进行生态涵养区旅游，其中54%的游客每年生态涵养区旅游4～6次，北京市本地客源市场呈现出高出游频率的特征。

在需求偏好方面，休闲度假、观光游览、缓解工作压力、亲子研学成为在京市民参与生态涵养区旅游的主要目的。获取生态涵养区旅游咨询的途径主要有亲朋好友推荐、社交平台、旅游网站及电视电台等，出游方式呈现出家庭休闲游、朋友结伴游两种主要需求偏好，3～4人居多。分析得出，自驾游为时下最受欢迎的生态涵养区旅游的出行方式。

在人均消费方面，目前生态涵养区旅游的游客消费主要集中在200～500元，花费较低，其中主要消费构成为门票，入景区后购物、娱乐、休闲、体验等消费形式占比较少，生态涵养区旅游消费结构仍有上升空间。同时，57%的游客为当天往返，导致过夜消费等较低。从问卷调研信息来看，旅游者多倾向于自然风光、历史人文古迹、亲子体验项目，农业观光采摘园成为首选的目的地。

三　北京生态涵养区旅游消费具体分析——以怀柔为例

截至2022年底，怀柔区共有旅游景区26家，其中5A级景区1家、4A级景区4家。怀柔区生态旅游[①]近些年发展势头迅猛，据统计，怀柔区生态旅游收入从2017年的65.6亿元上升至2019年的79亿元，游客接待量从2017年的804.1万人次上升至2019年的850万人次，稳居生态涵养区旅游收入与游客接待第二位（见表5、表6）。

生态旅游发展模式多样化发展，2022年怀柔区累计接待游客700.7万人次，实现收入57.1亿元，分别恢复到2019年同期的82.44%和

① “生态旅游”这一术语，是由世界自然保护联盟（IUCN）于1983年首先提出，1993年国际生态旅游协会把其定义为：具有保护自然环境和维护当地人民生活双重责任的旅游活动。

72.28%。精品民宿增长最为迅速，相继建成坚果艺术农场、老木匠、岑舍等京郊精品民宿378家，数量居全市首位。依托优美的自然风光，特别是近年来通过开展全域旅游示范区创建工作，怀柔区旅游服务设施的完善程度进一步提高，旅游接待能力明显改善，于2019年被评为国家全域旅游示范区，成为北京郊区旅游和自驾游热门目的地。

表5　2017~2022年生态涵养区旅游收入情况

单位：亿元

地区	2017年	2018年	2019年	2020年	2021年	2022年
门头沟	19.2	21.7	22.0	9.0	21.9	19.3
怀柔	65.6	72.0	79.0	34.7	76.9	57.1
平谷	34.8	38.6	36.6	19.5	29.1	25.7
密云	55.7	62.4	64.9	29.0	61.1	53.8
延庆	65.8	78.8	92.5	25.5	73.8	73.8

资料来源：根据北京市文化和旅游局官方数据整理。

表6　2017~2022年生态涵养区游客接待情况

单位：万人次

地区	2017年	2018年	2019年	2020年	2021年	2022年
门头沟	239.7	251.9	238.7	138.6	243.7	218.1
怀柔	804.1	849.7	850.0	403.4	765.0	700.7
平谷	671.4	689.8	619.2	331.3	548.1	429.0
密云	874.8	913.4	830.5	411.0	912.4	724.4
延庆	1664.6	1997.7	2119.6	661.0	1334.8	1034.0

资料来源：根据北京市文化和旅游局官方数据整理。

怀柔生态旅游发展得益于产业要素集聚、各项措施保障到位。一是以科学城为统领的“1+3”融合发展新格局为怀柔区产业发展带来新的机遇，科技研发、影视文化、休闲会展三大产业加速聚集，产业辐射带动作用显著。二是怀柔区持续打造多元化文化和旅游产品，逐渐形成了以旅游业为带动持续融合全区、全业态、全产业要素的优势产业，丰富多元的旅游资源也为怀柔开发运动休闲会展、娱乐演出会展和节庆赛事会展等活动提供了资源基础、拓宽了渠道。三是积极出台政策推进乡村旅游消费提质升级。如《怀柔区促进乡村旅游提质升级奖励办法（试行）》《怀柔区扩大内需建立完善总消费政策促进体系工作方案》，积极编制《怀柔区文旅融合行动计划》等，提高对郊区旅游消费的带动效果。四是开展重点项目，打造“来影都过周末”文旅品牌，加大品牌宣传。

四　北京市生态涵养区旅游消费问题分析

（一）现行市场问题及影响因素

1. 北京市旅游收入总体呈现低速增长趋势

北京市旅游总收入由 2014 年的 4280.0 亿元增加至 2019 年的 6224.6 亿元，年均增长率为 7.79%，总收入增速均低于全国旅游业大盘（见图 5），分区旅游收入（2017～2019 年）增幅总体呈现逐年下降趋势（见图 6）。

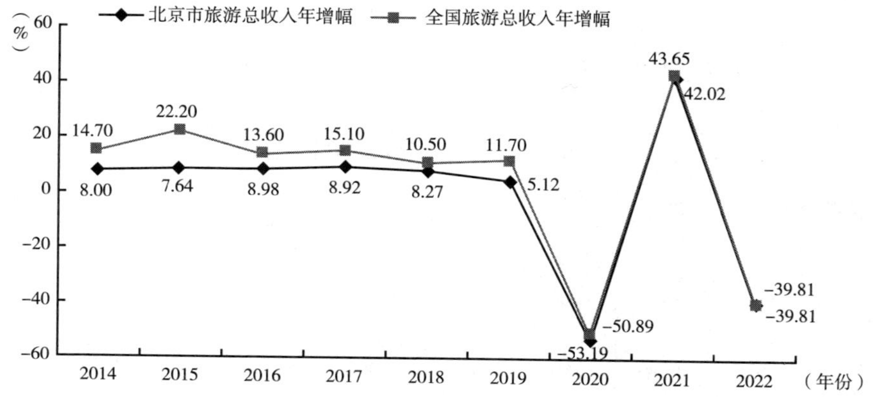

图 5　2014～2022 年北京市旅游总收入增速与全国旅游业大盘对比

资料来源：《北京统计年鉴》、国家统计局。

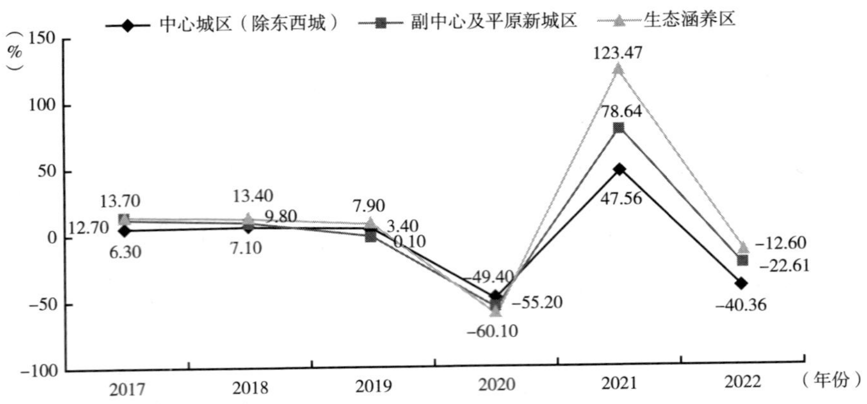

图 6　2017~2022 年北京市分区旅游收入增幅

资料来源：《北京统计年鉴》、国家统计局。

2. 郊区游客总接待量与规划指标存在差距

根据《京郊旅游发展纲要（2015—2020 年）》提出的规划指标，对比来看，副中心及平原新城区与生态涵养区正常年份游客接待量、游客接待量增幅均未达到规划指标（见表 7）。2019 年，郊区乡村旅游游客接待量大幅下滑，中心城区（除东西城）乡村游客接待量下降幅度最为明显，达到 36.74%（见表 8）。

表 7　2017~2022 年各分区游客接待量与规划指标对比情况

单位：万人次，%

类别	中心城区(除东西城)			副中心及平原新城区			生态涵养区		
	旅游收入增幅	游客接待量	游客接待量增幅	旅游收入增幅	游客接待量	游客接待量增幅	旅游收入增幅	游客接待量	游客接待量增幅
平均值	5.60	14580.53	4.00	7.53	3735.33	4.10	11.67	4538.33	4.73
2014 年指标	未提	未提	5	8	10 区县总指标为 1.2 万亿	5	8	10 区县总指标为 1.2 万亿	5

资料来源：根据北京市文化和旅游局官方数据整理。

表 8　北京市乡村旅游净游客量接待情况

单位：万人次，%

年份	中心城区(除东西城)		副中心及平原新城区		生态涵养区	
	接待量	同比增幅	接待量	同比增幅	接待量	同比增幅
2017	415.9	—	1266.1	—	2324.6	—
2018	435.2	4.64	1279.8	1.08	2356.9	1.39
2019	275.3	-36.74	881.3	-31.14	1964.4	-16.65
2020	246.5	-10.46	584.1	-33.72	1195.0	-39.17
2021	306.5	24.34	673.7	15.34	1997.2	67.13
2022	250.9	-18.14	437.3	-35.09	1380.3	-30.89

资料来源：根据北京市文化和旅游局官方数据整理。

3. 生态涵养区旅游消费影响因素分析

一是生态涵养区旅游收入构成较为单一，缺乏挖掘旅游服务资源高端价值的意识。大部分景区仍以门票经济为主要收入，餐饮、住宿、购物、专业服务等收入占比较低。从北京市乡村旅游净游客量接待情况来看，生态涵养区乡村旅游人数整体减少（见表 9），从调研了解来看，生态旅游业务较多聚焦于采摘、民风与温泉度假，普遍存在业态重复性，且规模不大，游客对于娱乐项目满意度较低，旅游拉动更多依赖于景区与住宿业的带动。

表 9　2016~2022 年北京市 A 级以上景区收入及接待情况

单位：万元，万人

项目	2016 年	2017 年	2018 年	2019 年	2020 年	2021 年	2022 年
收入合计	771492.8	827228.5	867894.1	882511.2	423941.5	786606.0	674000.0
门票收入	475262.1	495242.2	503234.8	523708.7	200825.3	293076.3	244000.0
商品销售收入	26456.2	30019.6	29945.8	30903.8	13247.0	82488.4	54000.0
其他收入（场租、娱乐等）	269774.5	301966.7	334713.5	32498.3	209869.2	411041.3	376000.0
接待人数	30350.5	30401.5	31131.1	31772.1	16779.5	21648.2	19063.8

资料来源：根据北京市文化和旅游局官方数据整理。

二是生态涵养区旅游配套服务设施承载空间有限。从调研情况来看，交通便捷度、对旅游目的地的向往、景区公共服务设施成为游客选择生态涵养区出游目的地的主要考虑因素。

三是现阶段生态涵养区接待服务者的态度与水平还有待提升，尤其在餐饮住宿方面游客满意度较低。相关专业人才、资金投入、管理办法及行业标准缺失严重，亟须引进龙头企业整合生态涵养区旅游资源，发挥其引擎和带动作用。

（二）生态涵养区旅游消费相关政策分析

“十四五”以来，促进消费的一系列政策措施的出台和实施，有力地推动了消费市场的快速发展，促进了新消费模式、新消费类型的出现和发展，但是从整体来看，还有进一步完善和提升的空间。

在企业等组织形式方面，一是相关扶持政策未能切实满足企业在疫情期间的发展需求。以生态涵养区影视产业园、文化消费空间等文化类企业为例，受疫情影响，多个正在拍摄的影视剧组停工，导致拍摄计划延迟和改变，同时为确保制作团队人员安全，各场地开展了减少拍摄人员数量、加强消毒措施等一系列防疫措施，直接增加了影视剧拍摄成本和时间。二是相关扶持措施支持力度有限。疫情期间部分企业由于未被认定为中小微企业，无法享受租金减免等政策，同时部分企业无法享受“民宿应急保”等政策。三是消费券等促进消费措施覆盖范围不全面。目前各区推出的消费券重点在于电商、餐饮、家具家电等商品消费，实体店、文化类、旅游类等产品消费并未有效覆盖。四是管理制度仍须加强客户思维。以生态涵养区某 5A 级景区为例，由于事业单位运营管理，产品授权较为烦琐，审批流程复杂，导致头部 IP 与该景区联合开发文创产品的项目进程缓慢。五是坐商形态的商业受限因素较多。消费升级背景下众多新消费形式拓宽了消费渠道，尤其是疫情期间，线上消费冲击了实体店的经营和发展，应鼓励消费者走出家门进行消费[1]。

在个体消费者方面，一是消费活动黏性较弱，消费者后续购买力不足。现阶段推出的促销活动、消费券等措施，只能起到部分作用，对于消费者来说黏性不足，消费热度的持续性不明显，后续购买力较弱。二是消费券领取入口等不清晰，使用率不高。以相关委办局发放消费券为例，2020 年共计发放 3000 万消费券，但活动结束退返达 70%。三是北京消费者消费观较强，但消费意愿不足。尤其是年轻消费群体的精神层面消费需求得不到满足，因此不仅要开发线上新消费形式，同时要兼顾线下各类新消费场景、内容的打造。四是各种促进消费措施的推介力度仍需加强。每个区域生活消费群体的年龄层次、户籍背景、消费需求等各不相同，获取促进消费措施的信息渠道也各不相同，需要借助与时俱进的推介手段[2]。

五　促进北京市生态涵养区旅游消费措施相关建议

移动社交媒体、短视频平台等的出现，改变了文旅产品的内涵和外延，也为生态涵养区旅游消费提供了再创造的机遇。围绕北京生态涵养区旅游消费亟须解决的难点和痛点，对促进生态涵养区旅游消费提出如下建议。

（一）突出民生导向提振消费需求

一是创新消费券的发放维度和方式。依托线上渠道联合大数据统计分析不同消费群体的消费需求，定向发放标签性质的消费券；加大线下消费奖励力度，鼓励实体店“即买即减”。二是以“旅游生活化、生活旅游化”为主题，推出“本地人游本地”的优惠活动。三是推动数字

① 资料来源：课题组与北京十六区涉旅委办局座谈整理形成。
② 资料来源：课题组与北京十六区涉旅委办局座谈整理形成。

旅游服务全民化。鼓励线上旅游产品多元化，支持研发生态涵养区旅游移动端应用程序；充分利用 5G、云计算、人工智能和大数据等新技术提升生态涵养区旅游消费的便捷程度，推出“一码游京郊”等新型智能化服务。

（二）构建可持续的生态涵养区旅游消费体系

一是政府层面加大生态涵养区旅游品牌宣传营销投入。打造全渠道一体化整合营销平台，为游客提供多维度、精准化、定制化的全流程旅游消费服务；综合统筹各生态涵养区优质文旅资源，联动城六区文旅资源，通过行政手段合理引导生态涵养区旅游消费市场。二是丰富生态涵养区旅游消费的内涵及模式。支持企业单位对口生态涵养区旅游消费扶贫行动，鼓励企业组织员工进行红色文化教育、人文古迹体验等团建活动，组织劳模、优秀员工疗养、休养活动；深度挖掘三大文化带价值，依托各生态涵养区优质资源，打造生态涵养区商务旅游新模式；鼓励有条件的生态涵养区打造夜间经济商圈和特色街区，激活生态涵养区旅游夜经济。

（三）促进文旅融合助推生态涵养区旅游产业迭代升级

一是提高文旅产业的地位，推动一二三产业融合发展。各生态涵养区以区域内特色农产品、精品民宿等优质项目为抓手，重点加快农产品“种养加”一体化生产、“商服贸”一体化运作，通过各生态涵养区内优质景区景点带动周边乡村旅游发展；以生态涵养区自然环境风貌的生态多样性营造为核心，形成具有北京特色的城乡共同体意识，构建可持续发展的生态涵养区旅游模式；充分承接首都核心区资源，重点发展演艺、展览等艺术活动，带动生态涵养区文旅融合发展。二是以发展精品民宿作为推动生态涵养区旅游转型升级的有力抓手。强化民宿杠杆作用，基于区域视角引入“民宿群”发展模式，合理确定民宿主题；整合多元要素，以“宿+”为指引打造生态涵养区旅游目的地；通过行政手段联合各涉旅部门，择优选择各区优质资源，依托国有资产平台，打造以精品民宿为核心的生态涵养区旅游品牌体系。三是加强生态涵养区旅游相关专业化人才培养。加强旅游院校和科研院所对于文旅融合、旅游产业基金等方面的人才培养，促进涉旅机构和企业的联动，建立相互挂职机制，互补专业长短，培育复合型文旅人才；实现“产业带动就业，就业促进产业”的耦合式人才发展策略，依托“政策引导+产业模式+资本扶持”发展模式，打造双创平台集群，吸引更多的人才到涵养区创业、生活、创作。

（四）创新多元化生态涵养区旅游消费金融服务体系

一是充分发挥金融资金的最大效能。依托北京旅游产业发展基金、北京旅游资源交易平台、郊区旅游投融资担保平台、郊区旅游政策性保险体系等金融平台，强化基金对旅游产业的引导作用，平衡涵养区旅游产业各环节的投资比例，探索多元化盈利模式；建立健全生态涵养区旅游企业信用促进体系，完善涵养区旅游税费优惠政策，鼓励创新涵养区旅游消费信贷。二是加强涉旅财政资金统筹管理，全面发挥资源合力。加强涉旅各部门之间联动，拓展专项财政资金整合与统筹的范围；因地制宜加强对生态涵养区旅游交通设施、公共服务设施等项目建设的财政支持，保持生态涵养区旅游均衡发展。

（五）提升生态涵养区旅游发展服务承载空间

一是提升部分土地用途的兼容性，加强规划衔接重点文旅项目建设用地。加大生态涵养区对废弃用地、荒地、闲置农村资源等闲置资源盘活再利用的支持力度，明确棚改后乡村用地的规划方向，探索无产出农业用地、闲置林地等高效利用模式；支持以村支部为单位对村域内土地进行统一规划调整，形成相对集中的运营管理模式；探索点状供地等多元化乡村土地发展模式。二是构建市、区、村三级涵养区旅游交通网络系统。宏观上依托市域综合交通枢纽，进一步完善涵养区与城区、各生态涵养区之间的旅游交通基础设施体系；中观上依托各涵养区核心景区景点建立现代化大型集散中心，形成多中心网格化发展；微观上增强生态涵养区景区景点最后一公里的可达性，鼓励多主体运营，鼓励以村集体为单位组建“社区到景区一站直达”的旅游专线车队；鼓励生态涵养区景区景点与旅行社合作利用闲置车辆或网约车平台设置专属车队。

参考文献

吴承忠、韩光辉、冷永进：《北京郊区旅游发展模式初探》，《城市问题》2006 年第 2 期。

朱建江：《乡村振兴与乡村旅游发展——以上海为例》，《上海经济》2017 年第 6 期。

北京大学新结构经济学研究院、北京大学国家发展研究院：《消费券的中国实践——我国消费发放的现状、效果和展望研究》，2020 年 5 月 15 日。

宋瑞主编《2021－2022 年中国旅游发展分析与预测》，社会科学文献出版社，2022。

李忠：《让生态涵养区从“绿起来”到“强起来”》，2023 年 1 月，人民网-北京频道，http：//bj. people. com. cn/n2/2023/0108/c14540-40258572. html.

北京老城区树木空间格局及其演变研究

王 森 赵凌美 赵亚丽 刘凤珠*

摘　要： 树木既是北京老城城市空间的重要组成部分，也是北京历史文化名城的活化石。老城区树木空间格局及其演变体现了城市发展理念的变化和历史文脉的传承。本文利用遥感影像、大比例尺地形图及相关专题数据，结合外业试点调查，开展北京老城区树木摸底调查，围绕老城内树木覆盖、现状平房院落分布、院落树木分布情况进行分析研究，从规划引领、老城保护更新和历史文化挖掘等角度提出意见和建议，为老城整体保护和核心区控规实施提供数据基础和决策依据。

关键词： 北京老城区　树木覆盖　空间格局

一　研究概述

（一）研究背景

2020 年 8 月《首都功能核心区控制性详细规划（街区层面）（2018

* 王森，北京市测绘设计研究院首都功能核心区部主任工程师，正高级工程师，注册测绘师；赵凌美，北京市测绘设计研究院首都功能核心区部高级工程师；赵亚丽，北京市测绘设计研究院首都功能核心区部工程师；刘凤珠，博士，北京市测绘设计研究院正高级工程师。

年—2035年）》获国务院批复，第三章“加强老城整体保护，建设弘扬中华文明的典范地区”中明确了与“一院一树”相关的任务。首都功能核心区老城内建筑密度高且平房院落居多，植被覆盖率低，人口分布集中，存在绿化景观少且炎夏少荫的问题。同时平房院落格局多样复杂，存在私搭乱建、庭院空间小院内不易种植乔木的难题。通过遥感影像处理、地理空间数据融合和分析等技术定性描述老城区树木绿化空间分布现状，了解老城区树木种类历史沿革以及文化背景、树木，从而为老城内平房区“一院一树”补种计划提供技术支撑和决策建议。

（二）研究思路

结合遥感影像、1∶500大比例尺地形图及名木古树专题数据，提取和整合老城树木数据，着重从老城和成片平房区两个尺度，分析老城树木绿化、院落内树木空间分布特征；从树种演变、历史文化、树木养护和管理现状等方面进行调研，分析老城树木覆盖差异、树种演变、管理状况和历史文化传承等，为老城整体保护和核心区控规实施提供数据基础和决策依据。

（三）研究内容

一是开展首都功能核心区树木空间格局摸底与分析。①树木绿化覆盖率空间匀质度分析，了解老城区域范围内树木绿化覆盖情况；②院内树木分布情况统计分析，统计老城范围内院古树、名木、一般树木的空间分布格局；③选取典型历史文化街区分析平房院落内树木总量、种植密度、最小有树院落面积。

二是树种演变历程及文化背景分析。①分析树种的历史演变及种植规律；②分析常见绿化树种的寓意及种植位置；③结合树种演变历程、树种寓意及种植规律等文化背景研究，并通过典型案例剖析，发现其中的规律和特点。

三是树木养护和管理现状分析。①分析包括私房与直管公房在内的院落、胡同补种空间挖掘情况；②分析普通树木、古树的养护管理责任，分析居民不愿在院内种树的原因。

二　北京老城区树木空间格局及演变分析

（一）树木绿化整体情况分析

1. 树木绿化覆盖率匀质度分析

为摸清老城树木绿化覆盖的整体疏密情况，将地表空间划分为300m×300m 格网，基于影像和 NDVI（归一化植被指数）[①] 提取树木绿化覆盖率。

老城区内的树木平均绿化覆盖率约为 27%。14%的老城区树木绿化覆盖率小于 15%，73%的老城区范围树木覆盖率为 15%～40%，13%的老城区范围树木覆盖率高于 40%。

老城历史文化街区及其他成片传统平房区的树木平均绿化覆盖率约为 22%。15%的平房区低于 15%，83%的平房区为 15%～40%，2%的平房区高于 40%。南城树木平均覆盖率约为 20%，北城树木平均覆盖率约为 23%。南城大栅栏街区、东琉璃厂的树木覆盖相对稀疏，与其商业街区功能有关，商业街区树木覆盖较少；北城街区的树木覆盖整体良好，零星点位树木覆盖相对稀疏，院内及胡同树木覆盖较少。

2. 树木分布整体情况统计分析

扣除大型公园和施工围挡围合等特殊区域，进一步对老城区树木空间格局分析，老城区院落内约有古树 0. 25 万棵、一般树 4. 42 万余棵，其中含树院落数量占比为 41%。平房院落内约有古树 0. 15 万棵、一般

① 王延飞：《基于绿视率与 NDVI 值的浐东新城道路空间绿量可视性研究》，长安大学硕士学位论文，2022。

树 1.9 万棵，其中含树院落数量占比为 40%。平房院落中四合院内约有古树 0.12 万棵、一般树 1.0 万棵，其中含树院落数量占比为 49%。

3. 典型历史文化街区案例分析

在整体统计分析的基础上，选择南北城三个试点，进一步分析差异：选择北锣鼓巷（北城东部）、西四北头条至八条（北城西部）、大栅栏历史文化街区（南城）三个案例进行重点区域分析。

对比南北城三个案例发现树木总量与种植密度差异较大。北锣鼓巷传统平房院落内树木合计 1078 棵，结合院落总面积计算，密度约 500 米^2/棵；西四北头条至八条传统平房院落内树木合计为 434 棵，结合院落总面积计算，密度约为 568 米^2/棵；大栅栏历史文化街区传统平房院落内树木合计为 548 棵，密度约为 955 米^2/棵。大栅栏历史文化街区商业功能占比较大，建筑形态适应使用功能，传统平房院落较小，且部分传统建筑无院落格局，所以树木较少。

三个案例最小含树院落面积接近，含树院落平均面积大于院落整体平均面积。北锣鼓巷传统平房院落约 1363 个，平均院落面积为 395.5 平方米，含现状树木的院落约 607 个，平均院落面积为 514.3 平方米。西四北头条至八条传统平房院落约 462 个，平均院落面积为 534.2 平方米，含现状树木的院落约 226 个，平均院落面积为 750.4 平方米。大栅栏历史文化街区传统平房院落约 1906 个，平均院落面积为 274.7 平方米，含现状树木的院落约 321 个，平均院落面积为 429.6 平方米。经筛查，最小含现状树木的三合院面积约 92.8 平方米，四合院面积约为 118 平方米。

（二）树种演变及文化背景研究

北京四合院非常重视院内环境美化和绿化，树木花卉是院落的重要组成部分，给院子带来无限的生机和活力。树木和花卉的选择具有以下特点：

①适应北方气候环境的需要，季节感明显；

②不破坏四合院内的房屋建筑；

③有美化环境的效果；

④树木花卉的读音有美好寓意；

⑤不宜有病虫害或易生对人有伤害的昆虫。

老城区树木的品种基本上都是落叶乔木和灌木，多数属于“春华秋实”型，即春天的时候开花，此谓“春华”，可以美化庭院的环境，足不出户尽得春意。秋天的时候结果，院内果实累累，一派丰收景象，此谓“秋实”。而夏天的时候可以乘凉[①]。

由于影像图无法识别树种，本文主要依据相关文献资料开展树种演变及文化背景研究。元明清时期的四合院内以中小乔木、灌木为主，全部为乡土树种，基本无大乔木；国槐、榆树等大乔木种于院门外。民国时期引入洋槐（刺槐），20 世纪 80 年代引入毛白杨、黑杨、洋白蜡、津白蜡，部分引入树种在四合院内种植，形成了保留至今的院内高大乔木。

1. 树种演变

（1）元明清时期

元明清时期北京城树木按其空间分布主要分为三类：①各类园林树木；②行道树；③胡同和四合院地区树木。

各类园林中的“皇家树种”指聚集在紫禁城、坛庙园林等古代皇帝生活、居住、祭祀场所的树木，树种主要包括侧柏、圆柏、国槐，这也是保存至今的古树名木的主要品种。柏树四季常青、不畏严寒，是长寿的象征，也具有坚强、坚贞、独立的形象内涵[②③]；国槐早在《周礼》中，就成为三公宰辅之位的象征，生命力旺盛。1982 年北京市第八届

① 段柄仁主编《北京四合院志》，北京出版社，2016，第 6~7 页。

② 杨钊：《北京地区寺庙园林植物景观研究》，东北林业大学硕士学位论文，2011，第 8 页。

③ 冷默：《谈寺庙园林植物的配置》，《艺海》2012 年第 10 期，第 106~107 页。

人民代表大会第六次会议审议并通过市政府建议，确定国槐、侧柏为北京的市树。除皇家园林、王府官邸园林外，古代寺庙中也普遍种植大树，主要树种有侧柏、楸树、油松、白皮松、银杏。

行道树指古代都城内的城市主次干道以及都城外官道、水系等两侧的树木。明代，城内广植行道树，多为国槐，十步一株，紫禁城四周夹道均有种植。景山西街的古槐树保留至今，至今已有300余年。清代时的行道树亦多为国槐。

古代胡同四合院地区树木的种植主要考虑以下因素，一为树种的景观及吉祥寓意，二为遮阴及日照，三为根系大小，四为病虫害。最终形成了院内、院外的两套树种体系，而胡同沿线并无专门行道树。院外树种指大门和倒座房外种植的高大乔木，用以荫蔽宅门，并调节入口小气候，常见树种为国槐、榆树。古代时，院外树种不会在院内种植，今天所见的院内国槐、榆树、洋槐均为民国后种植的。院内树种是从景观方面考虑“春华秋实”，即春天开花、秋天结果的树种，如枣树、椿树、石榴、柿树、海棠，此外，丁香、榆叶梅、玉兰也受到广泛喜爱，并逐渐形成吉祥寓意①；从日照方面考虑，为了夏季遮阴、冬季不挡阳光，院内选择落叶中小乔木及灌木；同时考虑根系小、不会破坏地面铺装，以及不会产生像大乔木一样的难以根治的病虫害，从而保持环境卫生，这些因素均使院内形成与院外不同的树种体系。

东四三条胡同历史长达750年，目前为古树主题胡同。根据新闻资料，胡同沿线有20株二级古树，均为国槐，平均冠幅为17米，平均树高为26米②。

（2）民国时期

民国时北平的绿化建设得到了重视，民国初设立并多次调整“植树节”的日期，带动植树活动。此外，民国引入新树种，使城市风貌

① 《老巷幽宅静树依，北京首条古树主题文化胡同落成》，《北京日报》2022年9月13日。

② 《老巷幽宅静树依，北京首条古树主题文化胡同落成》，《北京日报》2022年9月13日。

发生了较大变化。

一为行道树的种植。民国初期，朱启钤引入德国槐（即洋槐、刺槐），成为行道树的主要选择。1935~1938 年，该树种广泛推广于北平，现今正义路、东交民巷、南池子、南长街等处的行道树保留至今。

二为在四合院内的大树种植。古代四合院内仅种植中小乔木及灌木，不会种植国槐、洋槐、榆树等大乔木。由于相关文献较少，四合院内大树种植无直接记载，推测为民国时期种植。部分院内大乔木树龄达 80 年，可以佐证民国时期种植的推测。

（3）1949 年以后

新中国成立初期是首都绿化恢复和发展的阶段。在这一时期，绿化建设活动主要包括发展苗圃、建设新公园绿地、整修开放大公园及风景区、绿化道路河岸、发动群众绿化庭院，在学校、工厂、机关单位大院以及公共建筑周边共植树 55 万棵。1955~1957 年，工人、干部、学生、解放军被鼓励参加全市义务植树劳动，绿化庭院、绿化首都。

20 世纪 80 年代，首都开始全面绿化建设。在行道树方面，最突出的表现是引入了杨树、白蜡两个非乡土树种，构成了现在看到的行道树的主要风貌。

结合演变规律，总结整理了老城区常见的本地乡土树种的类型、文化寓意、种植位置（见表 1）以及非本地树种的基本情况（见表 2）。

表 1　北京老城区常见本地乡土树种

树种	文化寓意	分类	古代种植位置
侧柏	四季常青、不畏严寒、长寿、坚强、坚贞、独立	常绿大乔木	坛庙、寺庙
圆柏			
油松	长寿、坚贞、守候	常绿大乔木	寺庙
银杏	长寿，被称作“寿星树”。叶片洁净素雅，称作“中国的菩提树”。一般一雄一雌种植在寺庙大殿前	落叶大乔木	寺庙

续表

树种	文化寓意	分类	古代种植位置
楸树	笔直生长、伞盖大，材质好，传统棺木用材，生长期长	落叶 大乔木	寺庙
国槐	为公卿大夫之树，在《周礼》中有三公面三槐之典。寓指植德、育人、庇荫后代，有崇高的地位和高尚的品德之意。表达道德取向、对美好生活的期许、对后代子孙的期望，为吉祥、祥瑞的象征	落叶 大乔木	皇家园林、 行道树、 四合院外
榆树	富余、富贵、吉祥	落叶 大乔木	院落外
海棠	春华秋实，有富贵、兄弟和睦之意	落叶 小乔木	院落内
丁香	满庭芳香、有后代（丁口）兴旺发达之意	落叶 小乔木或灌木	院落内
玉兰	与海棠合称“玉棠富贵”	落叶 小乔木	院落内
石榴	开花如火如荼，硕果累累，象征多子多福，外加葫芦藤蔓，有子孙万代之意	落叶 小乔木或灌木	院落内
柿树	春华秋实	落叶 中乔木	院落内
榆叶梅	春光明媚、花团锦簇、欣欣向荣	灌木稀小乔木	院落内
椿树	长寿、平安、富贵、驱邪、化灾，具有实用价值	落叶 中乔木	院落内
枣树	春华秋实	落叶 小乔木	院落内

表2　北京老城区常见非本地树种

树种	原产地	引入北京时间	类型	根系
洋槐（刺槐）	美洲	民国初期	大乔木	浅根系
法国梧桐（三球悬铃木）	杂交品种，无原产地	民国时期	伟乔木	浅根系
毛白杨	我国黄河流域	20世纪80年代	伟乔木	深根系
黑杨	即加拿大杨，为欧洲杨树与美洲杨树的杂交	20世纪80年代	伟乔木	深根系
洋白蜡	即美国红梣，原产地为美洲	20世纪80年代	大乔木	根系发达

2. 典型案例分析

在树木种植演变历程研究初步结论的基础上，选定了确定西长安街街道范围内的1.3平方公里区域，结合北京市园林绿化局绿地小班数据，与课题提取的树木数据进行数据融合，获取树木的大类和种类信息。

区域总面积约1.3平方公里，含院落584个、面积91.62公顷。依据北京市规自委地表覆盖、土地变更调查及树木数据，植被树冠覆盖面积约19公顷，共1141棵树，其中古树64棵。据市园林局绿地小班数据，共有绿地小班1050个，绿地属性2928个，其中种植面积5.4公顷，种植株数约24万株（见表3）。

表3 案例区域绿地属性数据统计

单位：株

项目	草坪	地被	孤立灌木	孤立乔木	灌木	绿篱	攀缘类	乔木	宿根银花	月季	竹类
种植株数	0	0	40	1432	6391	179718	1589	6882	37988	5395	780

资料来源：北京市园林绿化局专题数据。

经过分析，院落树种大类共4类，由多到少依次为孤立乔木、乔木、灌木、孤立灌木。树种共有50种，数量排名前5的依次为香椿、国槐、花石榴、臭椿、核桃。院内种植国槐共36株，其中1949年2株、80年代前后（1978~1980年）17株、90年代前后（1990~1992年）9株、2000年前后（1998~2002年）4株、2015年2株。

胡同内树种大类共4类，由多到少依次为乔木、孤立乔木、灌木、孤立灌木。树种共有30种，数量排名前5的依次为国槐、桧柏、花石榴、臭椿、金丝垂柳。

对比可知，院落和胡同的树木大类类型相同，优势大类不同。院落内的伟乔木多为新中国成立后所植，院落的树木种类较胡同更加丰富，以本地乡土树种为主。

（三）树木养护、管理现状研究

2010年3月1日由北京市人民代表大会常务委员会审议通过的《北京市绿化条例》，规定了北京市绿化园林相关的管理职能、规划与建设、绿地保护与管理的相关内容。普通树木（非古树名木）的日常管理养护按照《北京市绿化条例》执行；古树名木的日常管理养护需要按照《北京市古树名木保护管理条例》执行，该条例规定了市和区园林绿化部门负责本行政区域内古树名木的保护管理工作。据统计，老城内生长在院子里的古树有2000余棵，需要按照该条例进行养护。

以包含私房（私人产权）和直管公房（管理混乱）的院落为例，老城范围内包含私房的院落有一万余处，其中有树的院落占比约为38%，约140处院内有古树，大于300平方米但是无树的私房院落约1500处。包含直管公房的院落约一万四千余处，其中有树的院落占比约为32%，约240处院落内有古树，大于300平方米但是无树的直管公房院落约3000处。因此，含私房和直管公房的院落，同时存在普通树木和古树养护的问题。

在核心区“一院一树”补种计划的实施过程中发现了影响补种计划进行的一些问题：

①树种的景观寓意的影响；

②根系对房屋安全的影响，树木种植得太靠近地基时，容易产生房子向树倾斜、树木附近的地基损坏、接收阳光最多一侧的地基损坏、管道系统损坏等问题；

③树木病虫害，核心区益民巷、交道口等地都曾有过相关报道，有些新闻标题非常醒目——“小院树上虫成灾 社区园林找谁谁不管”，病虫害严重影响居民正常生活；

④人身安全问题，如刮风下雨天大树断枝，砸坏建筑，甚至伤人

等，且部分树木已朽有倾塌危险；

⑤胡同窄且长，不便于大型机械进入，导致种植不便；

⑥地下有各种管线设施、文物埋藏区；

⑦院落的产权复杂，含私房的院落需要尊重业主意愿，含直管公房的大杂院物业管理混乱，树木的管理存在难度。

道路树木绿化覆盖率用来衡量道路的树木绿化程度，为树木绿化垂直投影面积之和与胡同面积之比的百分比。本文基于1119胡同线化数据提取了胡同面数据，与基于NDVI（归一化植被指数）加工提取的树冠垂直投影数据进行叠加分析发现，约300条胡同的树木绿化覆盖率低于10%，约200条胡同的树木绿化覆盖率高于50%，约170条胡同低于5%、几乎无树木覆盖。

三　对策与建议

围绕三个专题的分析，掌握了老城区院内树木数量的基本情况和绿化覆盖规律。提取了典型历史文化街区内树木总量、种植密度、最小含树院落面积。归纳了树种演变及文化背景基本结论，基本上树木养护、管理现状及其中存在的问题得到了初步研究结论。基于研究结论，形成如下建议。

第一，突出规划引领，整体谋划布局，挖掘绿化空间。建议在核心区项目规划审批过程中，结合院落、胡同空间进一步“挖潜增绿”。结合核心区控规实施年度体检、园林绿化部门的专项规划，发动市、区两级能动性。

第二，结合城市更新、老旧小区改造，提高绿化的功能性。结合城市更新、申请式退租、老旧小区改造等现状改建、翻建院落，建议新整治恢复格局的院落，按其恢复庭院大小，选择不同树种，补植中小乔木一棵，实现“一院一树”。成片新建传统平房区建议分院内、院外种树。在院内种植乡土树种中小乔木。在院外的公共通道、胡同沿线可种植高大乔木，以提供林荫，提高绿化覆盖率。因地制宜，科学搭配树种。

第三，挖掘历史文化价值，延续古都记忆，繁荣生态文化。朝代更迭，许多古树的背后蕴藏了一段历史故事；四合院中的树，也体现了北京厚重的文化底蕴。因此，建议深入挖掘树木背后的历史文化和生态价值，加强宣传和全民科普，延续古都记忆和血脉传承。

参考文献

李玉祥、马丽华：《老房子》，江苏美术出版社，2002。

郑希成：《京城民居宅院》，学苑出版社，2009。

后 记

以习近平新时代中国特色社会主义思想为指导，立足党的二十大精神，围绕新时代首都城市发展，关注首都城市空间格局与区域协同、首都经济文化与高质量发展、首都养老服务与社会发展、首都宜居城市与生态文明等方面，聚焦京津冀协同发展、空间格局优化、科技创新能力提升、经济发展与产业升级、文化传承与创新、社会治理现代化、适老化城市建设、生态文明建设等问题开展研究和探讨，注重学术性与应用对策研究相结合，基于专业视角从不同维度总结北京城市发展成就，并就新时代首都城市发展从研究领域进行展望。本书是以北京市社会科学院城市问题研究所的全体研究人员为核心团队成员，由科研机构、高等院校等各方专家、学者共同撰写完成的。本书由北京市社科院皮书论丛资助出版，是《北京城市发展报告》（第八辑）的系列研究成果。

全书共分为首都城市空间格局与区域协同、首都经济文化与高质量发展、首都养老服务与社会发展、首都宜居城市与生态文明四个板块。每个板块根据所涉及领域从不同的专业视角开展写作，以新时代首都城市发展成就与展望为主题深入系统地研究了北京城市发展成就和并对未来进行展望，聚焦首都城市发展现状和问题，提出持续推进北京城市高质量发展的对策建议。

全书由北京市社会科学院城市问题研究所副所长穆松林任主编，负责北京城市发展报告的总体设计和结构安排、板块汇总及修订等工作。

城市问题研究所副研究员杨波、研究员赵继敏、副研究员曲嘉瑶任副主编，研究员包路林、研究员倪维秋任板块负责人，参与书稿总研究报告撰写、修订、校对等工作。赵继敏研究员、倪维秋研究员负责首都城市空间格局与区域协同板块的编辑工作，包路林研究员负责首都经济文化与高质量发展板块的编辑工作，曲嘉瑶副研究员负责首都养老服务与社会发展板块的编辑工作，杨波副研究员负责首都宜居城市与生态文明板块的编辑工作。

本书的出版要感谢北京市社会科学院各位院领导、各研究所、科研处、智库处及其他职能处室和院外高校科研机构、政府部门等领导、专家、学者的大力支持，感谢社会科学文献出版社的辛勤付出与指导帮助。

书中引用和参考许多专家学者的观点，一并表示感谢。有的引用或参考没有及时注释，对可能存在的疏忽请专家批评和指正。由于水平和能力有限，不妥之处在所难免，也许还有部分观点值得进一步商榷和论证。敬请城市规划、城市治理、区域发展、京津冀协同、社会治理、国土空间优化等研究领域，以及经济学、地理学、管理学、社会学、生态学、老年学等学科背景的专家、学者、读者提出批评意见或建议。

2024 年 6 月

图书在版编目(CIP)数据

北京城市发展报告.2023-2024：新时代首都城市发展成就与展望／穆松林主编；杨波，赵继敏，曲嘉瑶副主编.--北京：社会科学文献出版社，2024.6
ISBN 978-7-5228-3568-6

Ⅰ.①北… Ⅱ.①穆… ②杨… ③赵… ④曲… Ⅲ.①城市建设-研究报告-北京-2023-2024 Ⅳ.①F299.271

中国国家版本馆 CIP 数据核字（2024）第 080044 号

北京城市发展报告（2023~2024）
——新时代首都城市发展成就与展望

主　　编／穆松林
副 主 编／杨　波　赵继敏　曲嘉瑶

出 版 人／冀德祥
责任编辑／侯曦轩　王　展
责任印制／王京美

出　　版／社会科学文献出版社·皮书分社（010）59367127
　　　　　地址：北京市北三环中路甲 29 号院华龙大厦　邮编：100029
　　　　　网址：www.ssap.com.cn
发　　行／社会科学文献出版社（010）59367028
印　　装／三河市龙林印务有限公司

规　　格／开　本：787mm×1092mm　1/16
　　　　　印　张：25.5　字　数：346 千字
版　　次／2024 年 6 月第 1 版　2024 年 6 月第 1 次印刷
书　　号／ISBN 978-7-5228-3568-6
定　　价／98.00 元

读者服务电话：4008918866